KOFICE

발간사

　돌이켜 보면 한류는 1990년대 중반 중화권을 중심으로 본격적으로 성장하기 시작했습니다. 그리고 이제 30년 역사의 대표적인 비(非)서구 기반 글로벌 대중문화 현상으로 자리잡았습니다. 한류는 드라마를 시작으로 영화, 케이팝, 웹툰, 게임에 이르기까지 다양한 형태와 모습으로 전 세계 수용자와 교감하고 있습니다. 이 과정에서 먼저 소셜 미디어, OTT 플랫폼을 경유해 동시성을 가지게 됐습니다. 또한 국가나 종교, 이념을 초월해 주체적이고 다채로운 글로벌 수용자와 만나 각종 밈(meme), 패러디, 리액션 영상으로 재생산되고 있습니다.

　하지만 세계를 놀라게 한 기록적인 성과와 함께 한류의 지속가능성을 위협하는 문제도 불거지고 있습니다. 한류가 다양한 인종·민족적 배경을 지닌 문화 안으로 진입하는 상황에서 글로벌 수용자의 문화를 고려하지 못한 재현이나 타 문화를 이해와 존중 없이 표피적으로 차용한 문화 전유, 문화 도용 등이 나타나고 있습니다. 일부 국가에서 혐한, 반한류와 같은 현상이 표출되면서 최근에는 일부 사례가 외교적인 문제로 비화하기도 했습니다.

이를 넘어서기 위해서는 다양한 문화를 이해하고 차이를 존중하는 문화다양성 가치의 포용이 무엇보다 중요합니다. 전 세계가 다양성 포용을 위한 케이팝 팬덤의 실천적 행위를 높이 평가하고, 장애인 여성 변호사 이야기를 다룬 드라마 〈이상한 변호사 우영우〉에 열렬한 반응을 보였던 것도 같은 맥락에서 이해하고자 합니다. 이 책은 한류의 지속가능성 증대를 위해, 문화다양성의 관점에서 한국 문화콘텐츠를 진지하게 바라볼 필요가 있음에 주목합니다.

1부에서는 '한류'와 '문화다양성' 가치의 조우를 이해하기 위한 핵심 화두를 다루고 있습니다(이성민, 김면). 문화다양성은 세계화 열풍에 따른 문화 종속화에 대한 우려로 탄생한 개념으로서, 민족, 계급, 젠더, 종교 등에 기초한 구조적 차별과 사회경제적 구분 짓기를 줄이려는 접근으로 이해할 수 있습니다. 타 문화를 이해하고 존중한다는 당위론적 개념을 넘어서 문화 간 대화를 통해 차이를 이해하고 협상하는 과정을 포함하고 있습니다. 문화다양성은 한류의 지속 가능한 발전과 창의성의 기반이 된다는 점에서 주목해야 할 것입니다.

한국 사회는 과거부터 공동체를 중시하는 집단주의 문화가 발달했다고 할 수 있습니다. 이에 다양성을 경험할 수 있는 기회를 제공하는 '콘텐츠'의 역할과 다양한 생각과 삶의 방식을 존중하는 관용적인 문화가 콘텐츠 창작자에게 왜 요구되는지도 톺아봤습니다. 또 한편으로 국제사회의 문화다양성 정책이 '소수 문화의 기본적 권리 보호 증진'과 '국가적 차원에서 문화 차이를 인식하며 국가 간 문화상품과 서비스의 균형 있는 교류를 증진'하는 두 축으로 발전되어 온 과정을 살펴봤습니다.

문화콘텐츠 산업 내 문화다양성의 쟁점과 전망을 논의하기 위해 2부(이규탁, 한희정, 허윤, 장민지, 김경태, 윤경)에서는 문화다양성의 현주소를 다양하게 살펴봤습니다. 거대한 해외 팬덤을 거느리는 케이팝산업 내 'K'의 변화하는 의미를 생산(제작), 유통, 소비 측면의 문화다양성을 통해 모색했습니다. 또 케이팝의 혼종성과 최근 여러 차례 이슈가 됐던 문화 충돌과 문화 전유와의 연관성도 짚어봤습니다. 이어서 한국 미디어 속 남성성, 장애, 성 정체성 재현과 그 상징성에 대한 분석을 통해 문화다양성의 포용이 가능할지도 살펴봤습니다.

한편 한국 문화콘텐츠가 해외에서 적극적으로 소비되며 사회적 변혁을 이끌 수 있는 대안적인 의미를 부여받고 있는 현상에도 주목했습니다. 한국 문화콘텐츠를 진보적 가치로 전환한 데 기여한 것으로 평가받는 방탄소년단 팬덤의 성찰적 참여문화를 들여다보았습니다. 나아가 케이팝이 어떻게 팬들에 의해 사회적 의제에 활용되는지, '케이팝 행동주의'라는 개념이 문화에 과도한 정치적 의미를 부여하는 것은 아닌지도 들여다봤습니다. 이러한 논의들은 콘텐츠의 제작, 유통과 수용자 문화의 관계 속에서 한류의 지속가능성을 모색할 수 있는 계기를 마련해줄 것입니다.

문화다양성 시대를 준비하기 위해 문화콘텐츠 산업의 변화를 예민하게 감지하고 있는 콘텐츠 현지화(glocalization)·대중문화 업계 종사자와 일반 국민의 목소리를 담아내는 작업도 보탰습니다(장민진, 이현지). 문화 장벽을 넘는 번역, 더빙과 자막 제작을 통해 '현지화' 과정이 변화하는 모습과 다국어 서비스 기능, 인공지능(AI) 등 기술의 영향으로 인한 고민과 전망을 담았습니다. 나아가 더 넓은 세계의 수용자와 세심하게 소통하기 위해, 한국 사회가 문화다양성을 어떻게 인식하고 있는지, 한국 문화콘텐츠의 다양성을 어떻게 바라보고 있는지를 진단했습니다.

이 책은 한류가 글로벌 문화로서의 역할을 더욱 확대하기 위해 '글로벌 감수성'을 키울 필요가 있음을 짚어보고, 한류 정책의 지향점을 다각도로 조망했습니다. 다소 도전적이고 민감한 주제임에도 기꺼이 참여해 주신 필진의 노고에 깊이 감사드립니다. 필자들은 최근 한국 문화콘텐츠 산업의 변화를 예각적으로 주목하면서 향후 한류의 방향성에 대한 고견을 나눠주셨습니다. 이런 논의들이 앞으로 보다 정치(精緻)한 '한류학(hallyuology)'의 토대가 될 것입니다. '한류의 다음 단계'를 고민하는 분들에게 도움이 되길 바라며, 많은 분들의 일독을 권합니다.

2023년 5월
한국국제문화교류진흥원 원장 정길화

차례

발간사   4

제1부   문화다양성 가치 관련 핵심 화두

한류, 한국 문화콘텐츠와 문화다양성   12
이성민   한국방송통신대학교 미디어영상학과 조교수

문화다양성 정책과 한류   35
김 면   한국문화관광연구원 문화정책연구실장

제2부   한국 문화콘텐츠의 현주소, 쟁점과 전망

케이팝산업 속의 문화다양성: 현황과 전망   64
이규탁   한국조지메이슨대학교 국제학과 부교수

OTT 구독 시대, 한국 문화콘텐츠의 기회와 위기   90
한희정   국민대학교 교양학부 부교수

다원적 남성성의 전시장으로서 미디어, 그리고 한류   116
허 윤   국립부경대학교 국어국문학과 부교수

우리는 언젠가 모두 장애인이 된다 145
장민지 경남대학교 미디어영상학과 조교수

한국 미디어의 퀴어 가시성: 171
'웨이브'의 퀴어 리얼리티 프로그램을 중심으로
김경태 연세대학교 국어국문학과 강사 / 대중문화연구자

케이팝 해외 팬덤과 '케이팝 행동주의' 197
윤 경 캐나다 브리티시 컬럼비아 대학교 교수

제3부 문화다양성 시대, 균형의 미학

한국 콘텐츠에 기대하는 220
다양성과 현지화 업계의 역할
장민진 Iyuno Korea 한국법인장

문화다양성 담지를 위한 내적 성찰: 247
국민 인식 조사 결과를 바탕으로
이현지 한국국제문화교류진흥원 연구원

저자 소개 276

제1부

문화다양성 가치 관련 핵심 화두

한류, 한국 문화콘텐츠와 문화다양성

이성민 한국방송통신대학교 미디어영상학과 조교수

1. 한류가 만난 문화다양성이란 고민

콘텐츠산업 영역에서 문화다양성이 중요한 화두로 부상하고 있다. 다양성은 콘텐츠 흥행과 작품성 평가에 있어서 중요한 요소로서 점차 주목받고 있는데, 특히 한국의 콘텐츠가 글로벌 수용자를 만나는 과정에서 예상치 못했던 갈등 역시 부각되고 있다. 문화다양성은 이제 막연한 윤리적 문제를 넘어서, 산업적으로 대응해야 할 중요한 영역이 되고 있는 것이다.

한류에 대한 다양한 정의가 존재하지만, 다수의 연구자는 한국의 문화콘텐츠와 대중문화가 중심이 돼 해외 팬덤의 수용을 통해 나타난 현상이라는 점에 주목한다. 기존의 아시아 중심의 한류의 시대를 지나, 이제는 지리적으로 보다 넓게 확장된 진정한 글로벌 대중문화를 향해 확장하는 시대를 맞이하고 있다. 이 과정에서 한국의 문화콘텐츠는 전에는 고민하지 않아도 됐던 문제에 직면하고 있다. 우리와 다른 문화권에 있는 사람들에게 우리의 문화콘텐츠가 어떤 방식으로 받아들여질 것인가 하는 문제가 바로 그것이다. 기존에는 문제로 인식하지 못했던, 우리의 문화콘텐츠에 담긴 묘사와 재현의 방식에 대한 반발이 나타나기도 하고, 우리의 문화콘텐츠가 담고 있는 문화적 특성에 대한 논의도 더 활발하게 이루어지고 있는 것이다.

문화다양성은 그동안 글로벌 콘텐츠 사업자들이 고민하는 현안이란 인식이 강했다. 글로벌 영상산업의 선두 기업인 디즈니는 예전부터 다양성을 콘텐츠에 담아내기 위한 노력을 이어왔다. 넷플릭스도 전 세계에서 로컬 콘텐츠를 발굴하며 스스로의 라이브러리에 다양성을 담는 것을 글로벌 사업의 핵심적인 전략으로 활용해왔다. 한류 현상이 오랜 기간 이어져왔음에도, 여전히 국내 시장이 중요했던 다수의 콘텐츠 창작자와 기업들에게 글로벌 수용자의 다양성이란 문제는 우선순위에서 그렇게 높은 위치를 차지하지는 못했다. 그러나 한국과 한국의 문화콘텐츠에 주목하는 글로벌 수용자의 시선이 확장되면서, 우리도 이러한 다양성이란 문제에서 자유로울 수 없게 된 것이다.

　이 글은 지금, 우리가 지속 가능한 한류를 고민하기 위해 한국의 문화콘텐츠와 문화다양성의 관계를 왜, 그리고 어떻게 고민해야 할지에 대해 논의한다. 이를 위해 문화다양성이란 키워드를 고민해야 할 몇 가지 현실적인 맥락을 짚어볼 것이다. 다음으로는 콘텐츠 창작자의 입장에서 이러한 문화다양성의 문제를 어떻게 고민해야 할지에 대해 이야기하고자 한다. 이때, 최근 소위 PC(Political Correctness) 논쟁, 즉 '과도한' 문화다양성의 강조가 콘텐츠의 재미와 매력에 영향을 줄 수 있다는 우려와 관련해서, 창작자가 이러한 다양성을 둘러싼 고민을 어떻게 이해하면 좋을지에 대해 이야기하고자 한다. 이를 통해 문화다양성에 대한 이해와 감수성이 새로운 시대의 창작자에게 요구되는 중요한 '역량'으로 진화하고 있다는 점에 대해 논의한다.

2. 왜 문화다양성이 중요한가?
사회 변화와 문화콘텐츠 경험의 가치

1) 개개인성의 시대, 서로를 위해 필요한 다양성 감수성

먼저, 다양성에 대한 관심이 과거보다 높아진 사회적 맥락을 살펴보자. 교육학자 토드 로즈(Todd Rose)는 『평균의 종말』(2016)이란 책에서 '개개인성'이란 개념을 강조한다. 평균이라는 것은 허상에 가까우며, 개개인들은 각자의 상황과 맥락, 역량과 성향을 가지고 있고, '평균의 시대'가 강요하는 규범적 사고를 더는 극복할 필요가 없다는 점이다.

『2023 트렌드 코리아』에서는 이러한 논의를 적극적으로 받아들여 '평균 실종'을 트렌드 변화의 핵심 키워드로 내세운 바 있다. 이들 논의는 공통적으로 그동안 당연하게 여겨졌던 '평균'의 가치가 약화되는 흐름에 주목한다. 사회 변화 속에서 '평균'이란 집단의 기준에 맞추어지기보다는, 각자의 개개인성에 주목하고 이러한 다양성이 만들어내는 새로운 가능성에 주목해야한다는 생각이 확대되는 것이다.

『평균의 종말』이 교육과 인재의 관점에서 '개개인성'의 가치에 주목한다면, 『2023 트렌드 코리아』(2022)는 시장과 소비 트렌드의 관점에서 더 이상 평균에 매력을 느끼지 못하는 사람들의 변화에 주목한다. 이러한 논의에서 확인할 수 있는 메시지는 명확하다. 사회는 '평균'에 더는 큰 가치를 부여하지 않고 있고, 우리는 직업적,

혹은 상업적 성공을 위해서라도 개인들의 개별성이 만들어내는 차이의 힘에 주목할 필요가 있다는 것이다. 지금의 사회는 평균적이고 균질적인, 집단과 동질적인 요소보다, 다양한 개인의 관점과 취향, 그리고 역량과 태도에 중요성과 가치를 부여하고 있다. 다시 말해, 우리는 '다양성'에 더 큰 가치를 부여하는 시대를 살고 있는 것이다.

문제는 이러한 '개개인성'의 가치가 높아지기 위해서는 '다름'에 대한 존중이 필요하다는 점에 있다. 기존에 개인보다 공동체의 가치에 주목하고 서로의 동질성을 강조하는 '집단주의'적 문화 속에서는 '다름'의 가치가 인정받기 어려웠던 것이 사실이다. 이제는 사람들이 각자의 개개인성, 즉 자기만의 특성을 드러내고자 하며, 이에 대한 존중을 요구하는 목소리가 강해지고 있다. 이러한 변화 속에서 우리가 각자의 다름을 인정할 수 있는 태도와 이러한 변화에 반응할 수 있는 일종의 '감수성'을 가져야 할 필요도 높아지고 있는 것이다.

한국 사회에서 사회 갈등이 점점 높아지고 있다는 논의도 이러한 변화와 무관하지 않다. 《뉴스1》이 빅데이터 분석 업체 '타파크로스(Tapacross)'에 의뢰해 2018년 이후 갈등 관련 언급량 데이터를 지수화한 결과에 따르면, 2022년 1분기에 한국 사회 종합 갈등 지수는 누적 기준 178.4로 나타나 2018년에 비해(2018년 100) 거의 두 배로 높아진 것으로 나타났다(《동아일보》, 2022. 4. 11.). 이러한 수치는 사회 변화 속에서 다양성의 중요성이 높아지고 있음에도 서로의 차이를 존중하는 문화적 저변은 아직 성숙하지 못한 현실을 잘 보여준다.

2) 다양성, 창의성의 기반이 되다

다양성의 가치에 주목하는 또 다른 이유는 다양성이 창의성의 중요한 기반 중 하나라는 점 때문이다. 창의성은 기존의 사고를 넘어서는 새롭고 독창적인 발상의 요소로 설명할 수 있다. 디지털 전환 등 빠른 사회 변화 속에서, 과거와는 다른 문제 해결 방식에 대한 요구가 높아지고 있다. 창의성이 이러한 변화 속에서 새로운 방식으로 주어진 상황에 필요한 해답을 찾을 수 있는 능력으로서 주목받고 있는 것이다.

스티브 잡스는 창의성의 핵심 요소를 '연결'이라고 강조한 바 있다. 기존의 다양한 경험을 연결해서 새로운 것을 창출해내는 것이야말로 창의성이라는 것이다. 이때 '다양한 경험'이 창의성을 만들어내는 기반이라는 점에 주목할 필요가 있다. 우리는 서로 다른 사람들의 삶의 모습과 다양한 문화적인 경험을 통해서 기존과는 다른 사고의 방식을 훈련할 수 있다. 하나의 현상을 바라보는 다양한 시각을 확인하고, 새로운 연결을 만들어낼 수 있는 경험을 쌓을 기회는 창의성을 높이는 데 핵심적인 부분이기 때문이다.

창의성을 높이기 위해서 다양성이 필요한 또 다른 이유 중 하나는 다양성이 창의성을 지켜내기 위한 '관용'의 기회를 제공한다는 점에 있다. 창의적인 사람 혹은 창의적인 해결은 기존의 방식과 관습에서 벗어난다는 점에서 쉽게 공격과 비난의 대상이 될 수 있다. 다양한 생각과 삶의 방식을 존중하는 관용적인 문화가 없다면 사람들은 자신의 창의적인 생각을 안전하게 표현하지 못할 것이다. 이에 대해 '창조 계급'과 '창조 도시'를 강조한 리처드 플로리다(Richard Florida) 교수는 창의성을 위해 다양성과 관용을 강조한다. 나와는 다른 사람을 받아들일 수 있는 관용을 가진 도시에 다양한 인재가 모이고, 이들이 바로 창의적 사고를 토대로 혁신을 이끌어 낸다는 것이다. 앞으로 더 나은 사회를 위해 필요한 창의성은 다양성에 대한 관용과 다양한 문화적 경험의 토대 위에서 확대될 수 있다는 점에 주목할 필요가 있다.

3) 문화다양성의 '경험'을 위한 문화콘텐츠의 중요성

그렇다면 이러한 문화다양성의 문제와 문화콘텐츠는 어떤 관계를 맺고 있는가? 이에 답하기 위해서는 먼저 '우리가 어떻게 문화다양성을 경험할 수 있을까?'라는 질문에서 출발해볼 필요가 있다. 존 듀이(John Dewey)는 『경험으로서의 예술(Art as experience)』(2016)이란 저작에서 인간이 하나의 유기체로서 환경에 반응하는 상호작용의 관점에서 '경험'에 주목한다. 이러한 관점을 확장하면, 우리를 둘러싼 상징적 환경의 하나로서 문화콘텐츠는 우리에게 하나의 미적인 경험을 제공하는 중요한 토대가 된다. 또한 문화콘텐츠는 그 자체로서 이미 창작자의 다양한 경험을 바탕으로 만들어낸 상호작용의 결과물이다. 이런 점에서 문화콘텐츠는 경험을 매개하고 축적하는 수단이며, 그 자체로 하나의 경험을 제공하는 수단이라고 할 수 있다. 즉, 현실 속에서 직접 마주하는 일상의 경험과 더불어, 문화콘텐츠와 같은 다양한 창작물과의 상호작용 역시 중요한 경험의 요소라고 할 수 있는 것이다.

하나의 좋은 문화콘텐츠는 세상을 바라보는 우리의 관점을 확장해 주는 기회를 제공한다. 자폐 스펙트럼 장애에 대해서 기존보다 진일보된 인식을 가질 수 있게 한 〈이상한 변호사 우영우〉와 같은 작품이 대표적이다. 이러한 콘텐츠는 이미 사회 안에 존재하는 다양한 주체에 주목할 수 있게 하고, 이를 통해 일상에서 만나는 다양성을 보다 깊이 있게 경험할 수 있는 계기를 제공한다. 문화콘텐츠는 이러한 점에서 문화다양성 경험의 영역에서 유의미하게 기여할 수 있다.

아직 한국 사회는 일상에서 다양성을 경험하는 데 다소 범위의 제한이 있는 것이 사실이다. 사회 내부의 다양성의 수준이 높아지는 속도에 비해서, 각자의 일상에서 이러한 변화를 체감할 수 있는 기회를 얻기는 쉽지 않다. 특히 사회 구성원의 다양성이 매우 높은 국가와 달리, 인종적·문화적 동질성을 오랫동안 유지했던 한국의 맥락에서는 이에 대해 보다 적극적인 발견의 노력이 필요한 상황이다. 문화다양성을 품은 문화콘텐츠를 통해 한국 사회에서 '다양성 경험' 기회를 확대할 필요가 있는 것이다.

3. 문화콘텐츠와 한류의 관점에서 본 문화다양성에 대한 요구

1) 글로벌 콘텐츠산업 변화와 문화다양성에 대한 요구

문화콘텐츠 산업에서 문화다양성에 대한 고민이 필요한 이유 중 하나는 글로벌 산업 지형의 변화와도 관련돼 있다. 특히 ESG(Environmental, Social, Governance) 경영, 인권 경영 등 기업에 대한 사회적 요구의 변화 속에서 다양성의 문제는 실질적인 산업 영역의 중요한 대응 과제가 되고 있는 것이다. 산업적 측면에서 문화다양성은 DE&I(Diversity, Equity, and Inclusion), 즉 다양성, 형평성과 포용성에 대한 요구 확대와 긴밀히 연결돼 있다. 여기엔 문화콘텐츠에 담기는, 혹은 문화콘텐츠를 만드는 사람들을 구성할 때 기존의 획일성을 벗어나 다양한 개인과 집단을 품을 수 있어야만, 이를 통해 고객의 다양한 요구에도 적극적으로 대응할 수 있다는 관점이 담겨 있다.

글로벌 콘텐츠 기업들은 이러한 요구에 대해 적극적으로 대응하고 있다. 대표적으로 넷플릭스는 2021년부터 「다양성 보고서」를 발간하면서, 콘텐츠의 등장인물과 제작진이 어떻게 구성되어 있는지를 계속해서 발표해 왔다. 2023년 5월에 발표한 두 번째 리포트에 따르면 넷플릭스의 콘텐츠 10편 중 6편이 여성 주인공이며 이 비율은 매년 증가하고 있고, 여성 감독이 연출한 작품 역시 2021년 26.9%로 2018년의 25%, 2019년의 20.7%, 2020년의 16.7%에 비해 증가한 것으로 나타났다(임경호, 2023. 5. 3.). 넷플릭스는 이러한 분석을 바탕으로 다양한 인종과 민족, 성별 등의 참여를 확대하는 방식으로 다양성을 증진하고자 지속적인 노력을 기울이고 있다. 이에 대해 넷플릭스의 최고경영책임자인 테드 서랜도스(Ted Sarandos)는 "제작진에 대한 포용이 향상되면 출연진에 대한 포용도 크게 향상"될 수 있으며, "넷플릭스가 발전하려면 그간 소외됐던 계층의 목소리를 대변할 기회가 늘어나야 한다"라고 강조한 바 있다(노지민, 2021. 3. 5.). 여기엔 제작진이 더 다양하게 구성되고 그들의 다양성을 품을 수 있는 포용성이 높아지면 콘텐츠의 다양성도 높아질 수 있고, 이는 결국 넷플릭스의 경쟁력에 기여한다는 믿음이 내재돼 있다.

사실 이러한 넷플릭스의 전략이 한류가 성장하게 된 중요한 요소 중 하나였다는 점에 주목할 필요가 있다. 만약 넷플릭스가 단지 미국 콘텐츠를 전 세계에 확산하는 역할로 스스로를 규정했다면, 넷플릭스는 물론이고 한국의 문화콘텐츠도 지금과 같은 성공을 거두기 어려웠을 것이다. 넷플릭스는 각 지역에 있는 소외됐던 계층 혹은 집단의 목소리를 담아내는 플랫폼으로서 스스로를 포지셔닝하고 과거에는 전 세계에 많이 확산되지 않았던 지역의 이야기를 글로벌로 확산하는 방식으로 자신들의 역할을 규정했다. 이는 제작 비용을 절약할 수 있는 방식이면서 각 지역 수용자의 관심을 이끌 수 있는 경영 전략이기도 했다. 한국은 바로 이러한 전략의 일부로서 지역 콘텐츠가 글로벌 전역으로 확대되는 새로운 문화콘텐츠 소비 흐름을 만들어내면서 새로운 한류의 시대를 열 수 있었던 것이다.

이러한 사례는 문화다양성에 대한 관심이 창의적인 콘텐츠를 만들어내기 위한 노력이면서, 동시에 글로벌 경영 측면에서의 요구에 대한 대응임을 잘 보여준다. 이는 한류를 계기로 글로벌 시장을 염두에 둔 경영을 이어 나가야 하는 한국의 콘텐츠 기업들이 일종의 새로운 '글로벌 표준'이란 측면에서도 문화다양성 문제에 대응해야 할 필요가 있음을 의미한다. 문화다양성은 이제 윤리의 문제를 넘어서, 투자와 경영이라는 현실적인 조건으로 부상하고 있다. 한국의 문화콘텐츠 산업은 이러한 글로벌 시장의 요구에 대응하면서도 창의적인 고품질 콘텐츠를 창작해 내야 하는 상황에 있다.

2) 한류의 영향력의 관점에서 본 문화다양성의 가치

한류의 영향력이 확대되고 있다는 점도 콘텐츠산업에서 문화다양성을 고민해야 할 또 다른 이유이다. 한류는 이제 단순한 콘텐츠 상품의 글로벌 소비를 넘어서서 한국의 국가 이미지를 결정하는 일종의 민간 외교관으로서의 역할을 담당하고 있다. 문제는 한국의 문화콘텐츠에서 자신들에 대해 부정적으로 묘사한 콘텐츠를 접한 이들의 반발이 자칫 외교적으로도 치명적인 영향을 미칠 수 있다는 점이다. 한류가 확대되는 과정에서 한류에 반감을 가진 이들에게도 '반(反) 한류' 현상이 나타날 수 있는데, 문화콘텐츠에 담긴 잘못된 묘사가 이러한 반감을 증폭시키는 역할을 할 수 있다.

한류의 확장은 콘텐츠의 수용 뿐 아니라 콘텐츠 창작 과정에도 변화를 가져오고 있다. 한국에 대한 관심이 높아지고 창작자들의 활동 범위가 넓어지면서 다양한 국가의 인력과 교류하며 협력해야 할 필요성도 높아지고 있는 것이다. 이제 한국 배우들이 해외 콘텐츠에 출연하는 일은 낯설지 않은 일이 됐고, 한국의 감독과 같은 창작자들 역시 글로벌 기업 및 인력과 협업하며 콘텐츠를 만들어가고 있다. 기존에는 영어권 혹은 중화권 국가들과 같이 언어적으로 연결된 시장을 중심으로 인적 교류가 활발했다면, 한류의 확장과 더불어 한국 역시 언어권을 넘어선 장에 참여하게 된 것이다.

이러한 변화들은 공통적으로 한국 문화콘텐츠 산업 종사자에게 다양한 문화권에 대한 관심과 이해를 요구하고 있다. 한류의 '위기관리' 측면에서 문화다양성에 대한 감수성의 중요성이 높아지는 이유도 여기에 있다. 한류를 통해 한국 문화콘텐츠를 접하는 전 세계의 수용자는 이제 기존의 한국 콘텐츠에 담겨 있던 편견과 올바르지 않은 재현의 문제를 지적하기 시작했다. 글로벌 진출을 고려하는 기업은 새로운 경영의 조건으로서 구성원을 비롯한 다양성의 문제를 고민해야 한다. 창작자들은 과거보다 다양한 국가의 인력과 교류하며 창작을 이어 나가야 한다.

이러한 다양한 차원의 변화의 압력에 효과적으로 대응하는 전략은, 이를 단순히 규제나 의무로 받아들이는 게 아니라 '새로운 시대에 요구되는 역량'이란 관점에서 접근할 필요가 있을 것이다. 문화다양성 문제에 대응하는 과정을 글로벌 경쟁력의 관점에서 역량을 축적하는 계기로 삼는 것이다. 한국 문화콘텐츠가 앞으로도 계속 더 다양한 사람들의 관심과 호감을 얻기 위해서는, 산업 내부적으로 문화다양성에 대한 감수성을 높여 나갈 필요가 있다. 문화다양성에 대한 요구를 한류의 새로운 도약과 성장의 계기로 만들기 위한 노력이 필요한 시점인 것이다.

4. 문화콘텐츠에서 어떤 문화다양성을, 어떻게 고민해야 할까?

1) 문화다양성의 다양한 영역

그러면 문화콘텐츠 산업에서 관심을 기울일만한 문화다양성 영역에는 어떤 것이 있을까? 이는 크게 '문화적 표현의 다양성'과 '사회 속에서 만날 수 있는 문화적 다양성'으로 나누어 살펴볼 수 있다. 먼저 문화적 표현은 문화다양성에 대한 전 세계적인 노력에 있어서 가장 중요한 영역 중의 하나이기도 하다. 2005년 유네스코 총회에서 채택된 「문화적 표현의 다양성 보호와 증진에 관한 협약(이하 '문화다양성협약')」 역시 '문화적 표현'을 강조한다. 해당 협약에 따라 제정된 「문화다양성의 보호와 증진에 관한 법률」에서는 문화적 표현을 "집단, 사회의 창의성에서 비롯된 표현으로서 문화적 정체성에서 유래하거나 문화적 정체성을 표현하는 상징적 의미, 예술적 영역 및 문화적 가치를 지니는 것"이라고 정의한다. 즉 문화적 표현은 다양한 집단과 사회의 문화적 정체성을 담아내는 것이면서, 창의적인 활동의 결과물이라고 할 수 있다. '문화다양성협약'에는 특히 다양한 사회 집단과 국가에서 문화적 표현이 소멸하거나 위축되는 것을 막아야 한다는 문제의식이 담겨 있다(유네스코, 2005. 10. 20.). 여기엔 문화콘텐츠의 글로벌 유통 확대 과정에서 나타나는 불균형의 문제와 전통적인 문화의 표현에 대한 보호와 활용의 중요성에 대한 강조도 포함돼 있다.

문화적 표현은 구체적으로 예술과 문화콘텐츠의 방식으로 나타난다. 문화다양성 관점에서 이러한 영역을 바라보면, 기존에는 상대적으로 관심을 받지 못했던 장르나 분야를 발견할 수 있다. 이는 문화다양성의 가장 오래된 문제의식 중의 하나인, 창작 영역의 획일화 문제와도 연결된다. 다양한 문화적 표현을 위한 시도를 이어 갈 수 있는 기회가 제공될 때, 우리는 보다 다채롭고 풍요로운 문화를 경험할 수 있다. 건강하고 역동적인 문화 생태계를 위해 일종의 '종 다양성' 관점에서 소외된 장르나 독립 창작 등을 지원하고 활성화할 필요가 있는 것이다.

전통문화의 현대적 활용도 문화다양성의 관점에서 고민해볼 만한 중요한 주제이다. 전통문화를 보호의 대상으로만 바라보는 것이 아니라 새로운 창작을 위한 자원으로서 바라볼 필요가 있는 것이다. 전통문화를 활용한 작품에 대한 주목이 높아지고 있는 것은 이러한 변화에 대한 기대를 갖게 한다. 이날치 밴드와 앰비규어스댄스컴퍼니가 협업한 〈범 내려온다〉라는 작품이 한국관광공사의 'Feel the rhythm of Korea' 시리즈에 활용되면서 큰 반향을 불러일으킨 사례가 대표적이다. 국립박물관문화재단에서 개발한 '반가사유상 미니어처'가 2020년 10월부터 2022년 1월까지 1만 1천여 개가 판매됐던 사례 역시 주목할 만하다. 이러한 사례는 공통적으로 전통문화를 현대적으로 재해석하고, 창작의 자원으로 활용하여 이를 일상의 문화적 경험으로 확대할 수 있음을 잘 보여주고 있다.

다음으로 사회 속에서 만날 수 있는 문화적 다양성의 영역으로 지역, 세대, 성별 등에 대해 살펴보자. 먼저 지역의 문화적 요소는 창의적 활동의 자원이 될 수 있다는 점에 주목할 필요가 있다. '살고 싶은 곳에서 하고 싶은 일'을 하는 것을 강조하는 로컬 크리에이터들은 지역의 고유 자원을 활용하는 새로운 유형의 창작자이다. 이들은 지역 문화로부터 새로운 창조의 자원을 발견하고 활용하면서 지역 문화가 새로운 시대에 맞게 진화하도록 돕는다. 우리 안의 문화적 다양성에 주목하고, 이를 창의적 활동의 자원으로 활용할 수 있는 선순환의 가능성을 보여주는 사례이다.

세대에 대한 관심 역시 문화콘텐츠 영역에서 중요한 화두 중 하나다. 특히 노년 인구가 늘어나고 있음에도, 기존 문화콘텐츠의 중심이 젊은 세대에게 기울어 있다는 점을 고민할 필요가 있다. 방송계에서 여전히 이어지고 있는 트로트 열풍은 기존에 소외된 세대에게 주목할 때, 실제 큰 성과로 이어질 수 있다는 가능성을 잘 보여준다. 이런 점에서 한국 사회의 변화와 더불어 새로운 시장의 가능성의 관점에서도 다양한 세대의 문화적 감각과 취향, 경험의 문제에 주목해 볼 필요가 있는 것이다.

여성 출연자가 주도하는 예능 콘텐츠의 확장 역시 문화다양성에 대한 관심이 새로운 창작 자원의 발굴로 이어질 수 있다는 가능성을 보여준다. 여성이 주인공이 되는 스포츠 예능의 경우, 기존의 남성 중심 스포츠에서는 볼 수 없었던 새롭고 역동적인 장면을 보여주며 사람들의 관심을 불러일으킨다. 이는 다양성의 가치에 대해 단순한 성 역할의 전복이나 성별 균형의 관점을 넘어서, '새로운 서사의 발굴과 확장의 기회'라는 측면에서 주목할 필요가 있음을 의미한다.

2) 문화콘텐츠의 생산과 유통, 텍스트의 관점에서 본 문화다양성

문화콘텐츠의 생산과 유통 그리고 텍스트의 관점에서도 문화다양성에 대해 고민해볼 수 있다. 이는 '우리는 다양한 창작자가 다양한 작품을 다양한 방식으로 공급하고, 이를 소비할 수 있는 환경을 마련하고 있는가?'라는 질문과도 연결된다. 획일화된 창작 생태계와 소비/이용의 편중은 문화콘텐츠 산업 영역에서 오랫동안 고민해 온 문제 중 하나이다. 또한 실제 창작자의 입장에서도 다양성에 대한 요구에 어떤 방식으로 대응해야 할지를 고민해야 할 상황이다.

생산 관점에서는 창작자의 다양성에 대해 고민할 필요가 있다. 앞서 넷플릭스도 「다양성 보고서」에서 제작진 구성의 다양성 문제에 주목한 바 있다. 영국의 《BBC》도 2017년 '50:50 프로젝트'를 통해 출연자의 남녀 비율을 동등한 수준으로 맞추고 다양성과 포용성을 갖춘 콘텐츠를 제작하기 위해 투자를 확대한 바 있다. 이러한 노력의 근간에는 콘텐츠 창·제작의 과정에 다양한 창작자가 참여하게 되면 콘텐츠 자체의 다양성과 창의성 역시 높아질 수 있다는 기대가 깔려 있다.

유통 관점에서는 플랫폼의 콘텐츠 노출 알고리즘과 같이 다양성을 경험하기 어렵게 하는 조건에 대한 관심이 필요하다. 자칫 익숙한 콘텐츠만을 지속적으로 추천하는 알고리즘으로 인해 콘텐츠 경험의 편향성과 획일성이 강화될 수 있는 우려가 존재하는 것이다. 콘텐츠 유통 측면에서 소수 사업자의 독점이 확대될 때 생길 수 있는 문제 역시 문화다양성의 관점에서 고민이 필요한 부분이다. 글로벌 OTT의 영향력이 확대되는 가운데 국내 미디어 사업자의 기반이 위축될 수 있다는 우려도 이러한 독점으로 인한 문제와 연결된 고민인 것이다.

텍스트의 관점에서는 창작자들이 재현의 방식과 서사의 구성에 대한 현실적인 고민에 직면하고 있는 상황이다. 특히 PC(Political Correctness) 논쟁과 콘텐츠 소비자의 반발 역시 큰 상황이다. 문화다양성에 대한 고려가 자칫 창의적인 고품질의 콘텐츠 창작에 대한 기대와 상충될 수 있다는 우려가 창작자에게 있는 것이다.

이러한 우려와 고민을 극복할 수 있는 전략은 기계적 균형과 단순한 '전복'을 넘어서 문화다양성을 새로운 서사를 만들어내는 계기로 만드는 것이다. 예를 들어, 디즈니 작품 중 하나인 〈라야와 마지막 드래곤(Raya and the last dragon)〉(2021)은 소재 측면에서도 아세안 지역의 전통 문화를 배경으로 삼고 있고 두 여성 주인공의 관계가 서사의 중심에 놓인다. 단순히 여성을 주인공으로 내세우며 기존의 남성-서사의 성별만을 전복한 것이 아니라 여성을 중심으로 새로운 서사적 가능성을 연 것이다. 이는 문화다양성이 창작자에게 부담스러운 제약이 아니라 더 풍부한 서사와 새로운 이야기를 만들 수 있는 기회가 될 수 있음을 시사한다.

어찌 보면 지금의 PC 논쟁은 문화콘텐츠 산업이 문화다양성을 확대하는 과정에서 나타난 일종의 시행착오라 할 수 있다. 이러한 문제는 더 많은 창작자가 자기 삶에서 경험했던 다양성을 좀 더 적극적으로 표현하는 과정에서 해결될 수 있을 것이라고 생각한다.

3) 문화적 차이가 매력의 요소가 되는 시대

문화다양성에 대한 고려가 제약을 넘어 기회가 될 수 있다는 기대를 갖게 되는 것은 문화적 차이에 대한 감각의 변화와도 관련돼 있다. 이는 '미디어스케이프(mediascape)' 개념과도 연결되는 현상이라 할 수 있다. 아르준 아파두라이(Arjun Appadurai)는 미디어스케이프 개념을 통해 우리를 둘러싼 미디어 풍경이 우리에게 문화적 정체성의 자원을 제공하고 있다는 점에 주목한 바 있다. 이러한 미디어스케이프는 글로벌 플랫폼의 확장과 더불어 큰 변화를 맞이하고 있다. 과거에는 자신의 문화권과 거리가 있는 작품을 접할 기회가 제한적이었다. 넷플릭스와 같은 글로벌 사업자가 전략적으로 각 지역의 로컬 콘텐츠를 발굴해서 확산하는 사례가 늘어나면서 이러한 미디어스케이프 지형에 변화가 나타났다. 이제는 자신의 문화권을 벗어난 다양한 국가와 지역의 문화콘텐츠를 손쉽게 접할 수 있게 된 것이다.

미디어를 통한 문화콘텐츠 경험의 지리적 범위가 크게 확대되는 가운데 눈에 띄는 변화는 문화적 차이를 매력의 요소로 차용하고 있다는 점이다. 〈종이의 집〉[1]의 한국판은 하회탈을 가면으로 활용한 것이 대표적이다. 하나의 지적재산(Intellectual Property, IP)을 지역에 따라 재구성하는 과정에서 지역적 특색을 주된 매력 요소로 강조하는 전략을 활용한 것이다. 한국 콘텐츠 소비가 늘어나는 과정에서, 갓이나 한복과 같은 한국적 요소에 대한 관심이 함께 높아지고 있는 것도 그와 같은 흐름으로 볼 수 있다. 글로벌 플랫폼을 중심으로 문화 경험의 맥락이 형성되면서 매력 요소로 받아들이는 글로벌 수용자가 늘어나고 있는 것이다.

최근 문화적 전유(cultural appropriation)를 둘러싼 논쟁이 늘어나고 있는 것도 이러한 변화와 무관하지 않다. 주로 미국과 같은 다인종 국가에서 이슈가 된 문화적 전유는 한류와 같은 글로벌 문화콘텐츠의 확산이 늘어나면서 보다 확대돼 논쟁거리가 되고 있다. 이때 비판의 핵심은 한 인종과 문화 집단의 정체성의 요소를 이해 없이 도용하거나 희화화하는 데 있다. 문화적 전유가 다른 문화 집

---

1   스페인 원작의 넷플릭스 드라마.

단의 요소를 '이국적인' 매력 요소로 활용하려는 시도라는 점에서 본래 해당 문화의 복합적인 맥락으로부터 벗어난 부적절한 재현과 소비가 이루어질 수 있다는 것이다.

문화적 전유에 대한 논쟁이 확대되는 것은 역설적으로 문화적 다양성의 요소에 대한 관심이 높아지고 있음을 잘 보여준다. 낯선 문화를 불편해하거나 거부하기보다 관심을 기울이고 해당 문화의 기원을 확인하며, 존중을 표현하려는 움직임이 늘어나고 있는 것이다. 글로벌 문화교류 확대 속에서 지역과 공동체 문화가 지닌 특수성과 보편성을 발견하고 이를 더 다양한 수용자와 공유할 수 있는 기회 역시 늘어나고 있다. 이런 점에서 우리 안에 있는 문화다양성 요소를 좀 더 적극적으로 발굴하는 것은 보다 풍성한 문화 경험 기회를 확대할 수 있는 의미 있는 시도라고 할 수 있다.

5. 문화다양성을 새로운 도약의 기회로 만들기 위해

문화다양성에 대한 관심의 증가는 분명 양면성을 지니고 있다. 한류의 확산이란 관점에서 볼 때, 우리는 더 넓고 다양한 사람들의 관심을 받기 시작했고 과거엔 생각지 못했던 반응과 비판을 촉발할 위험도 더 많이 떠안게 됐다. 세계적으로 문화적 전유에 대한 비판이 거세지는 등 문화적 요소의 적절한 재현과 묘사에 대한 기준 역시 거세지는 상황이다. 이는 '위기관리' 차원에서라도 문화다양성에 대한 관심과 대응이 필요한 시기가 도래했음을 의미한다.

다른 한편으로 문화다양성은 우리에게 기회 요인으로 다가오고 있다. 더 다양한 문화를 적극적으로 경험하고자 하는 사람들이 늘어나고 있고, 지역과 집단에 따른 문화 차이에 대해 이를 매력으로 받아들이고 관심을 기울이는 환경도 마련되고 있다. 넷플릭스와 같은 글로벌 사업자의 로컬 콘텐츠 발굴 전략은 윤리적 접근에 앞서 글로벌 콘텐츠 사업의 확장을 위한 선택이었고, 문화콘텐츠 한류는 바로 이러한 전략의 수혜를 통해 확장되고 있다. 우리 역시 문화다양성에 더 관심을 갖고 대응한다면 좀 더 창의적이고 좋은 작품을 만들어낼 수 있을 것이란 기대를 갖는 이유도 여기에 있다. 즉 문화다양성에 대한 대응은 단순한 제약과 압력이 아니라 변화된 질서에 대한 적응과 이를 통해 발견하는 새로운 성장의 계기라는 관점에서 접근할 필요가 있다.

이를 위해 무엇보다 필요한 것은, 창작자의 인식과 관심이다. 문화다양성을 부담과 제약으로 받아들이기보다 새롭게 요구되는 하나의 역량으로서 주목하고, 문화다양성 요소에 관심을 가지며 차이와 다름을 존중하는 관용의 태도를 발전시켜나갈 필요가 있는 것이다. 지금 할 수 있는 선에서 자신이 만드는 콘텐츠에 담긴 문화적 요소의 재현과 표현에 세심히 주목하고, 좀 더 새로운 다양성 요소를 발굴하기 위해 노력하며 더 다양한 창작자와 함께 일할 수 있는 기회를 넓히기 위해 관심을 기울여야 하는 것이다.

물론 이를 개개인의 노력에만 맡겨둘 수는 없다. 크게 확장된 한류의 범위에 대응하기 위해선 더 다양한 지역의 문화를 이해하는 전문가가 무엇보다 필요하다. 다양한 지역의 문화를 이해하는 전문가의 연구와 활동을 더 적극적으로 지원하고, 이들의 전문성이 창작자와 연결될 수 있는 기회를 확대할 필요가 있다. 이를 통해 창작자가 조금 더 가까운 곳에서 문화다양성 전문가들을 만나고 교류하며, 이를 바탕으로 전문성을 보강해 문화콘텐츠의 품질과 창작 과정에서의 문화적 감수성을 높이도록 하는 노력이 필요한 것이다.

문화콘텐츠 산업에서 문화다양성에 대한 대응 역량을 높여나가는 과정은 결과적으로 우리 사회에서 경험할 수 있는 문화적 다양성의 범위와 질적 수준의 제고로 이어질 수 있다는 점에도 주목할 필요가 있다. 우리의 문화적 경험의 영역에서 문화콘텐츠가 지닌 위상과 의미를 고려할 때, 문화다양성을 품은 콘텐츠가 늘어날수록 우리의 경험의 영역도 더 풍성해질 것이다. 문화다양성이 결국은 콘텐츠의 가치를 높이고 콘텐츠의 역할을 확장할 수 있는 것이다. 우리는 〈이상한 변호사 우영우〉를 통해 '자폐 스펙트럼 장애'를 좀 더 이해하게 되고, 자폐라는 것이 스펙트럼으로 굉장히 다양하게 펼쳐져 있다는 것을 알 수 있게 됐다. 하나의 콘텐츠는 이렇듯, 세상을 바꾸는 힘이 있다.

이런 점에서 우리 콘텐츠가 문화다양성을 더 많이 품기 위해서는 이를 위해 한발 한발 노력하고 있는 콘텐츠 창작자에 대한 응원과 관심 역시 필요하다. 우리의 콘텐츠 창작 환경이 보다 관용과 포용의 관점에서 문화적 다양성을 담아낼 수 있도록 개선된다면 이러한 존중의 문화 속에서 창작자가 자유롭게 다양한 작품을 만들 수 있을 것이고, 이를 통해 우리 사회 전반의 문화다양성에 대한 이해와 감수성이 개선되는 선순환이 이루어질 수 있을 것이다.

참고문헌

노지민 (2021. 3. 5.). 넷플릭스, 국내에선 볼 수 없었던 다양성 리포트 내놨다. 《미디어오늘》. http://www.mediatoday.co.kr/news/articleView.html?idxno=212256

《동아일보》(2022. 4. 11.). 사회갈등지수 4년 새 거의 2배 … 대한민국은 '갈등공화국'. https://www.donga.com/news/Society/article/all/20220411/112792594/1

유네스코 (2005. 10. 20.). 문화적 표현의 다양성 보호와 증진 협약(Convention on the Protection and Promotion of the Diversity of Cultural Expressions)

임경호 (2023. 5. 3.). 넷플릭스 콘텐츠 '여성 주연' 64.6%…"일부 인종 여전히 소외". 《PD저널》. https://www.pdjournal.com/news/articleView.html?idxno=75029

문화다양성 정책과 한류

김면 한국문화관광연구원 문화정책연구실장

1. 한류의 재인식과 가치지향 모색

한류는 국내 콘텐츠산업의 성장과 함께 확산돼 왔고, 아시아에서 전 세계로, 대중문화에서 한국 문화 전반으로 관심을 확대하고 있다. 전 세계 한류 애호가의 수는 1억 명을 넘어서고 있으며, 이와 더불어 한류는 소비재 수출을 촉진하고 관광 활성화 등 연관산업의 성장을 견인하며 한국의 국가 브랜드 가치를 제고하고 있다. 한류는 초기에 일시적인 유행이며 곧 사라질 수 있다는 우려를 낳기도 했으나 그러한 우려를 불식시키며 오늘날 전 세계적으로 대중적인 사랑을 폭넓게 받고 있다.

최근 코로나19 팬데믹으로 세계 각국에서 국가 간 교류를 차단하는 봉쇄정책을 추진해 한류도 여러 어려움을 겪었다. 한류 문화는 이러한 위기 속에서도 문화콘텐츠 소비의 고전적인 대면 방식을 벗어나 유튜브, 트위터, 인스타그램 등 소셜 네트워크 서비스(SNS) 플랫폼을 활용하는 방식으로 전환해 새로운 기회를 찾으며 대응했다. 특히 포스트 코로나 시대를 맞아 한류 콘텐츠를 보다 다양하게 향유하고 즐기는 소비양식이 확산되며 세계화된 한류 문화를 진흥하고 있다.

그 과정에서 일본과 중국 등 일부 아시아 국가에서는 광범위하게 확대되는 한류 현상에 대해 경계하는 움직임이 포착되기도 했다. 또한 인종적, 종교적 차이로 인해 일부 콘텐츠나 프로그램에 대한 반발이 발생하기도 했다. 한류 문화는 이제 새로운 전환기를 맞아 대상 지역의 반작용이 일어나는 현상에 유연하게 대응하며 향후 새로운 가치지향성을 모색할 필요가 있다.

한류 문화는 앞서 한국만의 문화로 여겨졌고 이를 우리만의 독점적인 문화양식으로 받아들이기도 했다. 이제 한류 문화를 세계 속의 다양한 사용자가 향유하며 재생산하는 국제적인 문화로 인식하고 그 나름의 생명력을 인정해야 한다는 견해가 다수인 상황이다. 한류 콘텐츠는 세계 속에서 우리 문화를 단순히 즐기는 데서 그치는 것이 아니라 전파된 지역에서 다양한 소비층의 참여와 생산을 통해 새로운 문화융합 및 문화창조를 이루고 있는 점에 주목하며 신한류, 'K-문화'의 의미성 확장을 논하고 있다.

> "'K-문화'의 'K'라는 접두사는 더 이상 '한국의'라는 뜻으로만 제한해 이해해서는 안 되며, 그것에는 재미있고 쿨하고 현대적이며 혼성체인 동시에 역동적이란 의미가 담겨 있다."(조지은 옥스퍼드대 교수, 《조선일보》 2023년 2월 7일자)

국제사회는 과거 문화상품의 유통과 교역에 있어 불균형 현상을 직면해, 이를 해소하고자 국제협력과 연대를 강화하는 유네스코 '문화적 표현의 다양성 보호와 증진 협약(이하 문화다양성협약)'을 채택했다. 특히 개발도상국의 문화 활동과 문화서비스에서 세계 시장의 접근과 국제적 배급망에 대한 참여 확대를 위해 노력해야 함을 적시했다. 한류 콘텐츠는 문화다양성 가치의 개념과 지향점을 기반으로 모두의 이익을 위해 사람과 문화 간 상호 존중의 틀 안에서 보다 더 근본적이며 장기적으로 나아갈 가능성을 모색할 필요가 있다. 그 과정에서 보다 성숙한 신한류 문화의 발전 방안을 검토하는 것이 중요하다고 본다.

2. 국제사회와 문화다양성 논의

1) 문화적 권리의 발전과 국제적 논의

문화다양성 정책의 출발점은 제2차 세계대전 이후에 본격적으로 시작된 국제적 논의에서 찾을 수 있다. 전쟁 이후 소수자 인권 보호 문제는 국제사회의 중요한 이슈로 다뤄졌다. 특히 유네스코(UNESCO, 유엔교육과학문화기구)는 1946년 창립 이래 보편적인 인권, 민주주의, 문화적 권리, 문화와 정체성, 문화와 발전 등 다양한 의제를 발전시켜 왔다.

이러한 흐름에서 인권과 기본적 자유뿐만 아니라 문화생활 참여권, 민족·인종·종교·언어적 소수자 권리, 예술 활동 접근권 등을 포함한 다양한 문화 권리를 확대하고 발전시키면서 문화다양성에 대한 개념과 범주를 정립해 왔다고 볼 수 있다.

2) '문화적 예외'에서 '유네스코 문화다양성 선언'으로

국제사회의 문화다양성 정책 발전에서 소수 문화의 기본적 권

- 세계인권선언(Universal Declaration of Human Rights, 1948)
- 제2조: "모든 사람은 인종, 피부색, 성, 언어, 종교, 정치적 또는 기타의 견해, 민족적 또는 사회적 출신, 재산, 출생 또는 기타의 신분과 같은 어떠한 종류의 차별 없이, 이 선언에 규정된 모든 권리와 자유를 향유할 자격이 있다."[1]

- 유럽인권협약(European Court of Human Rights, 1950)
- 제14조: "성, 인종, 피부색, 언어, 종교, 정치적 또는 기타의 견해, 민족적 또는 사회적 출신, 소수민족 소속, 재산, 출생 또는 다른 신분 등에 의해 차별 없이 협약에 규정된 권리와 자유 향유가 확보되어야 한다."[2]

- 경제, 사회, 문화적 권리의 국제규약(International Covenant on Economic, Social and Cultural Rights, 1966)

- 시민, 정치적 권리의 국제규약(International Covenant on Civil and Political Rights, 1966)

- 일반 대중의 문화생활 참여 및 기여에 관한 권고(Recommendation on Participation by the People at Large in Cultural life and their Contribution to it, 1976)

- 인종과 인종차별적 편견에 대한 선언(Declaration on Race and Racial Prejudice, 1978)

- 예술가의 지위에 관한 권고(Recommendation concerning the Status of the Artist, 1980)

- 민족적 또는 인종적, 종교적 및 언어적 소수집단의 권리(Declaration on the Rights of Persons Belonging to National or Ethnic, Religious and Linguistic Minorities, 1992)

---

1 Everyone is entitled to all the rights and freedoms set forth in this Declaration, without distinction of any kind, such as race, colour, sex, language, religion, political or other opinion, national or social origin, property, birth or other status('세계인권선언' 제2조 원문 인용).

2 The enjoyment of the rights and freedoms set forth in this Convention shall be secured without discrimination on any ground such as sex, race, colour, language, religion, political or other opinion, national or social origin, association with a national minority, property, birth or other status('유럽인권협약' 제14조 원문 인용).

리 보호 증진이 중심축이라면, 또 다른 축으로는 국가적 차원에서 문화 차이를 인식하고 상호 간 문화교류에 그 의미성을 두고 전개된다. 전 지구적 차원에서 국가들의 문화 간 대화를 유도하고 국가 간 문화상품과 서비스의 균형 있는 교류를 증진하고자 했다.

문화다양성에 대한 국제적 논의 확대는 미국과 유럽 국가들 간 문화 주권에 대한 입장 차이에서 시작됐다고 볼 수 있다. 1980년대 이후 프랑스를 위시한 유럽과 캐나다는 미국 문화산업의 영향 아래 놓일 수 있는 초국적 위협에 대항하고자 했고, 자국의 문화상품 및 서비스를 보호하고자 자유무역협정에서 제외시키려 '문화적 예외'를 주장했다. 이에 반해 미국은 영화, 방송, 출판 등도 다른 일반 상품과 다르지 않다는 경제적 논리를 주장하면서 무역협정의 권리를 침해하고 무역자유화에 대한 지장을 초래한다는 입장에서 완전 개방과 교역을 주장했다.

1995년에 세계무역기구(World Trade Organization, 이하 WTO)가 출범한 이후, 무역의 보편 원칙과 문화의 범위를 둘러싼 논의가 WTO 체제 외곽에서 진행되며 유네스코로 옮겨 갔다. 특히 1998년 OECD 회원국들 간 협의중이던 다자 간 투자협정(Multilateral Agreement on Investment, MAI)이 문화 상품의 제외를 이유로 결렬되면서 '문화정책에 관한 국제 네트워크(International Network on Cultural Policy, INCP)'가 설립됐고, 문화다양성의 선언으로 이어졌다.

유네스코는 2001년 10월 파리에서 개최된 제31차 정기총회에서 문화다양성 선언을 채택하고, 같은 해 11월에 '유네스코 문화다양성 보편선언(UNESCO Universal Declaration on Cultural Diversity)'을 발표했다.[3] 유네스코의 164개 회원국은 미국 주도의 세계화와 자유무역에 대응하기 위해 본격적으로 문화다양성을 논의하기 시작했으며, 각 나라와 각 지역의 문화적 고유성·다양성을 보호하고 증진하기 위한 목적으로 선언을 채택했다.

이 선언은 제1조에서 문화다양성이 인류의 공동 유산임을 다음과 같이 천명했다.

"문화는 시간과 공간을 초월해 다양하게 나타난다. 이러한 다양성은 인류를 구성하는 집단과 사회의 정체성과 독창성을 구현한다. 생물다양성이 자연에 필수불가결한 요소인 것처럼, 문화다양성은 인류에게 있어, 교류, 혁신, 창조성의 근원으로 작용한다. 이러한 의미에서 문화다양성은 인류의 공동 유산이며 현재와 미래세대를 위한 혜택으로서 인식되고 보장되어야 한다."[4]

주요 내용은 총 12조로 구성돼 있는데, 문화다양성 보호와 인간 존엄성 존중 및 소수집단과 원주민의 자유와 인권보장, 문화다양성

---

[3] 유네스코는 앞서 세계문화장관회의(멕시코시티, 1982), 세계 문화 발전 위원회 보고서(우리의 창조적 다양성, 1995) 및 문화와 발전에 관한 정부 간 회의(스톡홀름, 1998)를 통해 문화의 중요성과 발전 방향에 대한 세계적 논의의 흐름을 주도했고, 이러한 논의의 내용이 이번 선언문에 집약됐다.

[4] Culture takes diverse forms across time and space. This diversity is embodied in the uniqueness and plurality of the identities of the groups and societies making up humankind. As a source of exchange, innovation and creativity, cultural diversity is as necessary for humankind as biodiversity is for nature. In this sense, it is the common heritage of humanity and should be recognized and affirmed for the benefit of present and future generations('유네스코 문화다양성 보편선언' 제1조 원문 발췌).

을 존중하는 문화적 권리의 보호, 창의성의 원천인 문화유산 보존, 문화상품과 서비스의 특수성 인정, 문화산업의 육성 및 문화다양성 증진을 위한 공공 협력, 유네스코의 역할 등을 포함하고 있다(문체부 보도자료, 2019. 8. 26.).

- 제1조 문화다양성: 인류의 공동 유산
- 제2조 문화다양성에서 문화다원주의로
- 제3조 발전을 위한 요소로서의 문화다양성
- 제4조 문화다양성을 위한 조건으로서의 인권
- 제5조 문화다양성을 가능하게 하는 기반으로서의 문화권
- 제6조 모든 이를 위한 문화다양성
- 제7조 창의성의 원천으로서의 문화유산
- 제8조 문화상품과 서비스의 특수성
- 제9조 창의성의 촉매로서의 문화정책
- 제10조 범지구적 창조 및 보급 역량의 강화
- 제11조 공공분야, 민간분야, 시민사회와의 협력 강화
- 제12조 유네스코의 역할

3) '문화다양성협약'의 주요 내용

유네스코가 '유네스코 문화다양성 보편선언'을 2001년 발표한 후, 국제사회는 앞선 선언문의 구체적 실천을 위해 구속력이 있는 협정으로 발전시키고자 했다. 캐나다 국제무역자문그룹(Canadian Sectoral Group on International Trade, SAGIT), 문화다양성 국제네트워크(International Network for Cultural Diversity, INCD), 문화정책에 관한

국제 네트워크(INCP) 등의 기관이 협약의 초안을 만들면서 실제 국제법적으로 강제력을 갖출 수 있도록 관련 내용과 적용 범위를 조정했다.

구체적인 내용으로 무역협정에서 문화상품과 문화서비스 문제를 어떻게 다룰 것인지, 개발도상국의 문화적 역량을 강화하기 위해 선진국에서 어떤 역할을 해야 할지 그리고 '문화다양성협약'이 다른 무역협정이나 국가 간 협약보다 우선권을 가질 수 있는 방법을 모색하면서 협약을 추진했다(김면, 2017).

2005년 10월 파리에서 개최된 제33차 정기총회에서 유네스코는 '문화다양성협약'[5]을 채택했다. 협약안은 문화산업 분야의 소비와 유통 정책에 대한 입장 차이를 보였다. 154개국 참석에 148개국의 찬성, 미국과 이스라엘의 반대, 그리고 호주, 니카라과, 라이베리아, 온두라스의 기권 표결에 의해 공식으로 채택됐다.[6]

'문화다양성협약'은 선언에서 천명됐던 문화권을 구체적으로 진전시킨 최초의 국제협약으로, 자국 문화산업을 보호·증진하기 위해 적절한 국내적 조치를 취할 권한을 기본적 골자로 하고 있다. 본 협약에는 '유네스코 문화다양성 보편선언'의 정신을 그대로 담아서 문화다양성을 인류 공동의 유산으로 인정하고 모든 문화의 존엄성

---

5 협약의 최종 명칭은 '문화적 표현의 다양성 보호와 증진 협약(Convention on the Protection and Promotion of the Diversity of Cultural Expressions)'이다.
6 협약 제29조에 최소 30개국이 국내 비준 절차를 마친 3개월 후에 발효가 되는 것으로 명시돼 있는데, 2006년 12월 18일 협약 비준국이 30개국이 넘으면서 2007년 3월 18일에 협약이 발효됐다.

이 동등하며 모든 문화는 기본적인 권리가 있음을 명시했다. 특히 문화상품 및 서비스의 특수성과 국제사회의 협력 강화를 구체적으로 실현하고 있다. 글로벌 경제 논리로부터 각 회원국이 보유한 고유한 문화 주권과 문화 권리의 중요성을 강조하며, 각국의 문화다양성을 보전하기 위한 의무 조항을 설정했다(김면, 2018b, 14쪽).

'문화다양성협약'은 전문(前文), 7개 장, 6개 부속서로 구성돼 있다.

협약의 주요 내용으로 문화다양성의 보호와 증진을 위한 9개 목적(제1조)과 8개의 지침(제2조)을 구성했다. 협약 제4조에는 문화다양성 정의를 다음과 같이 담고 있다.

> "'문화다양성'은 집단과 사회의 문화가 표현되는 다양한 방식을 말한다. 이러한 표현들은 집단 및 사회의 내부에서 그리고 집단 및 사회 사이에서 전승된다. 문화다양성은 인류의 문화유산이 다양한 문화적 표현을 통해 표현되고 증대되며 전승되는 다양한 방식을 통해서뿐만 아니라 사용된 방법과 기술에 관계없이 다양한 양식의 예술적 창작, 생산, 보급, 배포 및 향유를 통해서도 명확하게 나타난다."[7]

---

[7] "Cultural diversity" refers to the manifold ways in which the cultures of groups and societies find expression. These expressions are passed on within and among groups and societies. Cultural diversity is made manifest not only through the varied ways in which the cultural heritage of humanity is expressed, augmented and transmitted through the variety of cultural expressions, but also through diverse modes of artistic creation, production, dissemination, distribution and enjoyment, whatever the means and technologies used('문화다양성협약' 제4조 문화다양성 정의 부분 원문 발췌).

다음으로 당사국의 권리와 의무 조항이 있다. 특히 국가적 수준에서 문화다양성 보호와 증진을 위한 당사국의 여러 국내 조치(제6~8조)를 포괄적으로 규정하고 있다.

당사국은 4년마다 문화다양성의 보호 및 증진을 위해 취한 조치를 유네스코에 보고하며, 이와 관련된 정보를 공유 및 교환하고(제9조), 시민사회의 중요 역할을 인정하고 시민사회가 적극적으로 참여할 수 있도록 장려해야 한다(제11조). 또한 국제협력(제12~17조), 국제 문화다양성 기금(제18조), 협약의 기관(제22~24조)에 관한 규정이 있다(김면, 2018a, 15쪽).

구체적인 내용을 살펴보면 다음과 같다. 제6조는 당사국이 국내 차원에서 취할 수 있는 조치 사항과 관련된 권리를 명시하고 있는데 문화적 표현의 다양성 보호와 증진을 위한 규제 조치, 독립적 문화산업과 활동에 대한 지원, 공공 재정 지원, 공공기관 설립 지원, 예술가 및 관련 종사자 양성, 미디어의 다양성 증진 등의 조치가 포함돼 있다(김면, 2018a, 15쪽).

'문화다양성협약'은 제7조와 제8조를 통해 문화적 표현의 증진과 보호를 위해 당사국이 취해야 할 조치를 각각 명시하고 있다. 소외계층의 문화적 권리, 다양한 문화에의 접근, 예술가를 비롯한 문화예술 종사자에 대한 역할 등을 보장함으로써 문화예술 분야의 광범위한 발전에 기여할 수 있는 조항이 있다(김면, 2018a, 15쪽).

특히 개발도상국과의 구체적인 협력을 강조해 시민단체·비정부기구·민간부문 간의 파트너십 강화와 공동 제작 및 배급에 관한 협정 체결 장려를 국제협력의 주요 골자로 한다. 협약에는 국제협력을 증진시키기 위한 당사국의 역할 및 촉진 방안(제12조), 개발도상국의 개발을 위한 당사국의 협력 지원 활동(제14조), 개발도상국의 기반시설·인적자원·정책개발에 역점을 둔 협력 관계(제15조), 개발도상국 출신 예술가, 문화 전문가 및 활동가를 우대하는 문화교류 촉진(제16조), 문화적 표현에 대한 심각한 위협 상황에서 개발도상국의 지원 제공(제17조), 국제 문화다양성 기금 및 분담(제18조) 등을 명문화하고 있다(김면, 2018a, 15쪽).

3. 국내 문화다양성 정책의 흐름 분석

1) 스크린쿼터제(screen quota)와 문화다양성 논의

한국 사회 내 문화다양성에 대한 논의는 1990년대 말 한미 자유무역협상(FTA) 과정에서 영화 보호의 스크린쿼터제 축소·폐지 요구에 대한 반발에서 출발했다고 볼 수 있다. 스크린쿼터제는 외화수입을 규제하고 극장에서 자국의 영화를 일정 비율 이상으로 설정해 최소 상영 기회를 보장하는 정책으로, 외국의 거대한 영화산업에 대항하기 위한 일종의 수입 제한 장치였다. 한미 자유무역협상(FTA)에서 영화시장 개방의 요구와 영화계 및 시민단체의 반대 입장이 갈등하면서 사회 전면에 국내 스크린쿼터제 문제가 대두됐다.

당시 스크린쿼터제의 사수는 자유무역의 영향력으로부터 한국

영화 시장을 지키는 보호막으로 인식됐다. 2006년에는 스크린쿼터 일수를 기존 규정의 절반인 73일로 축소하는 결정이 내려졌다. 이에 국제법적인 차원에서 '문화다양성협약'이 소환됐고, 국제적 갈등 맥락 속에서 문화 주권 보장이 이슈화됐다.

스크린쿼터의 필요성은 할리우드의 거대 영화자본으로부터 국내 영화산업을 보호하고자 국제통상원칙에서 문화적 예외가 허용돼야 한다는 정당성에서 제기됐고, 문화적 다양성의 보호라는 명분으로 추진됐다. 그 과정에서 문화산업 영역의 시장개방과 관련한 문화적 예외 논의가 시민사회를 중심으로 형성되기는 했으나 '문화다양성협약'과 관련해 구체적인 구상은 제시되지 않았다.

2) 다문화정책 기반에서 문화다양성 정책으로의 전환

문화다양성 정책의 도입은 국내 다문화정책과 긴밀히 연계돼 있다고 볼 수 있다. 초기 문화다양성 정책은 국제사회의 오랜 논의를 거쳐 귀결된 보편적 문화권이 아닌 다문화 공존을 위한 정책으로서 이주민 대상 사업에 한정됐다. 2000년대 우리 정부의 다문화정책이 이주노동자와 결혼이민자가 증가함에 따라 중요 정책과제로 부상하면서, 이주민의 국내 통합을 목적으로 하는 동화 정책에서 시작했다고 볼 수 있다. 「여성결혼이민자 가족의 사회통합 지원대책」(2006)이 도입되고, 「재한외국인처우기본법」(2007)과 「다문화가족지원법」(2008)이 제정돼 법적 토대가 마련됐으며, 정책은 이주민 정착 지원사업에 집중됐다.

이들 법률과 같이 여성결혼이민자 가족 및 외국인 이주자 대상 사회통합에 초점을 맞춰 국내 생활 적응과 안정적인 정착을 지원하고자 했다. 이주민 유입 역사가 짧고 단일민족주의가 강한 국내 정서상 주류사회로의 편입에 중점을 뒀기에 이러한 정책 지향점은 분명한 한계가 있었다. 이에 근본적인 사회문제를 해결하기 위해 소수 문화의 다름을 인정하고 각 사람의 다양한 문화를 증진할 수 있도록 해야 한다는 의견이 제시되기 시작했다. 문화적 차이에 대한 세밀한 인식 없이 다양한 정책 대상을 포괄하지 못했던 점이 지적됐고, 상호이해 증진을 도모할 수 있도록 다문화정책의 패러다임 전환이 요구됐다.

2005년 '문화다양성협약' 이후, 우리 정부는 2010년 주 유네스코 한국대표부를 통해 '유네스코 문화적 표현의 다양성 보호와 증진에 관한 협약' 비준서를 보코바(Irina Bokova) 사무총장 앞으로 기탁했고, 동 협약의 110번째 비준 국가가 됐다. 협약은 국내에서 2010년 7월에 정식 발효됐다. 정부는 협약의 당사국으로서 국제협약이 요구하는 권리와 의무를 반영하기 위해 앞서 이주민의 주류사회로의 편입을 돕는 다문화정책에서 다양한 문화의 공존을 인정하는 문화다양성 정책으로의 전환을 표방했다.

2012년 발표한 「제2차 다문화가족정책 기본계획(2013~2017)」에서는 그간 결혼이민자를 대상으로 한국문화 적응 중점 지원 및 시혜적 지원으로 인한 한계를 극복하고 상호 존중 문화와 사회 분위기를 조성하고자 다문화 가족의 사회 통합에 대한 기본 관점을 재정립했다. 구체적으로 '사회발전 동력으로서의 다문화가족 역량 강화', '다양성이 존중되는 다문화사회 구현'이라는 목표하에 정책과제 86개를 제시했다. 동 계획은 「다문화가족지원법」에 근거한 법정계획으로서 여성가족부, 문화체육관광부, 보건복지부, 방송통신위원회, 교육과학기술부 등 범부처 차원에서 합동 추진하도록 했다(김면, 2017, 76쪽).

　　문화체육관광부는 문화다양성에 대한 이해를 증진시키고 다양한 문화에 대한 사회적 수용 능력을 높여 문화적 창조가 적극적으로 이뤄질 수 있도록 소수자 문화의 공존, 이주민과 내국인 간의 문화적 소통에 초점을 두는 정책을 추진했다. 대표적으로 문화체육관광부의 '무지개다리'사업으로 이주민의 문화 표현 및 교류 기회를 마련하도록 추진했다(김면, 2018a, 32쪽).

　　무지개다리사업은 문화체육관광부가 다문화, 소수 문화, 세대 문화, 하위 문화, 지역 문화 등 다양한 문화 및 문화 주체의 문화교류와 소통 활동을 증진시키기 위해 2012년 시범 사업으로 추진했고 현재도 문화다양성 정책의 핵심 사업으로 자리 잡고 있다(김면, 2017, 77쪽).

　　이 시기 기존 다문화사회에 한정된 정책에서 다양한 그룹의 문화다양성 활동을 지원하는 사업으로 방향성이 확장 전환됐다. 여전히 소수 이주민을 주요 사업 수혜 대상으로 간주한 상태에서 정책이 운영됐기에 국제사회가 지향하는 문화다양성 이념에는 부족한 측면이 있다. 그러나 관련 정책의 개념 및 기준에 대한 재설계를 통해 문화다양성 정책을 공론화한 점에 의의가 있다고 할 수 있다.

3) 법제 정립을 통한 문화다양성 권리의 실효성 제고

문화체육관광부의 「문화다양성의 보호와 증진에 관한 법률」이 2014년 5월에 제정되고 11월에 시행되면서 문화다양성 정책이 본격 추진됐다. 법률은 '문화다양성협약'의 당사국으로서 국제협약이 요구하는 권리와 의무에 대한 구체적인 실행 방안을 강구하기 위해 제정된 것이다. 한류를 비롯한 한국의 문화적 다양성이 주변국과 세계적 문화 발전에 기여하도록 할 뿐만 아니라 우리 사회 내 다양한 문화 갈등을 해소해 사회 통합을 추구하는 데에 기틀이 되는 취지를 담고 있다.[8]

「문화다양성의 보호와 증진에 관한 법률」은 총 15개의 조항으로 구성돼 있다. 구체적으로 살펴보면 다음과 같이 유네스코 협약을 기반으로 한 문화다양성 및 문화적 표현의 정의, 문화적 다양성을 보장하기 위한 국가와 지방자치단체의 책무, 문화다양성 증진 및 보호 기본계획 수립·시행, 국무총리 소속 문화다양성 위원회 설치, 협약에 따른 유네스코 국가보고서 작성과 제출, 문화다양성 실태조사 및 연차보고, 문화다양성의 날 지정, 문화다양성 보호와 증진 교육, 문화다양성 전문인력 양성 등이 포함돼 있다.

---

8 문화체육관광부(2014), 「문화다양성의 보호와 증진에 관한 법률」 제정안 국회 본회의 통과(보도자료)

법률 제정을 통해 그동안 부분적으로 추진돼 오던 문화다양성 정책의 방향을 명확하고 종합적으로 설정하는 동시에, 문화 간 소통·교류 사업, 문화다양성 교육, 문화다양성 관련 콘텐츠 제작 등의 문화다양성 정책 사업을 더욱 탄력적으로 추진할 수 있는 제도적 기반이 마련됐다는 데 의의를 찾을 수 있다.

　　이와 더불어 문화다양성 법제 정립으로 정책의 질적인 변화가 담긴 문화다양성 비전을 명확하게 제시하고 있다. 소수 문화에 대한 지원, 복지 수혜, 교육 지원 등에 집중하던 이전의 방식에서 벗어나 다양한 구성원들이 함께 교류하며 상호 이해 증진을 위한 만남의 기회를 갖도록 체계적으로 지원하고자 하는 것이다.

　　유엔이 '문화다양성의 날'을 기념[9]함에 따라, 한국도 2014년부터 「문화다양성의 보호와 증진에 관한 법률」 11조를 바탕으로 매년 5월 21일로부터 1주일을 '문화다양성 주간'으로 지정하고 국민 인식 제고와 이해 증진을 위한 다양한 행사를 개최한다. 특히 전국 문화재단 및 관련 기관에서는 문화다양성 증진을 위한 지역 네트워크 워크숍, 문화 체험, 단편영화·젠더·장애인·디아스포라·세대 간 소통 등과 관련된 영화제, 포럼, 마켓, 공연, 예술전시 및 체험 등을 진행하고 있다.

---

[9] 국제연합은 2002년 12월 제57차 총회에서 매년 5월 21일을 '대화와 발전을 위한 세계 문화다양성의 날(World Day for Cultural Diversity for Dialogue and Development)'로 제정했다. 세계 각국의 다양한 문화적 가치를 고양함으로써 전 세계 인류가 직면한 문화의 획일화, 상업화, 종속화에 대응하고 아울러 다원적 가치를 상호 존중함으로써 민족 간 갈등과 대립을 극복하는 데 기본 제정의 목적이 있다.

또한 문화다양성 주간에는 소수 집단에 속하는 구성원이 사회적 소외감을 느끼지 않도록 상호 문화 교차 환경을 만드는 프로그램이 마련되어 획일적이고 일방적인 사업이 되지 않도록 노력하고 있다. 특히 소수 문화를 관리의 대상으로 여기는 것이 아니라 동등한 권리를 지닌 사회 구성원으로 바라보고 그들의 문화를 자연스럽게 인정하는 관용성을 제고하는 정책 방향과 기틀이 이뤄졌다고 볼 수 있다.

4) 국제 활동을 통한 문화다양성 정책의 활성화

한국은 '문화다양성협약'의 당사국으로서 국제사회의 요구에 적극 대응하는 권리와 의무를 실행하는 차원에서 국제기구를 중심으로 국제 문화다양성 발전에 기여하는 방안을 추진해 왔다.

그리고 '제6차 유네스코 문화적 표현의 다양성 보호 및 증진 협약 당사국 총회(2017. 6. 12.~15. 파리 유네스코 본부)' 기간 중에 시행된 2017~2021년 임기의 문화다양성 협약 정부 간 위원회 선거에서 위원국으로 선출됐고,[10] 아시아태평양그룹 위원국으로서 국제사회 문화다양성 정책 증진을 위해 아시아 대표로 선도적인 의제 제안 및 임무 수행을 맡았다.

---

10 유네스코 문화다양성협약 당사국은 145개국인데, 그중 위원회는 24개국으로 구성되며 위원국은 대륙별로 6개 그룹으로 활동한다. 이후에 한국은 중국, 인도네시아와 함께 아시아태평양 그룹 위원국으로서 활동했다. 문화체육관광부(2017), 대한민국, 유네스코 문화다양성협약 위원국 진출(보도자료)

한국은 '제13차 유네스코 문화다양성 협약 정부간위원회(2020. 2. 11. ~ 15.)'에서는 부의장 역할을 수행했으며, 글로벌 환경 변화 속에서 남반구의 문화산업 지원 강화 및 문화 전문가의 역량 강화를 위한 실질적 정책 사업과 협력 방안에 대한 논의에 참여했다. 한국은 개발도상국의 문화산업 발전에 앞장선 점을 인정받아 차기 의장국으로 선출되기도 했다.

'제14차 유네스코 문화다양성 정부간위원회(2021. 2. 1. ~ 5.)'에서는 한국이 의장으로서 회의를 주재했다. 해당 시기에는 유엔이 2021년을 '지속 가능한 발전을 위한 국제 창의경제의 해'로 지정했고, 위원회에는 문화와 문화산업의 역할이 강조됐다. 위원국 24개국을 포함해 100여 개국 대표가 참여한 당시 정부간위원회에서는 국제문화다양성기금(IFCD) 재원을 확대하고, 복잡한 재정 지원 절차와 불분명한 사업 효과 등으로 제기된 문제점을 논의했으며, '디지털 환경하에서의 문화다양성협약의 이행 방안' 및 '1980년 예술가 지위에 관한 권고와 문화다양성협약과의 관계' 등 의제 총 18개에 대해 심층적으로 논의했다(문체부 보도자료, 2021. 2. 7.).

특히 당시 회의에서는 코로나19 팬데믹 기간 문화와 문화산업 분야에서 코로나19의 영향을 평가하고, 대응 정책과 향후 협력 방안에 대한 의견이 교환됐다. 구체적으로 개발도상국의 문화예술과 문화산업 부문이 디지털 환경 변화에 대응할 수 있도록 '종합계획 수립' 및 '관련 전문가 양성'을 지원하기로 합의했다(문체부 보도자료, 2021. 2. 7.).

한국은 국제사회에서 문화다양성 정부간위원회 의장국을 맡은 리더십 모멘텀을 활용해 앞으로 국제기구에서 글로벌 이슈 현안에 대한 의제를 주도적으로 설정할 예정이다. 개발도상국이 많은 아시아 지역의 의견을 적극적으로 전달하기 위해서는 아시아 지역 간 교류를 활성화하고 연대를 강화할 필요가 있다. 문화다양성협약은 개도국에 대한 지원, 특히 개발도상국이 문화적 역량을 개발의 원동력으로 삼도록 지원해야 한다고 강조하고 있다. 따라서 우리의 현안 문제에만 국한돼 있던 국제 외교적 자세에서 탈피해 저개발국과 아태지역 개발도상국의 이익을 대변하는 역할을 충실히 이행할 필요가 있다(김면, 2018a, 155쪽).

국제사회에서 개도국과의 협력 방안과 국제시장의 제도, 시장 메커니즘 개선 및 보완 방안 등에 대한 논의에 적극적으로 참여해 문화적 표현의 다양성 정책을 위한 중요한 파트너로서의 역할이 요구된다. 특히 구체적인 문화다양성 정책상의 교류 방안 및 향후 정책 방향에 대한 적극적인 대응 전략 마련에 개도국과 실질적인 파트너십을 강화할 필요가 있다(김면, 2018). 단기적 국익과 성과를 추구하는 것은 오히려 한국의 리더십을 저해할 수 있음을 인식하고 공적원조개발 등에서 한국의 역할을 강화하기 위한 노력을 병행해야 한다.

4. 지속 가능한 한류 확산과 문화다양성의 가치지향

1) 한류의 전개와 글로벌 확산

한류가 글로벌 문화로 확산하기 시작한 지 20년이 흘렀다. 한류의 시기적 특징을 분석해 보면, 1세대는 아시아권 국가에서 소수 마니아가 한국 드라마를 선호하면서 시작됐고, 2세대는 대중음악을 중심으로 아시아를 넘어 중남미, 중동, 유럽 일부로 그 무대가 확장되면서 해외 한류 콘텐츠 소비층이 확대됐다고 볼 수 있다. 3세대를 지나면서 2020년 이후에는 '신한류'로 지칭되었다. 방탄소년단, 영화 〈기생충〉 등 한국 문화콘텐츠가 한국의 단순 수출상품 역할을 뛰어 넘어 글로벌 팬덤을 형성하며 세계 문화산업 시장에서 높은 위상을 떨치고 있다.

한류 콘텐츠는 한국의 드라마, 대중가요, 영화, 연예인 등을 중심으로 전개돼 왔다. 한류의 상품 가치가 외국에서 통할 수 있다는 경쟁력에 근거해 다른 지역으로의 전파가 중요시됐다. 그 과정에서 한류 콘텐츠를 통해 한국문화의 우수성을 자리매김하는 역할을 부여하기도 하고, 해외 시장 공략 측면에서 한류산업을 지원하기도 했다. 한류가 확산될수록 외부의 시각에서 그에 대한 비판적인 경계심이 증가하고 있으며, 콘텐츠 차원을 넘어 자국의 문화 침식이라는 우려의 시각을 경험하기도 했다.

한류 콘텐츠는 '코리아'의 국가 이미지를 대외적으로 홍보하고 확산하는 기능을 하면서 세계인을 대상으로 동시대인이 함께 즐기는 문화 중의 하나가 되고 있다. 이제 한류 문화는 국가 이미지를 생성하는 내용물로서의 특성뿐 아니라 문화 정체성을 넓히며 보편성을 기반으로 초국적화되고 있다.

'K-문화'의 인기를 내세워 다른 지역에 문화 권력을 일방향적으로 행사한다면, 이는 우리가 국제사회에서 강대국의 영향력으로부터 소수 문화의 보존과 다양성 확보라는 명분으로 추구해 왔던 문화다양성의 의미를 스스로 무너뜨리는 것과 같기에 타 지역의 문화적 저항을 불러일으킬 수도 있다.

'문화다양성협약'에 담긴 국제적 연대 정신은 모든 국가의 다양한 사회 구성원이 지닌 문화적 차이를 인정하고 공존의 상호이해 속에서 개발도상국의 역량 강화를 위한 협력 정신으로 국제적 연대를 강화하는 것을 의미한다.

'문화다양성협약'은 원래 전(全) 세계를 대상으로 확장되는 강대국의 절대적인 영향력에 저항하면서 문화다양성 국제적 연대를 중심으로 문화제국주의에 맞서기 위한 움직임이었다. 이는 거대한 문화적 불평등을 극복하고, 소수 문화의 가치와 문화다양성에 대한 자각을 일깨우는 계기가 되었다.

한류 문화의 저변을 더욱 깊고 넓게 하기 위해서는 수용국의 개별적인 맥락 안에서 다양한 문화와 연계해 한류 문화가 새롭게 성장할 수 있는 가능성을 찾고 장기적인 긴 호흡으로 나아갈 수 있게 해야 한다.

2) 한류 문화와 문화다양성 가치

문화다양성 정책은 다양성 증진과 문화 간 공존을 위해 균형 잡힌 문화교류와 문화 간의 대화를 추구하고 있다. '문화다양성협약'은 양자 간, 지역적·국제적 협력과 연대를 강조하고, 문화 활동, 문화상품 및 문화서비스의 교류와 지원을 제공하는 정책을 적시하고 있다.

우리의 국제적 위상에 걸맞게 더 중요한 역할을 할 수 있도록 한류를 매개로 공공 분야, 민간 영역 및 비영리 기구 간 긴밀한 연계 속에서 다양한 문화 간 교류를 추진할 필요가 있다. 한류의 자생력을 확장하는 방향에서 문화다양성에 기반을 둔 정책 방안을 다음과 같이 제안해본다.

첫째, 한류 문화를 기반으로 한 상호 문화의 소통을 이뤄야 한다.

한류 문화를 대한민국의 전유물로 인식할 것이 아니라 한류 문화를 향유하는 소비층과 이들의 문화를 상호 교류적 차원에서 이해하고 소통할 필요가 있다. 다양한 문화 수용력은 한류에 대한 긍정적 이미지를 확산하고, 한류 문화의 역량과 범주를 확대하는 동력으로 작용해 궁극적으로 국제사회에서 한류의 지속가능성을 확장시킬 것으로 본다.

한류 문화를 일방향적으로 알리고 이식하려는 활동이 아니라 한류를 받아들이는 여러 지역 수용자의 문화를 함께 인정하고 소통하면서 상대국 문화에 대한 관용적 수용 태도를 가져야 한류 문화의 장기적 발전이 가능할 것이다. 한류 콘텐츠를 목적을 위한 도구로만 생각하지 않고 문화 간 소통을 이뤄낼 수 있는 매개체로서 공유할 때 폭넓고 깊은 교류가 가능할 것이다. 다른 상대의 문화를 통해 우리 자신의 문화를 돌아보면서 차이를 받아들이고 이를 한류 문화가 발전할 수 있는 기회로 활용해야 한다.

둘째, 상호이해를 바탕으로 다양성의 공존을 모색해야 한다.

다른 문화와 다양성을 존중하는 태도는 '우리'로 국한된 문화 범주와 문제의식의 지평을 크게 확장할 것이다. 다양한 정체성을 인정함으로써 폐쇄적인 문제의식에서 벗어나 보편적 세계인으로서 거듭날 수 있다.

혐한, 반한 감정과 같이 중국과 일본 및 일부 지역에서 볼 수 있는 부정적 감정을 해소하는 노력이 요구된다. 무엇보다 서로의 문화를 인정하고 접근하는 문화적 환경을 조성하면서 수용자가 호감을 느끼도록 하는 것이 중요하다. 한류 콘텐츠를 단기적인 마케팅의 측면으로 관리하는 자세에서 벗어나 상호 이해를 바탕으로 정서적 공감 속에서 함께 공존할 수 있는 열린 자세가 중요시돼야 한다.

한류 문화가 지속적으로 성장할 수 있는 역량은 문화 간 소통 가능성을 확장하고 그 확장된 사고로 타 문화와의 공존 속에서 정체성을 넓혀가는 자세에서 향상될 수 있다. 양자 간 교류와 다자 간 교류를 확대해 인류의 다양한 문화 가치를 공유함으로써 갈등을 줄이려는 노력이 중요하다.

셋째, 한류 문화의 창조적 역량을 강화해야 한다.

유네스코 '문화다양성협약'은 '상호 문화성'을 강조하는데, 이는 대화와 상호 존중을 통한 다양한 문화의 존재와 공평한 상호작용 그리고 공유된 문화적 표현을 생성할 수 있는 가능성으로 풀이된다. 다른 문화에 대한 개방성이 문화적 상호작용과 창의성의 중요한 역할을 함을 강조하고 있다.

문화다양성은 사람과 사회의 잠재력을 계발하고 창의성을 발휘할 수 있도록 도움을 주며 새로운 문화 창조력을 이끄는 기반이라고 할 수 있다.

다양한 집단과 구성원들이 지닌 정체성 그리고 이들의 고유성과 다원성은 한류 문화의 발전을 위한 전제로 활용할 필요가 있다. 이에 여러 지역의 수용자가 지닌 다채롭고 이질적인 문화 요소가 한류 콘텐츠에 접목되어 새로운 한류 문화가 형성되고 확대되도록 열린 자세가 요구된다. 따라서 상호 이해를 기반으로 한류 문화의 창조적인 역량이 발현되는 데 기여할 수 있도록 문화다양성을 지향하는 정책 방안이 중요하다고 할 수 있다.

5. 결론

한류가 글로벌 문화로 확산되면서 산업, 관광, 브랜드 등 다양한 분야에서 국가이익을 창출하고 있지만, 이에 대한 외부의 경계 움직임도 나타나고 있다. 신한류로 지칭되는 새로운 전환기를 맞아 한류가 나아가야 할 전략 마련에서 글로벌 문화다양성 정책을 토대로 국제사회에서 다양성과 다원성을 포용하는 상호 문화 이해의 역량을 갖출 필요가 있다고 본다.

　본고에서는 국제사회의 문화다양성 논의로부터 국내 문화다양성 정책 흐름을 검토하고 한류 문화가 향후에도 지속적으로 공고히 정착할 수 있는 문화다양성 측면의 협력 방향을 제안하고자 하였다.

　이를 위해 본고는 다음과 같이 구성됐다.

　먼저 국제사회 문화다양성 논의의 흐름과 가치의 의미를 설명했다. 유네스코를 중심으로 문화다양성 협약이 어떻게 만들어지고, 국제적인 선언과 협약을 중심으로 문화다양성의 주요 정책 이슈로 무엇이 다뤄지는지를 중점적으로 고찰해 봤다. 그리고 다음 장에서는 '문화다양성협약'이 국내에 어떠한 영향을 미쳐왔으며, 이를 바탕으로 국내 문화다양성 정책이 어떻게 형성됐는지 분석했다. 특히「문화다양성법」의 제정 전후로 나누어서 문화다양성 정책의 전개 과정을 살펴봤다. 마지막 장에서는 장기적인 안목과 비전을 가진 한류 정책으로서 안정적이고 지속적인 발전을 위한 방향성을 모색해 봤다.

　한류가 지속가능성을 도모하기 위해서는 상호 공존을 위한 미래지향적 접근으로 이어져야 한다. 궁극적으로 한류의 문화다양성 정책을 실행하기 위해서는 문화적 공존을 모색하고 이를 통해 상호 신뢰와 협력적 이미지를 확산하는 전략을 마련할 필요가 있다.

　한국은 유네스코 '문화다양성협약' 체제의 의장국을 맡았던 주요 선도국으로서 국제협력을 지향하는 리더십 역할이 요구되고 있다. 국가 간 경쟁의 틀을 뛰어넘어 상호 호혜적인 관계의 문화교류를 지원하고 지역 간 문화적 차이를 이해하는 폭넓은 시야가 요구된다. 한류를 소비하는 국가에 일방적 전파가 아닌 양방향 문화교류라는 인식 변화를 주도해 한류에 긍정적 시선 전환과 상호 간 공감 기반을 조성하는 것이 필요하다.

참고문헌

김규원 (2014).「유네스코 문화다양성 협약이행 국가보고서 작성 연구」. 문화체육관광부.
김면 (2016).「한국 속 타인, 타국 속 한인: 포스트 디아스포라시대 민속학 패러다임의 변화」. 서강대학교출판부.
김면 (2017).「문화다양성 정책현황 및 발전방안 연구」. 한국문화관광연구원.
김면 (2018a).「유네스코 문화다양성 협약 위원국의 역할과 과제」. 한국문화관광연구원.
김면 (2018b).「제2차 유네스코 문화다양성 협약이행 국가보고서 작성 연구」. 문화체육관광부.
류정아 (2014).「문화다양성 보호 및 증진 기본계획 수립 기초연구」. 문화체육관광부.
류정아 (2015).「문화다양성 지표조사 및 지수측정 연구」. 문화체육관광부.
문화체육관광부 (2014. 5. 7.).「문화다양성 보호와 증진에 관한 법률」 제정안 5월 2일, 국회 본회의 통과. 보도자료. https://han.gl/AskWtj
문화체육관광부 (2019. 8. 26.). 아태 지역 문화다양성 증진 위해 국내외 전문가들이 모인다. 보도자료. https://han.gl/orHUoJ
문화체육관광부 (2021. 2. 7.). 문체부, 유네스코 100여 회원 국가와 문화다양성 협약 이행 성과 공유 및 추진 방향 논의. 보도자료. https://han.gl/KNqcxC
유네스코 한국위원회 (2010).『유네스코세계보고서: 문화다양성과 문화 간 대화』. 집문당.
유석재 (2023. 2. 7.). 한류 트윗 78억건... K컬처는 이제 세계 문화.《조선일보》. https://www.chosun.com/culture-life/relion-academia/2023/02/07/2PQNQOQYYBFALAMKJOWVVQOLBQ/
최영재 (2009).「국제통상 관계 속의 스크린쿼터와 국내 논쟁에 대한 연구」. 동국대학교 석사학위논문.
한건수 (2015). 한국사회와 문화다양성: 유네스코 문화다양성 협약의 의미와 과제.『국제이해교육연구』, 10권 2호, pp. 163-199.
한건수 외 (2015).『한국사회문제』. 한국방송통신대학교.

제2부

한국 문화콘텐츠의 현주소, 쟁점과 전망

케이팝산업 속의 문화다양성: 현황과 전망
이규탁 한국조지메이슨대학교 국제학과 부교수

1. 들어가며

케이팝 세계화의 중심이자 한류 전체의 상징적인 존재였던 방탄소년단이 2022년 활동 중단을 선언하고 멤버 '진'부터 군 입대를 시작했지만, 케이팝의 세계적인 인기는 여전히 건재하다. 코로나19가 2020년 초반부터 전 세계를 강타했지만 그로 인해 상당한 타격을 입을 것으로 예상됐던 케이팝산업은 힘든 시기에도 기대 이상으로 선전했는데, 여기에는 해외 시장의 꾸준한 확장이 큰 역할을 했다. 해외 공연이나 팬 미팅 등 대면 행사를 개최하기가 힘들어지면서 케이팝산업이 큰 위기에 봉착했음에도 실물 음반 판매량은 오히려 지속적으로 증가했다. 그 결과, 미국 빌보드 차트를 비롯한 해외 시장에서의 가시적인 성과는 코로나19 이전보다 오히려 좋아졌다.

한국음악콘텐츠협회에서 운영하는 공인 음악 차트인 '서클 차트' 보고서에 따르면 2022년 실물 음반 연간 판매량은 약 8,070만 장으로 전년 대비 약 26% 증가했다(김진우, 2023. 1. 13.). 2010년대 중반부터 꾸준히 증가해 온 실물 음반 연간 판매량은 코로나19의 직접적인 영향력하에 있었던 2020년 이후, 이전까지의 추세를 훨씬 뛰어넘는 증가세를 보여줬다. 이는 코로나19로 인한 음악 소비 패턴의 변화와 더불어 해당 기간 동안 증가한 케이팝의 세계적인 인기를 반영한 것이기도 하다. 그리고 남성 그룹이 실물 음반 판매량 상위권을 독식하던 과거와는 달리 2022년에는 여성 그룹이 대거 포함되며 케이팝산업의 성장과 다변화를 알렸다(김진우, 2023. 1. 13.).[1] 특히 2010년 중반부터 큰 인기를 누려온 블랙핑크(Black Pink), 트와이스(TWICE), 레드벨벳(Red Velvet) 등 3세대 케이팝 그룹뿐만 아니라 아이브(IVE), 있지(ITZY), 에스파(Aespa), 르세라핌(LE SSERAFIM) 등 데뷔 3년 차 이하 4세대 걸그룹이 실물 음반 판매량 상위권에 대거 포함된 점은 케이팝의 세대교체를 알리는 동시에 그 미래를 더욱 밝게 예측할 수 있는 근거가 된다(이규탁, 2023).

　이와 같은 실물 음반 판매량의 증가는 국내 시장의 성장보다는 수출액의 증가 덕분이다. 관세청의 수출입 무역통계에 따르면 2022년 실물 음반 수출액은 2021년 2억 423만 5천 달러(약 2,695억 원)보다 5.6% 증가한 2억 3,311만 3천 달러(약 3,076억 원)로 사상 최고치를 경신했다(이태수, 2023. 1. 16.). 최근 케이팝 수출 성장에서 과거 일본과 중국에 편중돼 있던 수출 지역이 미국과 유럽 등 동아시아 바깥으로 확장하고 있다는 것은 주목할 만한 부분이다. 2022년 한국 실물 음반 수출에서 미국 시장이 차지한 비율은 약 16.7%로 일본(약 36.8%)과 중국(약 22%)에 이어 세 번째이다. 2017년 대륙별 음반 수출 비중에서 아시아가 차지하는 비중이 92.6%에 달했던 것과 비교하면, 5년 사이에 시장 다변화가 크게 진전됐음을 확인할 수 있다(한국무역협회, 2020. 12. 17.).

1　김진우(2023. 1. 13.)에 따르면, 전체 실물 음반 판매량에서 여성 가수의 음반 판매량 비중이 2021년 16.1%에서 2022년 32.6%로 두 배 넘게 증가했다.

[표 1] 케이팝의 세대 구분

구분	시기(년)	가수(아이돌) 연령	장르	주요 시장	미디어
1세대	1996~2001	1970년대 후반~1980년대 초반 출생	댄스 음악 (힙합 가미)	한국 중심, 동아시아 일부 지역(중국어권)	위성방송, 음반(해적판)
2세대	2007~2012	1980년대 중반~1990년대 초중반 출생	EDM, 힙합, 팝, 기타	한중일 중심, 동남아시아 일부	음반, 현지 방송, 유튜브
3세대	2013~2019	1990년대 중후반 이후 출생	EDM, 힙합, 알앤비, 록, 팝, 재즈, 기타	한국, 아시아, 미주(북남미), 유럽 등 전 지역	인터넷 미디어 플랫폼 (유튜브, 브이앱, 기타), 소셜 미디어
4세대	2020~	2000년대 초중반 출생	EDM, 힙합, 알앤비, 록, 팝, 재즈, 라틴팝, 뉴웨이브, 신스팝, 시티팝 등	한국, 아시아, 미주(북남미), 유럽 등 전 지역 *동아시아 바깥 시장 비중 증가	인터넷 미디어 플랫폼, 소셜 미디어, 숏폼

　　케이팝 시장 다변화는 2010년대 초반 〈강남스타일〉이 전 세계적인 히트곡이 된 이후 그 필요성이 꾸준히 제기됐다. 일본과 중국 시장에 대한 지나치게 높은 의존도가 초래할 수 있는 여러 가지 문제점 때문이다(성미경·이규탁·문효진, 2017). 그런데 위와 같은 최신 통계 수치를 살펴보면, 〈강남스타일〉의 히트로부터 10년 정도가 흐른 현재 케이팝 시장의 다변화와 이를 통한 다양성의 증대는 예상보다 더 빠르고 큰 폭으로 진행되고 있음을 확인할 수 있다.

2. 세계화에 따른 케이팝산업 시스템의 다양화

케이팝은 1990년대 말 동아시아 중국어권(중국·대만·홍콩)을 시작으로 해외에서 인기를 얻기 시작했으며, 2000년대 말부터 시작해 2010년대 초반 이후에는 본격적으로 동아시아 바깥 시장에서도 주목을 받았다. 그리고 2010년대 중반 방탄소년단의 대성공 이후 케이팝은 더욱 크게 성장했으며 해외 시장에 대한 의존도도 높아졌다. 이와 같은 케이팝 세계화의 역사에 따른 산업 시스템 내의 다양화는 크게 생산·유통·소비 분야로 나눠 생각해 볼 수 있다.

1) 케이팝 생산(제작) 분야의 다양화

케이팝 세계화에 따른 생산(제작) 시스템의 다양화에서 가장 눈에 띄는 흐름은 '송 캠프(song camp)'를 통한 작곡과 음악 제작 방식일 것이다. '음악 창작'이라고 하면 여전히 아이디어를 가진 창작자 한 명 혹은 2~3명이 서로 간의 생각 교환과 합주를 통해 음악을 구체화하고 곡을 완성하는 전통적인 개인 창작 방식을 생각하는 경우가 많은데, 최근의 작곡과 음악 제작은 그렇게 이뤄지지 않는다. 가령 미국의 인기 가수 비욘세(Beyonce)의 2016년 히트곡 〈Hold Up〉은 작곡·작사자 명단에 총 13명의 이름이 올라가 있다. 이는 최근의 음악 제작 방식이 기존 발표곡의 일부를 인용하는 '샘플링(sampling)' 기법을 사용하는 경우가 많은 데다가 리듬과 비트를 만드는 사람, 후렴구 멜로디를 만드는 사람, 그 외 악기 연주 부분을 만드는 사람 등이 따로 나뉘는 경우도 많기 때문에 벌어지는 일이다. '고뇌하는 음악가가 불현듯 떠오른 악상으로 곡을 일필휘지(一筆揮之)로 써 내려가는' 과거 낭만주의 방식의 작곡 방식은 더 이상 일반적이지 않다.

특히 디지털 싱글, EP(미니 앨범), 정규 앨범, 스페셜 패키지(special package)[2] 등 다양한 형태로 수많은 곡을 쉴새 없이 발매하고, 신곡 발표 주기가 다른 장르에 비해 굉장히 빠른 케이팝은 대량으로 빠르게 음악을 생산하면서도 그 결과물의 품질이 일정 수준 보장돼야 한다. 대량 생산 과정에서 효율성 추구와 품질 보장은 경영학에서 'QC(Quality Control)'라고 부른다. 이러한 QC를 위해서는 마치 공장과도 같은 체계적인 분업 시스템이 필수이다. 실제로 2000년대 중후반 2세대 무렵부터 케이팝산업에서는 스윗튠(Sweetune), 이트라이브(E-Tribe) 등과 같은 프로듀싱·작곡 팀이 카라(KARA), 소녀시대, 인피니트(INFINITE) 등과 같은 가수들의 히트곡을 만들어내며 명성을 떨쳤다. 또한 2세대를 대표하는 작곡가이자 프로듀서인 용감한 형제, 신사동호랭이 등도 대부분 단독 작업이 아닌 동료 음악인과의 분업/협업을 통해 어느 정도 질(質, 퀄리티[quality])이 보장되는 타이틀곡과 수록곡을 빠르게 많이 만들어냈다.

그런데 이 무렵부터 케이팝 작곡자 목록에 해외 프로듀싱·작곡 팀의 이름이 심심치 않게 눈에 띄기 시작했다. 소녀시대의 히트곡

---

2   기존 발매 앨범에 두세 곡의 신곡을 추가하고 표지와 수록 물품 등을 바꿔 새로 발매하는 앨범.

〈소원을 말해봐〉와 〈I Got a Boy〉 등을 만든 스웨덴·노르웨이의 작곡 그룹 '디자인 뮤직(Dsign Music)'을 비롯해 레드벨벳(Red Velvet)의 〈피카부〉와 있지의 〈ICY〉 등을 만든 에코뮤직라이츠(EKKO Music Rights) 등이 대표적이다. 이들 글로벌 프로듀싱·작곡 팀과 케이팝 기획사가 음악을 제작하는 주된 방식이 바로 송 캠프(Song Camp)이다. 이는 말 그대로 일종의 '음악 제작을 위한 캠프'를 만들고 프로듀싱·작곡 팀을 불러 모은 후 일정 기간 그들을 여러 팀으로 재조합하여 음악을 만들게 하는 방식이다. 이 작업은 마치 다양한 모양의 블록을 여러 가지 방식으로 조립해 새로운 모델을 만들어내는 것과 비슷하게 이뤄진다(김상화, 2017. 9. 12.). 그 결과, 케이팝 히트곡 작곡자 명단에 여러 외국인의 이름이 등장하는 것은 이제 흔하게 볼 수 있는 현상이 됐다. 일례로 빌보드 싱글 차트 'HOT 100'에서 총 10주 1위를 기록하며 방탄소년단 최고의 히트곡이 된 〈버터(Butter)〉는 멤버 RM을 포함해 작곡·작사자 명단에 총 7명의 국내외 음악인의 이름이 올라 있으며, 르세라핌의 2022년 히트곡 〈안티프래질(Antifragile)〉의 작곡·작사자 명단에서는 방시혁 하이브 의장을 포함해 총 11명의 국내외 음악인 이름을 확인할 수 있다. 이들은 특정 프로듀싱·작곡 팀 소속이면서 동시에 송 캠프를 통해 개인적으로 다른 팀 소속의 음악인과 작업하기도 하는데, 이들의 협업은 인종·민족·국적을 가리지 않는다. 이런 점을 고려해 보면 케이팝은 한국 음악이지만 동시에 특정한 국적을 부여하기 어려운 초국가적(transnational) 음악이라고 볼 수 있다.

작곡·작사뿐만 아니라 그것을 실제로 부르고 춤과 '퍼포먼스(performance)'를 통해 구현하는 아이돌, 즉 케이팝의 실연자(實演者) 역시 굉장히 다양한 배경을 갖고 있다. 사실 케이팝산업 내에 비(非)한국인 아이돌이 활약하기 시작한 것은 꽤 오래됐다. 케이팝 1세대 당시에는 '완벽한 외국인'이 아닌 주로 미국이나 캐나다 등 북미 출신 교포였던 이들은 존재 그 자체만으로 '미국에서 직수입된' 선진 글로벌 조류(潮流, 트렌드[trend])를 반영하는, 말 그대로 '외국인'으로서의 상징적인 역할을 담당했다. 2000년대 중반 2세대부터는 본격적으로 외국인이 한두 명씩 케이팝 그룹에 포함됐다. 슈퍼주니어의 한경, f(x)의 빅토리아와 엠버, 투피엠(2pm)의 닉쿤 등이 대표적이다. 그중에서 특히 한경의 존재감으로 슈퍼주니어가 중국을 포함한 중화권에서 큰 인기를 얻게 되자 이를 참조한 많은 기획사에서 앞다투어 외국인 멤버를 영입하기 시작했다. 그들은 1세대 때의 교포 멤버와 달리 출신 국가의 팬을 사로잡기 위한 일종의 전략적 교두보로서의 임무를 수행했다.

    2010년대 중반 이후 3세대부터는 외국인이 케이팝 그룹의 일원으로 활동하는 경우가 이전보다 훨씬 보편화됐다. 이때부터는 일일이 예를 들 수 없을 만큼 대부분의 그룹이 외국인 멤버와 함께하고 있기 때문에, 오히려 외국인 멤버가 없는 방탄소년단이 아주 예외적인 경우라고 할 수 있을 정도이다. 심지어 멤버 9명 중 4명이 외국인인 트와이스나 4명 중 2명이 외국인과 교포인 블랙핑크처럼, 그룹의 거의 절반이 비한국인으로 이뤄진 경우도 있다. 또한 최

근 4세대에 와서는 일본 출신의 유키카(ゆきか)나 태국 출신의 나띠(Natty)처럼 그룹의 일원으로서 한국인과 함께 활동하는 것이 아니라 솔로로서 케이팝의 문법을 충실히 따라 한국어로 노래하며 케이팝 가수로 활동하는 경우도 찾아볼 수 있다. 이와 더불어 흑인 멤버, 인도인 멤버, 일본계 혼혈 멤버, 백인계 멤버 등 다채로운 인종과 민족으로 구성돼 있지만 한국인 멤버는 아예 한 명도 없는 여성 그룹 블랙스완(Black Swan), SM 소속 남성 그룹으로 중국을 주 활동 무대로 하는 웨이션브이(威神V 혹은 웨이브이[WayV])나 JYP엔터테인먼트(이하 'JYP') 소속 여성 그룹으로 일본을 주 활동 무대로 하는 니쥬(NiZiU)처럼 비한국인으로만 이루어진 케이팝 그룹도 등장하고 있다. 특히 웨이션브이나 니쥬는 글로벌 케이팝 팬은 물론이고 중국과 일본 현지에서까지 이들을 케이팝의 일부로 여기고 있다. 이는 음악과 가수 생산(제작) 측면에서 케이팝 내 다양성이 얼마나 커졌는지를 보여주는 대표적인 사례라고 할 수 있다. 이제는 케이팝을 '한국인이 만들고 부르는' 음악으로만 한정할 수 없다.

2) 유통 분야의 다양화

케이팝의 세계화에서 유튜브(YouTube)와 소셜 미디어 및 브이라이브(V LIVE)와 같은 인터넷 기반의 글로벌 미디어 플랫폼을 통한 음악과 뮤직비디오의 유통이 큰 비중을 차지했음은 이미 잘 알려져 있다. 특히 유튜브는 물리적인 거리와 시차, 지역 콘텐츠 중심의 방송 환경, 이질적인 언어 등의 요소로 인해 한국 팬들 만큼 다양한 케이팝 관련 콘텐츠를 즐길 수 없었던 전 세계 케이팝 팬들이 음악을 듣고 뮤직비디오와 관련 영상을 시청하는 것은 물론이고, 케이팝을 바탕으로 자신들이 만든 커버댄스(cover dance) 영상, 반응 동영상(reaction video), 패러디 영상 등의 2차 창작물을 생산·공유하는 장이자 댓글을 통해 글로벌 케이팝 팬들과 소통하는 일종의 팬 커뮤니티 역할까지 담당하며 케이팝 확산의 가장 중요한 채널이 됐다(이규탁, 2020a). 유튜브와 더불어 브이라이브와 같은 실시간 인터넷 개인방송 플랫폼 그리고 트위터(Twitter)·페이스북(Facebook)·인스타그램(Instagram)과 같은 소셜 미디어에 대한 케이팝산업의 의존도는 매우 높다.

그러나 이 글로벌 인터넷 미디어 플랫폼도 케이팝에 많은 부분을 빚지고 있다. 글로벌 케이팝 팬의 적극적인 참여와 이용이 이들 플랫폼의 성장에 크게 기여한 바도 역시 무시할 수 없기 때문이다. 가령 트위터의 창업자이자 최고경영자였던 잭 도시(Jack Dorsey)를 비롯한 트위터의 전(前) 고위 간부들이 직접 밝힌 바와 같이, 트위터와 케이팝은 일종의 '상부상조'의 관계를 맺어왔다(Kim, 2019. 1. 31.). 글로벌 인터넷 미디어 플랫폼 없이 케이팝이 세계적인 성공을 거두는 것은 불가능한 일이었겠지만, 이들 미디어 플랫폼에 있어서 케이팝은 핵심 콘텐츠이자 사용자들의 이야깃거리로서 시장 확장과 매출 성장에 큰 역할을 하며 상호 의존적인 관계를 형성했다(이규탁, 2020a).

이렇듯 2010년대 초반부터 케이팝의 주요 유통 채널이자 글로벌 팬덤의 형성 창구로서 케이팝 세계화에 큰 역할을 했던 소셜 미디어와 유튜브, 브이라이브의 뒤를 이어 최근 3~4년 사이에는 숏폼(short-form)[3] 중심의 미디어 플랫폼인 틱톡(TikTok)과 유튜브의 하위 서비스인 유튜브 쇼츠(Shorts), 인스타그램의 하위 서비스인 인스타그램 릴스(Reels) 등이 새로운 케이팝 플랫폼으로 떠오르고 있다(이규탁, 2023). 2010년대 말 무렵부터 본격적으로 대중적인 주목을 받기 시작한 숏폼 형식의 미디어 콘텐츠는 코로나19의 전 세계적인 유행으로 수용자의 인터넷 미디어 이용량이 대폭 증가한 2020년부터 급격히 그 영향력을 확장했다. 숏폼은 '젠지(Generation Z, Gen Z)'로도 불리는 Z세대, 즉 현 10~20대가 많이 소비하는 것으로 알려져 있다. 이들은 평일에는 약 76분, 주말에는 약 96분 정도 숏폼 콘텐츠를 시청할 정도로, 숏폼이 젊은 세대의 일상적인 미디어 소비에서 차지하는 비중은 매우 크다(《대학내일20대연구소》, 2022. 8. 24.). 이로 인해 일부 전문가들은 지나친 숏폼 이용이 미디어 읽기 능력(media literacy, 미디어 리터러시)과 문해력의 저하는 물론이고 집중력 저하나 스마트폰 중독 심화와 같은 부작용을 불러올 수도 있다는 우려를 표명하기도 한다(강수연, 2022. 12. 15.). 하지만 긍정적이든 부정적이든 숏폼이 현 2020년대 젊은 세대 사이의 새로운 미디어 종류로 자리 잡았음은 분명하다.

그런데 주로 1분 내외의 짧은 영상인 숏폼 형식은 케이팝의 특

---

3 15초에서 최대 10분을 넘기지 않는 짧은 영상으로 제작된 짧은 길이의 콘텐츠.

성과 잘 어울리는 부분이 있다. 케이팝 퍼포먼스와 안무에는 사람의 뇌리에 강하게 남고 쉽게 따라 할 수 있게 만드는 동작이 꼭 들어가는데, 보통 이를 '포인트 안무'라고 부른다. 케이팝 그룹 원더걸스의 곡 〈Tell Me〉의 '어머나' 안무나 트와이스의 곡 〈T.T〉의 'T' 안무, 〈강남스타일〉의 말춤 등이 대표적이다. 이 포인트 안무는 짧으면서도 동작의 개성과 움직임이 분명하기 때문에 숏폼으로 만들고 즐기기에 더할 나위 없이 좋다.

실제로 케이팝 아이돌 출신의 힙합 가수 지코가 2020년에 〈아무 노래〉라는 곡을 발표했을 때, 숏폼을 기반으로 한 '댄스 챌린지'[4]가 화제가 되며 큰 성공을 거뒀다. 이후 케이팝 가수에게 댄스 챌린지는 뮤직비디오, 댄스 퍼포먼스 비디오와 더불어 필수로 제작해야 하는 영상콘텐츠가 됐다. 케이팝 유통이 음악과 뮤직비디오, 그 외의 관련 영상과 더불어 숏폼 형식의 콘텐츠 제작까지 모두 포괄하는 다양성을 추구하게 됐음을 확인할 수 있는 부분이다.

3) 소비 분야의 다양화

케이팝 소비에서 해외 팬의 비중이 비약적으로 높아진 때는 세계 시장에서 방탄소년단이 본격적으로 큰 성공을 거두기 시작한 2017년 무렵부터이다. 기존에는 일본과 중국을 중심으로 한 동

---

4 유튜브, 틱톡 등 온라인 동영상 플랫폼에 같은 노래에 맞춰 15~30초 분량의 짧은 댄스 영상을 올리는 것. 통상 가수의 포인트 안무를 따라 한 영상이 다수를 이룸.

아시아 국가들의 비율이 높았던 케이팝의 해외 시장은 미국과 유럽 시장의 성장에 따라 본격적으로 다변화되기 시작했으며, 코로나19 이후 그러한 경향은 더욱 강화됐다. 실제로 현재 해외에서 가장 큰 인기를 누리고 있는 블랙핑크의 유튜브 콘텐츠 조회 수에서 한국이 차지하는 비중은 4%가 채 되지 않는다(이태수, 2022. 10. 10.). 한 조사에 따르면 블랙핑크 관련 콘텐츠 소비는 인도, 태국, 인도네시아, 필리핀, 멕시코, 베트남, 브라질, 미국 등 전 세계 다양한 지역에서 비교적 고르게 이뤄지고 있다(김진우, 2022. 9. 27.). 이는 다른 케이팝 그룹도 크게 다르지 않다. 흥미로운 점은 해외 시장의 비중이 커진 2010년대 후반부터 대체로 국내보다 해외 케이팝 팬들 사이에서 더 큰 인기를 누려온 남성 그룹뿐만 아니라, 상대적으로 국내 시장에 대한 의존도가 높은 편이었던 여성 그룹 역시 해외에서 더 많이 소비되고 있다는 점이다. 비교적 연차가 높고 오랫동안 해외 시장에서 인기를 누리며 기반을 다진 블랙핑크나 트와이스뿐만 아니라 1~2년 차 여성 그룹인 에스파, 르세라핌, 아이브, 뉴진스(NewJeans) 등도 해외에서의 관련 콘텐츠 소비량이 국내보다 높다(김진우, 2022. 9. 27.). 이에 케이팝 기획사들은 해외 시장에 더욱 중점을 둔 마케팅 전략을 수립·실행하고 있다. 2010년대 말부터 본격화된 팬 커뮤니티의 변화 양상은 케이팝 소비 분야의 다양화와 세계화 그리고 해외 시장을 겨냥한 기획사의 마케팅 전략에 따른 상업화 진행 방식을 잘 보여주는 사례라고 할 수 있다.

　　케이팝 소비 문화를 주도해 온 팬 커뮤니티는 보통 '팬 카페'라는 이름으로 주로 열성적인 팬들이 다음(Daum)이나 네이버(Naver) 같은 국내 포털 사이트에 자발적으로 개설하곤 했다. 이들 팬 카페를 통해 팬들은 정보를 서로 교환하고 소통하는 것은 물론이고 새 앨범 발매 시 '공구(공동 구매)'를 진행하거나 직접 찍은 가수의 사진을 서로 교환하고 때로는 비공식 사진집으로 제작해 서로 사고파는 등 자체적으로 MD(merchandise)[5]를 만들어 거래하는 소규모 유통·소비 플랫폼을 형성하기도 했다. 보통 이러한 자발적 팬 카페는 기획사가 주도해 설립하는 가수의 공식 팬클럽의 모태가 됐다. 따라서 팬 카페가 기획사의 돈을 받고 운영되는 공식 팬클럽의 일부가 된다고 할지라도 여기에는 기획사의 입김이 강하게 미치는 노골적인 상업주의나 자본의 논리보다는 팬들 사이의 소통과 교류가 우선되는 자발적이고 참여적이며 공동체주의적인 성격이 짙은 경우가 대부분이었다.

그러나 2019년 빅히트엔터테인먼트(현 하이브)의 위버스(Weverse) 설립을 시작으로 SM이 주도하는 디어유(Dear U), IT·게임 회사 엔씨소프트(NCsoft)가 만든 유니버스(Universe)[6] 등의 팬 플랫폼이 잇달아 등장하며 케이팝 소비를 주도하는 팬 커뮤니티 생태계는 크게 변화했다. 이들 팬 플랫폼은 아이돌과 팬이 직접 소통할 수 있는 새로운 방법을 제공한다는 점에서 팬들 사이 소통의 장(場)

---

5 가수와 관련된 다양한 음악 외적 상품을 일컫는 말로, '굿즈(goods)'라고도 한다.
6 2023년 1월 디어유가 유니버스를 인수함으로써 2월부터 서비스를 종료했다.

이었던 포털 사이트 기반 팬 카페와는 확연히 다른 커뮤니티이며, 동시에 팬들이 알음알음으로 만든 놀이터가 아니라 기획사 및 IT 기업이 치밀하게 설계하여 '깔아준 판'에서 팬들이 활동한다는 점에서 팬들의 자발적인 커뮤니티가 산업 시스템의 일부로 흡수됐음을 보여주는 증거이다(강신규, 2022). 팬들은 이들 팬 플랫폼에서 과거 팬 카페에서 이루어지던 팬 모집과 관리부터 '자컨(자체 제작 콘텐츠의 준말)' 유통, 음반과 MD 판매 및 팬 사인회 등 각종 행사의 예매까지 모두 할 수 있다. 특히 다양한 형태의 음반과 MD가 기획사에서 공식적으로 제작과 유통에 참여하는 '팬 플랫폼 한정 상품'으로 독점 공급되는 경우가 많아 수용자의 소비 활동은 팬 플랫폼으로 집중된다.

    케이팝 소비 분야의 다양화를 촉진하는 팬 플랫폼의 또 다른 중요한 특징이 있다. 국내 팬만을 대상으로 하던 팬 카페와 달리 팬 플랫폼은 해외 팬을 비롯해 누구에게나 열려 있다는 점이다. 팬 카페는 일단 국내 포털 사이트의 하위 카테고리로 존재하는 데다가 게시글을 비롯한 팬 카페 내부에서 사용되는 언어는 한국어이고 신원 확인과 결제 등의 소비 행위도 국내 휴대폰 번호와 국내 발급 신용카드를 비롯한 원화 중심으로 이뤄진다. 따라서 해외 팬에게 국내 팬 카페 가입은 사실상 쉽지 않았다. 그런데도 공식 팬클럽 개설과 가입 및 기획사와 가수의 팬들을 향한 메시지 전달 등이 모두 팬 카페 중심으로 이뤄졌기 때문에, 해외 팬들은 케이팝 가수 팬 카페의 이러한 폐쇄성에 때로는 불만을 제기하기도 했다. 그러나 팬 플랫폼은 영어와 일어를 포함한 다양한 언어로 서비스되며 앱을 통해 해외 팬이 각종 상품을 구매하는 것도 어렵지 않기 때문에 보다 개방적이고 글로벌하다. 이와 같은 팬 플랫폼의 개방성은 새로운 해외 팬을 끌어들이는 창구 역할을 하며 소비 분야의 다양화와 세계화를 촉진하고 있다.

그러나 '누구나 가입할 수 있다'는 개방성은 동시에 충성도 높은 열성 팬들 중심이었던 팬 카페와 비교하면 팬 플랫폼 내의 팬들의 결속력이 그만큼 약해질 수밖에 없음을 의미한다. 게다가 대형화·상업화된 이들 팬 플랫폼은 작동 원리와 운영 방식이 팬과 가수 사이의 친밀감 형성에는 더 좋을지 몰라도 팬들 상호 간의 소통에는 적합하지 않다. 그 결과, 과거 참여적이고 공동체주의적이었던 케이팝 팬덤의 커뮤니티 중심 콘텐츠의 향유·소비 문화는 약화되고 파편화되고 있다(강신규, 2022). 이렇게 케이팝 특유의 자생적인 향유·소비 방식이 급속도로 자본주의 논리에 흡수되며 상업화되는 것에 대해 일부 팬과 학자·비평가들은 아쉬움을 표현하기도 한다(장지현, 2022).

3. 다양화의 명암(明暗)

케이팝은 생산·유통·소비 모든 분야에서 다양성을 받아들이고 확대하는 방향으로 나아가고 있으며, 이러한 흐름은 2010년대 후반부터 더욱 도드라진다. 이는 한국의 지역(로컬, local) 음악에서 동아시아의 인기 음악을 넘어 글로벌 대중음악의 중요한 일부가 된 케이팝의 현 상황에서는 일정 정도 피할 수 없는 일이다. 그리고 이러한 흐름에는 밝은 면과 어두운 면이 동시에 존재한다.

1) 케이팝의 진정한 세계화

우선 케이팝 내의 다양성 증대는 산업적인 측면에서 향후 케이팝의 지속 가능한 성장과 발전에 큰 역할을 할 수 있다. 음악의 생산과 제작 측면에서 보면, 현재 케이팝은 EDM과 힙합, 알앤비, 팝 음악 장르 동향의 최전선에 있는 음악 요소들을 실시간으로 빠르게 받아들인 후 그것을 케이팝에 기대되는 특유의 취향 및 색깔과 버무리는 형태로 만들어진다. 이 과정에서 앞서 언급한 것처럼 수많은 외국인 작곡가와 프로듀서가 참여하는데, 협업하는 국내 음악인과 기획사의 최종 검토와 수정·보완을 통해 결과물은 일반적인 글로벌 대중음악과 달리 '케이팝화(化)' 혹은 '한국화'된다. 이와 더불어 외국 출신 케이팝 가수들 역시 한국 수용자가 선호하는 목소리 색깔과 음악 내외적 정서를 갖추지 않으면 성공적으로 자리 잡기가 어렵다(정민재, 2023). 이는 '글로벌을 지향하지만 기본적으로 한국적인 'K'를 포함해야 하는' 케이팝 특유의 정체성과 관련되어 있다. 본질적으로 혼종(混種, 하이브리드[hybrid])적인 성격을 띠게 되는 대중음악 장르 중에서도 케이팝이 특히 '글로벌과 로컬'의 혼종성과 다양성을 전면에 내세우는 이유이기도 하다. 그런데 최근의 다양성 증대는 영미(英美)권 대중음악의 영향에 치우쳐 있던 케이팝의 참고 대상(레퍼런스, reference)의 범위를 더욱 크게 확장하고 있다. 그 결과, 뭄바톤(Moombahton), 레게톤(Reggaeton) 등과 같은 최신 라틴 팝(Latin Pop) 장르 및 신스 팝(Synth Pop), 뉴 웨이브(New Wave), 뉴 잭 스윙(New Jack Swing)과 같은 1980~90년대 스타일의 복고적인 장르, 일본의 시티팝(City Pop)과 같은 비서구 장르까지 케이팝의 영역으로 속속 들어오고 있다. 이는 케이팝의 음악 창작 다양성을 넓혀 장르에 대한 새로움과 신선함을 유지하는 원동력이 될 수 있다.

다음으로, 케이팝 음악의 제작 방식과 관련 문화 및 일종의 '직업윤리' 등을 배우러 직접 한국에 오는 '산업 연수 음악인' 역시 생산·유통 부분에서 다양성 증대의 밝은 부분이라고 할 수 있다. 2021년부터 한국국제문화교류진흥원이 주관해 시작한 '동반성장 디딤돌' 사업은 케이팝산업을 배우고 싶어 하는 해외의 신인급 가수를 초청해 그들에게 케이팝산업을 배우고 직접 체험할 수 있는 기회를 제공함으로써 국가 간 문화교류를 촉진하는 프로젝트이다. 여기에 참여해 한국에 '산업 연수'를 다녀간 후 자국인 태국의 한 음악상에서 신인상을 차지한 여성 그룹 '로즈베리'의 사례에서 볼 수 있듯이, 케이팝이 록이나 힙합 등과 같은 글로벌 음악 장르로 자리 잡아 다른 지역에서 '로컬 케이팝'이 탄생할 수 있을 만큼 성장했음을 의미한다. 그리고 이렇게 다른 나라에서 만들어진 '로컬 케이팝'이 향후 한국으로 역수입돼 한국의 케이팝에도 긍정적인 자극과 영향을 끼칠 가능성도 있다. 마치 영미권 대중음악 장르의 커다란 영향을 받아 만들어진 케이팝이 최근 거꾸로 영미권 가수에게 음악적인 영감과 영향을 주고 있는 것처럼 말이다. 일부에서는 이것을 일종의 '기술 노하우 유출'로 해석하고 부정으로 바라보기도 하지만, 케이팝의 다양성이 증대될수록 오히려 '원조'로서 한국 케이팝이 지닌 독자성과 개성(오리지널리티, originality)이 증대되는 효과를 기대할 수 있다.

이와 함께, 해외 시장의 비중 증대로 인한 소비 분야의 다양성 증대는 케이팝을 진정한 의미에서 글로벌 대중음악 장르라는 반열에 오르게 한다. 2010년대 후반부터의 케이팝 해외 시장 비중 증대와 방탄소년단의 '인기 역수입' 사례(이규탁, 2020b)로 인해 몇몇 기획사와 가수는 국내 시장보다 해외 시장에 집중하는 전략을 취했고, 그 결과 일부 가수는 해외 케이팝 팬에게는 어느 정도 인지도를 확보했으나 정작 국내에서는 이름을 알리지 못하기도 했다. 이에 일부에서는 케이팝 한국 시장과 해외 시장의 '디커플링(decoupling)'[7] 현상이 심화할 것이라는 예상을 내놓기도 했다. 그러나 최근의 흐름을 보면 이런 예상과는 달리 케이팝 한국 시장과 해외 시장 사이에 존재하던 취향의 차이와 시차(時差)는 오히려 사라지는 추세이다. 한국 시장에서의 성공을 통해 해외 시장에서는 별다른 홍보 활동이나 공연 없이 곧바로 해외 케이팝 팬에게 인기를 얻은 뉴진스나 르세라핌이 대표적인 사례이다. 한편, 해외에서는

---

7 서로 간의 흐름이 다르게 나타나는 탈동조화 현상을 일컫는 경영·경제학 용어.

어느 정도 인기를 얻었지만 국내에서는 반응이 뜨뜻미지근해 결국 더 큰 성장의 동력을 잃어버린 혼성 그룹 카드(KARD)와 같은 사례도 있다. 이처럼 국내와 해외 시장은 당초 예상과는 달리 디커플링이 아닌 동기화가 더욱더 강하게 이뤄지고 있다. 그리고 케이팝 가수들의 글로벌 음반 판매량과 차트 성적 및 인터넷 미디어 플랫폼에서의 화제성과 영향력을 고려할 때 이 동기화는 케이팝이 글로벌 음악산업으로 흡수돼 버린 것이 아니라 일정한 파이를 차지하고 산업 자체를 어느 정도 좌지우지할 수 있을 만큼의 영향력을 아울러 갖게 됐음을 뜻한다고 볼 수 있다.

2) 문화 충돌과 문화 전유(cultural appropriation) 문제

반면 케이팝 내 다양성의 증대는 과거에는 존재하지 않았거나 크게 인식되지 않았고, 예상치도 못했던 문제를 수면 위로 끌어올렸다.

첫째, 국가주의(내셔널리즘, nationalism)적인 색채를 지닌 문화 충돌 양상이다. 케이팝을 만들고 유통하고 소비하는 주체의 인적 구성과 배경이 다양해지면서 이들 간에 벌어질 수 있는 갈등이 케이팝산업에 직간접적으로 영향을 끼치기도 한다. 가령 한국과 일본 사이의 정치적·역사적 갈등이 심해지면 현재 케이팝산업에서 활발히 활약하고 있는 일본 출신 가수에게 불똥이 튀기도 한다. 자신의 소셜 미디어에 일본 천황[8]의 퇴위와 관련된 짧은 소회(所懷)를 올렸다가 일부 국내 팬들의 비난으로 예상치 못한 논란에 휩싸였던 트와이스 멤버 사나의 사례가 대표적이다. 반대로 2010년대 초반 일본에서 커다란 인기를 누리며 당시 중장년 여성에게 한정돼 있던 일본 내 케이팝 인기를 젊은 층과 일반 대중에게까지 확장했던 카라가 독도 문제에 대해 분명한 태도를 취하지 않았다는 오해로 논란에 휩싸였던 사례 역시 마찬가지다(이규탁, 2020b).

2010년대 후반 한국과 중국에서 젊은 세대를 중심으로 각기 반중(反中)·반한(反韓) 감정이 확산하면서부터는 중국 출신 혹은 중국계 아이돌 사이에서 비슷한 맥락의 논란이 꾸준히 일어나고 있다. 케이팝 남성 그룹 갓세븐(GOT7) 소속의 홍콩 출신 멤버로서 중국인의 정체성을 강하게 드러내며 활동하고 있는 잭슨에게 국내 팬들이 차가운 시선을 보낸 것과 대비되게 중국 팬들은 열렬한 지지를 보낸 일도 있었다. 그리고 홍콩·대만계 캐나다인으로 한국과 중국을 오가며 활발히 활동했으나 중국에 대해 우호적인 태도를 공개적으로 드러냈다고 해서 최근 국내 팬들에게 미움을 산 케이팝 가수 헨리의 사례도 있었다. 또한 다른 한국인 멤버들이 팬들에게 새해 인사로 큰절을 올리는 동안 중국에서 큰절이 지닌 상이한 의미로 인해 큰절이 아닌 다른 방식의 인사를 했다가 결국 활동을 중단하게 된 여성 그룹 에버글로우(Everglow) 멤버 왕이런의 사례 역시 국가

---

8   일본 군주의 호칭을 '천황(天皇)'이라고 할 것이냐 '일왕(日王)'이라고 할 것이냐에 대해서는 여전히 많은 논란이 있다. 사실 한국 정부에서는 현재 '천황'을 공식 호칭으로 사용하고 있으나 한일 관계의 양상에 따라 때로는 일왕이라는 표현도 쓰이곤 한다. 이 글에서는 천황을 '천하를 지배하는 황제'라는 오래된 어원에 의존한 해석이 아닌, 단순히 일본 군주를 나타내는 고유 명사로 쓰이는 현재 용례를 해석하여 일왕 대신 천황을 사용했다.

주의에 기반한 문화 충돌 양상이라고 할 수 있다. 심지어 때로는 한국과 직접 관련이 없는 다른 나라 간의 대립이 케이팝에 영향을 미치기도 한다. 동아시아 국가주의에 관한 새로운 인식의 계기를 제공했던 쯔위의 유튜브 사과 동영상 사건[9]이나 남중국해 영토 분쟁에 얽혀 있는 다양한 동아시아 국가 케이팝 팬들 사이의 갈등, 이와 관련하여 국가주의적 발언을 소셜 미디어에 올린 중국 출신 케이팝 가수들에 대한 비난 여론 등이 그것이다.

둘째, 케이팝의 혼종성과 연관된 문화 전유 문제이다. 앞서 언급한 것처럼 케이팝의 혼종성은 영미권 문화 그리고 케이팝 초창기에 많이 참조했던 일본 문화의 요소를 넘어 전 세계의 문화 요소를 수용하고 그것을 한국적인 맥락에서 해석·수용해 새로운 것을 창조하는 방향으로 진화하고 있다. 그런데 이렇게 타 문화 요소를 수용하는 과정에서 해당 문화에 대한 이해와 존중이 결여된 채 그것을 표피적으로 활용하는 문화 전유 사례가 최근 문제가 되고 있다. 블랙핑크의 〈How You Like That〉 뮤직비디오 영상에 힌두교 신 중 하나인 가네샤(Ganesha)의 신상을 사용했다가 인도 종교·문화를 존중하지 않는다는 인도 팬들의 비판으로 인해 소속 기획사 측에서 뮤직비디오 영상을 급히 수정하고 다시 올렸던 일이나, 멕시코 공연에서 현지 팬들을 위해 멕시코 전통 의상을 입고 무대에 섰으면

---

9   이 사건에 대한 자세한 내용 및 해석과 의의 등은 심두보 (2019). 한류의 효용: 산업 너머, 강대국 너머. 『한류, 다시 출발점에 서다』. 한국국제문화교류진흥원. pp. 111-127.

서도 정작 멕시코 노래가 아닌 스페인 노래 〈Macarena〉를 불렀다가 일부 팬들의 비판을 받았던 샤이니의 경우가 대표적인 문화 전유 사례이다.

문화 전유는 케이팝이 급속도로 세계화되고 케이팝 내 다양성이 빠르게 증가하면서 이에 따라 벌어지는 일종의 '과도기적인 현상'으로도 해석할 수 있다. 과거에는 케이팝산업이 크게 신경 쓰지 않았거나 혹은 신경 쓸 필요성을 느끼지 못했던 국가와 민족·문화권이 케이팝산업의 주요 시장으로 떠오른 만큼 그 문화권에 대한 이해나 존중을 아직 갖추지 못했기 때문에 벌어지는 일종의 우발적인 사건으로 볼 수 있다는 뜻이다. 그러나 '화이트워싱(white-washing)'과 뒤따라 일어난 '옐로워싱(yellow-washing)' 논란은 문화 전유가 단순한 과도기적 현상으로 간주할 것이 아닌, 조금 더 진지하게 접근해야 할 문제임을 암시한다. 각종 사진 속 케이팝 아이돌의 얼굴을 지나치게 하얗게 보정하는 것(화이트워싱)을 일부 해외 팬들이 '백인우월주의에 기반한 인종주의'라고 비난하며 다시 노랗게 재보정해 인터넷을 통해 공유하는 경우가 있다. 그런데 한국 팬들은 이것을 "하얀 얼굴에 대한 선호는 아주 오래전부터 한국에 존재하던 것이다. 아시아 사람은 무조건 노란색이라는 고정관념에 그들의 피부를 노랗게 재보정하는 것(옐로워싱)이 오히려 인종주의적이며 한국 문화에 대한 이해가 결여된 것이다."라고 반박하며 역으로 해외 팬들을 인종차별주의자로 비난하기도 한다. 이처럼 문화 전유는 인종주의와 얽혀서 동아시아계 위주에서 점점 더 다양한 인종·

민족적 배경을 가진 이들의 문화 안으로 진입하고 있는 케이팝산업에 보다 복잡한 숙제를 남기고 있다.

4. 결론

케이팝산업의 문화다양성 증대는 이제 피할 수 없는 흐름이다. 특히 2022년 한국 출산율이 0.78명으로 역대 최저치를 경신할 정도로 사회의 고령화가 빠르게 진행되고 있는 것은 미래 케이팝산업의 재원(財源)이라고 할 수 있는 어린 세대가 점점 줄어든다는 것을 의미한다. 이런 상황에서 해외 이민자에 대한 문호 개방은 필수적일 것이며, 이미 비한국인을 어느 정도 적극적으로 받아들이고 있는 케이팝산업에서는 그 정도가 한층 강해질 것이다. 그와 더불어 케이팝산업의 해외 시장 의존도가 커졌고 이를 통해 덩치를 키우는 흐름이 자리 잡은 이상, 생산·유통·소비에서 다양성이 증대되는 것은 생존을 위해서도 필수적일 수밖에 없다.

그렇다면 남은 과제는 하나이다. 다른 문화에 대해 열린 태도를 견지하고 그것을 통해 성장과 발전의 지속가능성을 도모하면서, 동시에 다른 글로벌 음악 장르와 케이팝을 차별화하는 고유성이자 경쟁력인 'K'의 한국성(韓國性, Korean-ness)을 잃지 않는 것이다. 제작 과정에서 다양한 문화적·인종적·민족적 배경을 가진 수용자의 취향을 고려하여 음악을 제작하고, 현지화를 위해 공동제작과 협업 및 현지 앨범 발매 등을 적극적으로 추진하며, 글로벌 유통망을 적극적으로 활용하여 국내외 팬들에게 다가가는 것, 그러면서도 한국 음악으로서의 정체성과 개성을 유지하는 것이 케이팝이 앞으로 나아가야 할 방향이라고 할 수 있다.

참고문헌

강수연 (2022. 12. 15.). 재밌고 자극적인 '숏폼' 시청, '팝콘 브레인' 만든다. 《조선일보》. https://health.chosun.com/site/data/html_dir/2022/12/15/2022121501755.html

강신규 (2022). 커뮤니케이션을 소비하는 팬덤: 아이돌 팬 플랫폼과 팬덤의 재구성. 《한국언론학보》, 66권 5호, pp. 5-56.

김상화 (2017. 9. 12.). 악보도 맞들면 낫다? 대중음악계 대세 된 '송 캠프'. 《오마이뉴스》. https://omn.kr/o5xh

김진우 (2022. 9. 27.). 「BLACKPINK 리뷰」. https://circlechart.kr/page_article/view.circle?sgenre=opinion&idx=21482

김진우 (2023. 1. 13.). 「2022년 12월 앨범 판매량 리뷰」. https://circlechart.kr/page_article/view.circle?sgenre=opinion&idx=22017

대학내일20대연구소 (2022. 8. 24.). 매일 75분, Z세대의 숏폼 생활. https://www.20slab.org/Archives/38306

성미경·이규탁·문효진 (2017). 「케이팝 글로벌 확산을 위한 음악시장 다변화 전략 연구」. 한국콘텐츠진흥원.

심두보 (2019). 한류의 효용: 산업 너머, 강대국 너머. 『한류, 다시 출발점에 서다』. 한국국제문화교류진흥원. pp. 111-127.

이규탁 (2020a). 케이팝의 세계화와 인터넷 개인 미디어 플랫폼. 『미디어 플랫폼 제국의 도전과 대응』, 한국언론학회. pp. 142-174.

이규탁 (2020b). 『갈등하는 케이, 팝』. 서울: 북저널리즘.

이규탁 (2023). 음악한류. 『2022 한류백서』. 한국국제문화교류진흥원. pp. 98-126.

이태수 (2022. 10. 10.). 걸그룹 글로벌화 가속…블랙핑크 유튜브 96%는 해외서 시청. 《연합뉴스》. https://www.yna.co.kr/view/AKR20221004066200005

이태수 (2023. 1. 16.). 작년 K팝 음반 수출액 사상 최대…3천억원 육박. 《연합뉴스》. https://www.yna.co.kr/view/AKR20230115036400005?section=entertainment%2Fall&fbclid=IwAR38qQtD2QRHAI5

05d7fdywKCtOITNti9Vzn2Tz455s1tmmTCN0fgy-DNDU

정민재 (2023). 「안과 밖의 갈림길에 선 케이팝의 딜레마」. 케이팝의 인종과 젠더 라운드테이블. 서울.

Kim, A. (2019. 1. 31.). Twitter: K-pop's great leveler – Twitter and K-pop find niches in each other, drive mutual growth. *The Korea Herald*. http://www.koreaherald.com/view.php?ud=20190129000849

HALLYU

OTT 구독 시대, 한국 문화콘텐츠의 기회와 위기

한희정 국민대학교 교양학부 부교수

1. 글로벌 OTT, 위기에서 기회로의 전환

글로벌 OTT[1]가 전 세계 콘텐츠를 소비하는 주요 통로로 부상했다. 미국 리서치 업체인 인사이더 인텔리전스(Insider Intellegence)에 따르면, 2022년에 전 세계 20억 명 이상이 OTT 서비스를 시청했으며 2026년에는 OTT 서비스 가입자 수가 22.5억 명에 이를 것으로 추산된다. 향후 OTT 가입자의 증가율은 한 자릿수에 머무르며 지속적으로 하락해 2026년에는 3% 미만을 기록할 것으로 예상되지만(한국방송통신전파진흥원, 2022), 글로벌 콘텐츠 소비 시장에서의 영향력은 지속될 것으로 보인다.

2022년은 OTT 서비스가 큰 변화를 겪은 한 해였다. 앞으로도 OTT 선두주자인 넷플릭스(Netflix)는 가입자 성장 중심의 시장에서 가입자당 매출을 증가시켜야 하는 시장으로 OTT 시장의 변화를 주도할 것으로 전망한다. 광고 기반의 OTT 서비스 구축 등 글로벌 OTT 시장도 경쟁이 심화될 것이다. 글로벌 OTT 이용률은 2020년 기준, 40.9%를 기록했는데, 2022~2026년의 수익 성장률은 매년 11%에 이를 것으로 추정되고 있다(Statista, 2021).

---

1 유료 OTT 시장은 넷플릭스와 같은 구독형 VOD(SVOD: Subscription Video On Demand) 서비스, 아이튠즈(itunes)로 대표되는 영상콘텐츠 한 편에 대해 각각 결제하는 거래형 VOD(TVOD: Transaction Video On Demand) 서비스, 유튜브나 페이스북, 네이버 TV처럼 영상에 삽입된 광고를 보면 무료로 시청이 가능한 광고형 VOD(AVOD: Advertising Video On Demand)가 있다. 유튜브는 구독형 VOD 서비스(프리미엄)와 함께 광고 기반 OTT 서비스를 병행하고 있다. 그러나 최근 사업자들이 수익 모형의 다변화를 꾀하고 있어서 각 서비스의 수익 모형을 배타적으로 분류하기는 점점 어려워지고 있다.

2020년 9월, 넷플릭스는 총 가입자 수가 약 2억 100만 명에 달하는 세계에서 가장 인기 있는 구독형 주문형 비디오(SVOD)이다. 아마존 프라임 비디오는 1억 1,700만 명의 사용자로 시장 2위를 기록했다. 그러나 2022년 9월 추정에 따르면 두 경쟁사 모두 2027년까지 1위 자리를 놓고 치열한 경쟁을 벌일 수 있는 반면, 디즈니플러스는 전년도 추정에 비해 입지를 상당히 잃은 것으로 분석된다. 인도 등 주요 국가에서 주력 콘텐츠의 인기가 시들해지고 북미 지역 구독료가 인상되면서 가입자가 줄어든 것으로 분석된다. 한편 국내에서 넷플릭스는 2022년 1분기에 처음으로 유료 가입자가 감소세로 돌아섰다. 포화 상태인 OTT 시장에서 하나의 OTT 플랫폼에서는 특정 콘텐츠만 몰아보고 다른 OTT로 갈아타는 '메뚜기족'이 늘었기 때문이다. 2023년 3월, 넷플릭스의 공유 계정 유료화가 본격적으로 시행되면 구독 공유의 중개 플랫폼 시장이 커질 것으로 전망된다. OTT 중개 플랫폼은 OTT 계정을 공유할 수 있도록 사람들을 연결해 요금을 정산해 주는 대신 수수료를 받아 운영된다. 해외에는 젬스고(GamsGo), 스플릿(Split), 투게더프라이스(Together Price) 등이 있고 국내에는 피클플러스(Pickle Plus), 링키드(Linkid), 위즈니(Wizzney) 등의 OTT 공유 중개 플랫폼이 운영 중이다(박로명, 2023. 2. 11.).

국내 OTT 사업자와 글로벌 OTT 사업자의 협업도 계속된다. 국내 OTT 서비스인 웨이브(Wavve)는 국내 지상파 3사의 콘텐츠를 비롯해 30만여 편의 라이브러리를 구축하고 있으며, 국가별 카테고리를 만들어 해외 콘텐츠를 공급하고 있다. 티빙(TVING)도 35개 실시간 채널을 포함, 방대한 국내외 콘텐츠를 서비스 중이다.

「2022 방송매체이용행태조사」에 따르면, 평소 시청 경험이 있는 OTT로는 유튜브(YouTube)가 66.1%로 가장 높으며, 넷플릭스(31.5%), 티빙(7.8%), 웨이브(6.1%), 쿠팡플레이(Coupang Play, 5.2%)가 그 뒤를 이었다. 연령별 이용률은 20대가 95.9%로 가장 높으며, 30대(90.9%)와 10대(90.6%)가 그 뒤를 이었고, 연령이 높을수록 이용률이 낮아졌다. 특히 유튜브는 50대 이하의 연령대에서 많이 이용하고 있으며, 넷플릭스 이용률은 20대(63.6%)와 30대(55.0%)에서 가장 높게 나타났다(정용찬·김윤화, 2022). 이제 국내외 콘텐츠 이용은 문화적 한계를 뛰어넘어 개인적 관점과 취향의 선택으로 받아들여지고 있다.

글로벌 OTT 서비스의 확산이 국내 미디어 시장의 침투와 잠식과 같은 부정적인 면만 가져온 것은 아니다. 국내 미디어 콘텐츠의 해외 진출 가능성이 커졌기 때문이다. 치열한 글로벌 OTT 시장에서 주목받는 콘텐츠가 되려면 충분한 제작비와 우수한 제작 인력 그리고 이를 지원하는 미디어 콘텐츠 정책이 뒷받침돼야 가능하다.

2018년에 성명서까지 발표한 공중파 TV의 위기의식은 격세지감을 느낄 정도로 달라졌다. 글로벌 OTT 시청 집계 사이트 '플릭스패트롤(https://flixpatrol.com/)'에 따르면, 2023년 1월 24일 오픈한 넷플릭스 오리지널 〈피지컬: 100〉은 2월 9일 기준으로 예능 부분에서 글로벌 순위 1위를 기록했다. 〈피지컬: 100〉은 《MBC》가 넷플릭스에 제작비 지원을 먼저 요청해서 제작됐다. 국가별로 한국을 포함해 38개국에서 정상을 차지했고 미국, 브라질, 필리핀 등 15개국에서는 2위를 차지했다(최민지, 2023. 2. 9.). 연애 버라이어티인 〈솔로지옥〉이 2021년에 5위를 기록한 것이 최고 기록이었으니 〈피지컬: 100〉의 성적은 한국 콘텐츠를 다시 한번 글로벌 시장에 알리는 괄목할 만한 성과라고 할 수 있다.

프로그램 성격상 애초에 지상파 방송이 불가능했겠지만, 〈피지컬: 100〉은 TV 채널이나 지상파 방송사가 운영하는 OTT 플랫폼 웨이브에 방영하지 않고 넷플릭스에서만 방영됐다. 박성제《MBC》사장은 페이스북을 통해 "지상파 TV는 끝났다고 말하지만 … 《MBC》는 이제 지상파 TV가 아니다. 지상파 채널을 소유한 글로벌 미디어 그룹"이라고 하면서, "〈피지컬: 100〉은《MBC》가 글로벌 OTT를 통해 전 세계 시청자와 만나는 본격적인 도전이며 2023년 내내 같은 도전이 계속 이어질 것"이라고 언급했다. 지상파 방송국과 글로벌 OTT의 협업 시대에 놀라운 뉴스는 아니지만, 기획 단계부터 해외 플랫폼 판매를 목표로 했던 〈피지컬: 100〉은 국내 방송국과 글로벌 OTT의 관계에 '특이점'이 왔음을 상징적으로 보여준다. 이러한 변화는 앞으로 더 가속화될 것으로 보인다(김종성, 2023. 1. 30.). 그러나《MBC》가 〈피지컬: 100〉에 대한 콘텐츠 지적재산권(IP)를 넷플릭스에 넘겼다는 점은 여전히 아쉬운 부분이다.

2. 글로벌 OTT의 핵심 경쟁력은 차별화된 킬러 콘텐츠

2016년 1월 넷플릭스가 한국에 처음 스트리밍 서비스를 출시할 때만 하더라도 신규 가입자 유치가 쉽지 않을 것으로 전망됐다. 실제 초기 넷플릭스 라이브러리의 한국 콘텐츠는 불과 60여 편에 지나지 않았지만, 한국 내에서 오리지널 콘텐츠의 자체 제작을 늘리는 한편, 자금력을 바탕으로 한국 콘텐츠 라이선스를 공격적으로 매입했다. 국내 방송사로부터 드라마와 예능 프로그램 방영권을 사들이면서 2020년에는 한국 넷플릭스에서 서비스되는 콘텐츠의 총 개수가 4,380여 편이 됐다. 넷플릭스는 2017년, 봉준호 감독의 〈옥자〉에 대한 투자를 시작으로 오리지널 시리즈 〈킹덤〉(시즌1, 2) 〈인간수업〉, 〈보건교사 안은영〉 등을 제작했고, 〈미스터 션샤인〉, 〈사랑의 불시착〉 등이 국내에서 방송된 후, 넷플릭스를 통해 전 세계에 공개됐다. 넷플릭스는 오리지널 프로그램을 제작할 때 먼저 정교한 데이터 분석을 기반으로 콘텐츠 투자를 통한 성공 여부와 가입자 증가를 예측하는데 이러한 예측 기반 데이터를 통해 투자 위험을 최소화한다. 이에 반해 국내 콘텐츠 생태계 구조에서는 수익 규모의 예측이 어렵다. 이러한 예측 능력이 미흡한 국내 제작업체는 콘텐츠 제작 시 기존의 영화나 TV 드라마처럼 라이선스 계약을 미리 체결할 수 없어 위험부담을 감수할 수밖에 없다. 넷플릭스는 가입자 증가를 위해 콘텐츠에 투자할 수 있지만 국내 업계는 콘텐츠 투자에 신중할 수밖에 없는 것이다(이호수, 2021).

넷플릭스와 같은 글로벌 OTT가 한국에 상륙하면서 수용자의 콘텐츠 이용 창구가 빅데이터 분석과 킬러 콘텐츠 제공 능력이 강화된, 유튜브, 넷플릭스 등 글로벌 OTT 플랫폼으로 옮겨가는 코드 커팅(Cord-cutting)[2] 현상이 일어났다. 이에 따라 레거시 미디어인 지상파 방송, 케이블 TV 등의 독자적 플랫폼의 성격이 약화됐고, 이들이 방송채널프로그램사업자(PP) 또는 콘텐츠제공업자(CP)로 전락하면서 채널과 플랫폼 차원의 경쟁력이 약해질 것을 우려하는 목소리도 있었다.

이러한 우려는 2018년 5월, LG유플러스와 넷플릭스가 제휴한 직후에 발표된 한국방송협회의 성명서에서 고스란히 나타나기도 했다.

> "이러한 국내 사업자에 대한 역차별적 제휴는 국내 콘텐츠 사업자의 수익성 약화로 이어져 투자감소와 그에 따른 저가 콘텐츠의 양산으로 귀결될 것이고 그 피해는 고스란히 소비자·시청자에게 전가될 것이다. 넷플릭스는 국내 제작사에 하청 주문해 '오리지널'이라는 이름으로 포장한 콘텐츠를 만들어 해외까지 유통하겠다고 한다. (중략) 결국 국내 콘텐츠 제작산업은 넷플릭스의 생산하청기지로 전락할 것이며 넷플릭스는 글로벌 네트워크를 이용해 국내에서 생산한 넷플릭스 오리지널 콘텐츠를 해외에 유통하게 될 것이다."(한국방송협회, 2018. 6. 19.)

---

2   케이블 TV, IPTV 등 유료 방송을 해지하고 상대적으로 저렴한 OTT 플랫폼으로 갈아타는 현상

당시 한국방송협회는 한류의 해외 확산의 기회를 해외 거대 콘텐츠 사업자에게 뺏기는 형국이 될 것이라고, 다시 말해 재주는 국내 콘텐츠 제작사가 부리고 돈은 해외 거대 사업자인 넷플릭스가 버는 형국이 될 것이라고 비판한 바 있다.

2021년 9월 17일 넷플릭스에서 〈오징어 게임〉이 공개된 후, 글로벌 OTT를 통해 작품이 성공하게 되면 이전과는 차원이 다른 한류 열풍을 일으킨다는 것을 경험하게 됐다. 한국을 포함해 94개국에서 시청, '역대 최장' 53일간 1위를 차지한 넷플릭스 시리즈 〈오징어 게임〉의 제작비는 약 300억 원 규모였으며, 2021년 10월 당시 넷플릭스의 내부 문건에 따르면 약 1조 2,400억 원 이상의 수익을 올린 것으로 알려졌다. '최초'의 수식어가 붙는 연이은 수상 성과뿐만 아니라 드라마에 등장한 '무궁화 꽃이 피었습니다', '딱지치기' 등 한국 게임 열풍, 생라면 안주와 소주, 달고나 세트, 초록색 체육복 판매 등 우리 문화가 담긴 상품이 전 세계적으로 인기를 끄는가 하면, 미국 대중문화에 미친 영향력과 성과를 기념해 미국 로스앤젤레스(Los Angeles)시는 9월 17일을 '오징어 게임의 날(Squid Game Day)'로 제정하기도 했다.

플릭스패트롤이 집계한 장르별 선호 장르 순위 10위를 살펴보면, 드라마(19.5%), 범죄물(19.1%), 코미디(12.7%), 액션(6.9%), 스릴러(6.5%), 애니메이션(5.2%), 모험(4.9%), 판타지(4.7%), 전쟁(4.1%), SF(3.2%) 등이다. 넷플릭스의 인기 콘텐츠는 서너 가지 장르를 복합적으로 담고 있는 경우가 대부분이다. 〈오징어 게임〉은 공포, 스릴러, 서바이벌, 액션, 데스 게임의 복합 장르이다. 〈피지컬: 100〉은 강력하고 완벽한 최고의 몸을 선발하는 포맷으로, 다양한 분야의 전문 체육인과 일반인을 포함한 참가자 1백 명이 3억 원의 상금을 걸고 경쟁을 벌이는 서바이벌 예능이다. 서바이벌, 리얼 버라이어티, 스포츠 등의 장르에 드라마적인 요소가 가미됐다. "〈오징어 게임〉의 현실판"이라는 블로거의 평이나 "〈오징어 게임〉이 글래디에이터(Gladiator)를 만났다"라는 제목의 《가디언(The Guardian)》 기사에서도 알 수 있듯이 '몸'을 통한 잔혹한 경쟁의 세계관이 전 세계 시청자를 다시 한번 사로잡은 것이다. 혹자에게는 '몸'으로 경쟁하여 서바이벌하는 모습이 아름답고 감동적이라고 느낄 수 있겠지만 몸을 '자본'으로 만드는 프로그램임은 부인할 수 없다.

이제 콘텐츠에 세계관을 담아내는 것은 킬러 콘텐츠가 되기 위한 필수요소이며 내러티브 경제의 또 하나의 전략이다. 황동혁 감독이 만화 《도박 묵시록 카이지》 속 빚을 진 사람들이 거액의 상금이 걸린 게임을 하는 장면에서 〈오징어 게임〉의 영감을 얻은 것처럼, 웹툰의 세계관[3]은 부가가치의 창출을 극대화할 수 있는 '원소스

---

[3] 세계관이란 사전적 의미로 '어떤 지식이나 관점을 가지고 세계를 근본적으로 인식하는 방식이나 틀'을 말한다. 대중문화 콘텐츠 영역에서 말하는 세계관은 '가상으로 설정된 세계'를 말한다. 예를 들어 무기를 팔아 백만장자가 된 하워드 스타크(Howard Stark)의 아들이자 천재 엔지니어였던 토니 스타크(Tony Stark)가 갑옷(armor)를 개발해 입고 적들과 싸우는 것이 아이언맨(Iron Man)의 세계관이라면, 어느 날 방사능 거미에 물려 초능력을 갖게 된 평범한 학생 피터 파커(Peter Parker)가 악당들과 대적하는 것은 스파이더맨(Spider Man)의 세계관이다. 마블은 이런 각각의 슈퍼히어로를 저마다의 세계관으로 탄생시킨 후, 이들을 다시 묶어 〈어벤져스(Avengers)〉라는 팀의 세계관으로 확장한다. 각각의 세계관은 대중에게 '마블 유니버스'로 통칭된다. 세계관은 이제 콘텐츠의 '원소스멀티유즈(OSMU)'로서의 전략으로 케이팝 아이돌에게도 필수적인 요소가 됐다(정덕현, 2021).

멀티유스(OSMU)'의 자원이 됐다. 이러한 세계관 속에는 허구의 도시나 국가, 행성을 배경으로 마법과 초광속 등 판타지 SF의 개념이 등장하기도 한다. 세계관은 하나의 커다란 집단 서사를 이루게 되는데 대중은 여러 콘텐츠 간의 관계성을 즐기고 곳곳에서 흥미 유발 요소를 찾아 열광한다. 이것이 마케팅 분야에서는 기업이나 브랜드 세계관에 대한 대중의 충성도로 연결되기도 한다(이다비·안상희, 2022. 1. 24.).

초기에 이러한 세계관은 마케팅이나 브랜드 구축에 드는 노력을 줄여준다는 점에서 주목받았지만, 다양한 장르로 확장돼 더 큰 수익을 확보할 수 있다는 점에서 그 가치를 인정받고 있다. 이러한 세계관 전략은 이미 인기를 얻은 작품과 새로운 작품을 하나의 세계로 묶으면서 기존 작품의 독자는 익숙한 작품의 세계를 새로운 장르의 작품과 쉽게 연계하는 한편, 신규 독자에게는 진입장벽을 낮춰 준다. 특히 기존 독자는 익숙한 캐릭터에 몰입해 작품을 분석하며 능동적으로 재미를 추구하게 된다(박대희, 2023. 2. 3.).

3. 글로벌 OTT 콘텐츠과 문화다양성 정책

2021년 2월 넷플릭스는 USC 애넌버그 포용 정책 연구소(USC Annenberg Inclusion Initiative)[4]와 함께 엔터테인먼트 업계 최초로 다양성 보고서를 발간했다.[5] 이 보고서의 분석 대상은 2018~2019년에 넷플릭스에서 선보인 미국 오리지널 실사 극영화 126편과 TV 시리즈 180편이며, 젠더(Gender), 인종·민족(race & ethnicity), 특정 인종·민족 그룹 (specific racial & ethnic groups), 성소수자(LGBTQ), 장애인(characters with disabilities) 등의 5개 범주와 각 범주의 '스크린 속(on screen)'과 '카메라 뒤(behind the camera)'로 나누어 분석했다. 보고서에 따르면, 넷플릭스 시리즈에서 흑인 주인공의 비율은 2018년 6.3%에서 2019년 14.4%로 증가했으며 넷플릭스 영화에서 흑인 감독의 비율은 2018년 6.9%에서 2019년 12.1%로, 흑인 작가는 2018년 5%에서 2019년 11%로 늘었다. 또한 비가시성(invisibility) 측면에서 넷플릭스 서사에서 유색인종, 성소수자는 과소 재현됐다. 더불어 성소수자 캐릭터와 장애인 캐릭터는 대부분 백인 남성으로 재현되는 경향이 있었다.

한편 디즈니사도 「2021 CSR 리포트(Corporate Social Responsibility Report)」[6]에서 "이야기의 힘을 통한 더 나은 세상 북돋우기(Inspiring a better world through the power of stories)"라는 테마를 제시하면서 문화적·인적 다양성을 강조했다. 특히, 「2021 CSR 리포트」의 5가지 범주 가운데 포용성과 깊게 관련이 된 것은 "유대

---

4 엔터테인먼트 분야의 다양성과 포용를 연구하는 전문가 연구기관, https://annenberg.usc.edu/research/aii
5 「넷플릭스 오리지널 시리즈와 영화에서의 다양성 보고서」(2021). https://assets.ctfassets.net/4cd45et68cgf/3lLceJCJj7NJsKUelJHrKG/920c17c6207bd4c3aa7f5a209a23f034/Inclusion_in_Netflix_Original_Series_and_Films_2.26.21.pdf
6 https://impact.disney.com/app/uploads/2022/02/2021-CSR-Report.pdf

의 세계 – 다양성, 공평, 포용(world of belonging: diversity, equity, & inclusion)"이다. 디즈니사의 수석 부사장이자 다양성 최고 책임자인 라톤드라 뉴턴(Latondra Newton)은 "디즈니사에서 우리는 하나의 이야기보다 더 위대하고 모두가 가시화되고 듣고 느낄 자격이 있다는 것을 인정하면서, 과소 재현된 목소리, 알려지지 않은 이야기와 신념을 위해 싸운 투사들, 다양한 관점을 증폭하고 있다."라고 정책을 밝혔다. 디즈니의 DEI(다양성·공평·포용성) 정책은 그들의 생산물인 콘텐츠의 소비자, 다양한 인종, 성적 정체성, 장애 등을 포괄하는 목소리와 관점이 그들의 성장과 생존에 중요하다는 인식을 바탕으로 한다는 점에 주목해야 한다(김선아, 2022).

영화산업의 문화다양성과 관련해 영국영화협회(British Film Institute, BFI)의 '다양성 표준(diversity standard)'[7]은 BFI 영화기금을 신청하고자 하는 모든 프로젝트에서 다양성을 강화하여 산업 전반에 변화를 가져오도록 가이드라인 역할을 하고 있다. 특히 수용자를 위한 배급(distribution)과 전시(exhibition)에 대한 BFI 다양성 표준[8]은 영화, 텔레비전, 게임, 유통 및 전시, 기술 및 교육 등에서의 과소 재현을 개선하고 공평한 기회를 제공하려는 주요한 기준 틀을 제시한다. 영국의 과소 재현(과소 재현 그룹)은 영국 「평등법(Equality Act 2010)」에 명시된 보호를 받아야 할 특성과 관련된다. 즉, 연령,

---

[7] https://www.bfi.org.uk/inclusion-film-industry/bfi-diversity-standards
[8] 영국영화협회의 수용자를 위한 다양성 표준 가이드라인 https://www.bfi.org.uk/inclusion-film-industry/bfi-diversity-standards

장애, 성전환, 결혼 및 동성결혼, 임신 및 출산, 인종, 종교 또는 신념, 성별 및 성적 지향, 성별이 정해지지 않은 성적 정체성 등이 이 법에 의해 보호된다. 더불어 지역 참여, 사회경제적 배경과 돌봄 책임도 보호 항목에 포함된다. 이러한 「평등법」에 따라 보호될 항목은 완벽하게 정해진 것이 아니며, 추가로 과소 재현을 다루는 프로젝트를 환영한다. 또한 과소 재현을 해결하기 위해 교차 경험을 인식하고 다양한 소수자와 소외된 정체성의 영향을 고려해야 한다고 역설한다.

영국영화협회(BIF)는 2016년, '다양성 및 포용 전략(diversity and inclusion strategy)'을 제시했는데, 기금을 지원받는 영화의 창작자들은 "50:50의 성별 균형을 이뤄야 하고, 20%는 인종적 소수자(British Black, Asian and Minority Ethnic, BAME)가 돼야 하며, 10%는 성적 소수자(LGBTQ), 7%는 장애인이어야 한다."라고 규정했다. 글로벌 OTT의 다양성과 포용성 정책은 아시아 로컬 시장의 중요성을 입증하는 것이며, 미국을 비롯한 주류 콘텐츠 생산국에서도 영화의 캐릭터와 서사에서 다양성을 담지하지 않으면 성공할 수 없음을 말해주고 있다(김선아, 2022).

한국에서 다양성 영화는 때로는 독립·예술영화 개념과 맞물리는 의미로 사용되면서 다양성이 여러 가지 의미로 해석돼 왔다. 디즈니와 넷플릭스 등 글로벌 미디어 기업의 다양성과 포용성 정책 방향성과 저예산·독립·예술영화를 아우르는 '다양성 영화'의 개념 간에는 약간의 차이가 있을 수 있다(김선아, 2022). 문화적 다양성과 포용성 정책은 되도록 장르, 인종, 종교, 민족, 장애, 젠더 측면에서 다양한 콘텐츠를 담아내는 동시에 콘텐츠뿐만 아니라 한국 미디어 산업이 사회적 소수자를 혐오·차별하지 않는 방향으로 나아가게 할 것이다.

혐오·차별에 관한 논의와 문화다양성에 관한 논의는 서로 발전해 온 경로가 상이하다. 혐오와 차별의 문제는 「자유권 규약」, 「인종차별철폐협약」, 「여성차별철폐협약」등의 국제 인권 협약의 제정과 국가별로 제정된 「혐오표현금지법」, 「차별금지법」, 「혐오범죄가중처벌법」 등의 규제 형태로 발전해 왔다. 반면, 문화다양성에 관한 논의는 문화다양성 보호·증진을 위한 각종 국제 협약과 유네스코가 교육, 과학 등의 영역에서 주도한 문화다양성 정책과 국제 협력의 과정에서 발전해 나갔다. 그러나 문화와 문화다양성의 개념이 확장되면서 인권, 소수자 집단의 보호, 다양한 정체성을 가진 이들과의 공존, 다원주의 같은 개념과 만나게 된다. 이에 따라 문화다양성을 파괴하는 것이 곧 혐오와 차별이라는 인식으로 이어졌다. 문화다양성의 논의에서 좀 더 적극적으로 혐오와 차별을 금지하는 것이 필요하다는 의견도 이런 점에서 나왔다. 한국의 「문화다양성의 보호와 증진에 관한 법률」은 국가와 지방자치단체의 책무를 규정하면서, 문화다양성의 보호·증진을 위한 정책(제3조 제1항, 제2항)과 더불어 "국적·민족·인종·종교·언어·지역·성별·세대 등에 따른 문화적 차이를 이유로 문화적 표현과 문화예술 활동의 지원이나 참여에 대한 차별을 하여서는 아니된다."(제3조 제3항)라고 명시하고 있다. 문화다양성의 증진과 혐오·차별의 금지가 자연스럽게 연결될 수 있음을 엿볼 수 있다(홍성수, 2022, 231-232쪽).

　넷플릭스, 디즈니 같은 글로벌 OTT 플랫폼 기업의 다양성과 포용성 정책은 산업적으로도 문화다양성의 실천이 매우 강력한 힘을 갖는다는 점을 역설적으로 보여준다. 전 세계 가입자의 콘텐츠 만족도를 높이기 위해서는 다양한 인종, 민족, 젠더, 종교를 가진 수용자의 수요에 맞는 다양한 콘텐츠를 개발해야 한다. 넷플릭스는 지역성과 문화적 다양성을 존중한다. 정책적으로 로컬영화를 국제 시장에 끌어들이기 위해서 미국 시장에서 받아들일 수 있는 방식으로 각색을 요구하지 않고, 가능한 한 진정성(authenticity)을 갖춘 지역성을 보장해 준다. 또한 넷플릭스는 한국 영화를 글로벌 시장에 소개하고 확산시키는 역할을 할 뿐 아니라 한국 문화와 한국 영화의 영토성(territoriality), 즉 지역성을 인정함으로써 글로벌 관객이 주목하고 있는 한국적 특성을 오리지널 콘텐츠 제작에 반영하도록 한다. 여기에 덧붙여 부족한 제작비와 상영관 확보가 어려운 영세 제작자 입장에서 넷플릭스는 또 다른 유통망이 될 수 있다. 따라서 지역성과 진정성을 갖춘 국내 독립영화 및 중소 제작사 영화를 넷플릭스와 같은 OTT 플랫폼을 통해 국제 무대로 유통시키는 것도 바람직하다. 독립 영화의 역사는 다르지만, 미국의 독립영화사들도 제작, 홍보, 배급에 있어 자율성을 보장하는 조건으로 디즈니나 워너 브라더스(Warner Brothers Entertainment) 같은 미국의 메이저 스튜디오와 직간접적으로 관계를 맺어왔다. 따라서 다양성을 추구할 기회의 확장과 안정적인 배급망 확보에 힘입어 넷플릭스와 같은 OTT 플랫폼이 독립 영화 제작자와 수용자, 플랫폼 그리고 시장과의 소통 기회를 확장할 것으로 전망된다(이정현·정재형, 2020, 382-383쪽).

  수용자가 OTT 플랫폼을 선호하는 이유는 쉽고 편리한 콘텐츠 이용 방식을 추구하면서 수용자 자신이 선호하는 동영상 콘텐츠를 시간의 제약 없이 시청할 수 있으며, 심지어는 특정 콘텐츠의 몰아보기(binge-watching)가 가능하기 때문이다. 동시에 이전의 지상파 방송에서는 볼 수 없었던 다양한 주제와 파격적인 서사를 접할 수 있다. 2023년 3월 한국의 대표적인 사이비 종교 집단 교주들의 성폭력 등 범죄 행위를 폭로한 넷플릭스 다큐멘터리 시리즈 〈나는 신이다: 신이 배신한 사람들〉은 굿데이터(K-콘텐츠 경쟁력분석기관) TV-OTT 통합 화제성 비드라마 부분 1위를 차지했으며, 학교 폭력 복수극인 〈더 글로리〉는 2023년 3월 파트 2가 공개된 후 사흘만에 넷플릭스 TV 프로그램 부문 전 세계 1위를 차지했다. 글로벌 OTT 플랫폼에서 한국 콘텐츠의 인기와 인정은 앞에서 살펴본 대로 글로벌 수준의 다양성과 포용성을 위한 정책 실현의 노력과 맞물려 있다고 볼 수 있다.

4. 문화다양성 창구로서
OTT 플랫폼의 효과와 한계

글로벌 OTT 플랫폼이 그동안 지상파 방송에서는 다루지 않았던 주제를 과감하게 시도할 수 있다는 점은 분명하다. 「넷플릭스 오리지널 시리즈와 영화에서의 다양성 보고서」(2021)에 따르면 프로그램 제작진과 출연진 구성에서도 유색인종과 여성의 비율이 매년 개선되고 있음을 알 수 있다. 넷플릭스 인기 드라마 〈뤼팽(Lupin)〉과 〈브리저튼(Bridgerton)〉 모두 다양성 측면에서 새로운 시도를 한 작품이다. 〈뤼팽〉은 주인공을 세네갈계 이민자의 아들로 설정했고, 흑인 배우인 오마르 시(Omar Sy)에게 배역을 맡겼다. 〈브리저튼〉은 아예 시대 설정을 바꿔서 19세기 영국에 흑인 귀족과 왕비가 존재한다고 설정했다. 남자주인공 헤이스팅스 공작과 왕비가 모두 흑인 배우였다. 2021년 디즈니 실사 영화 〈인어공주(The Little Mermaid)〉의 주인공으로 흑인 배우 할리 베일리(Halle Bailey)를, 2022년 〈백설공주(Snow White)〉의 주인공으로 라틴계 배우 레이첼 제글러(Rachel Zegler)를 캐스팅하자 할리우드가 인종 다양성이라는 정치적 올바름(Political Correctness)에 몰두하느라 영화의 개연성을 포기한 것 아니냐는 비판도 받았다. 비교적 세계적으로 호평을 받았던 한국의 좀비 드라마 〈지금 우리 학교는(All of us Are Dead)〉[9]에 대해 "한국

---

9 비영어권 콘텐츠의 진입장벽이 높은 미국에서 시청 순위 1위를 달성.

넷플릭스 드라마의 가장 좋은 점은 미국 TV 프로그램처럼 다양성이나 정체성 이슈를 볼 필요가 없다(정해인, 2022. 2. 16)."라는 네티즌 평에서 역설적으로 한국 콘텐츠에서의 문화다양성을 성찰할 수 있을 것이다.

글로벌 OTT 플랫폼은 백인 남성, 이성애 중심 서사라는 기울어진 운동장에서 균형을 요구하는 목소리와 정책에 의해 점점 늘어나는 성소수자나 여성주의 서사를 펼칠 수 있는 무대가 됐다. 이제 글로벌 OTT 콘텐츠 시장에서 요구되는 다양성 요소를 담기 위해 가부장성이나 이분법적 사고 등의 관점에서 벗어나 문화다양성 측면에서 어떤 상상력을 불어넣을 수 있을지 관심을 둘 필요가 있다.

한편, OTT 플랫폼 콘텐츠에서는 지상파 방송으로는 불가능한 선정성과 폭력성이 허용되기도 한다. 최근의 다큐멘터리 〈나는 신이다〉는 교주의 성폭력 장면에서 가해자 관점으로 선정적으로 재현되었고 넷플릭스 시리즈 〈더 글로리〉의 파트2는 살인 방조 및 살인 장면 등 폭력성과 모방위험성으로 청소년 관람불가 등급이 결정되었다. 또한 여성혐오적인 장면이 다수 포함되어 있다는 비판을 받은 〈오징어 게임〉은 실제 영상물등급위원회에서 청소년 관람불가 판정을 받았으며, 수위가 높은 주제, 선정성, 폭력성, 대사 등이 상세 사유에 포함돼[10] 지상파 드라마로는 애초에 방영이 불가능했을

---

10 "〈오징어 게임〉은 물리적 폭력과 신체 위해 요소가 노골적·지속적으로 표현되어 있고, 선정적 행위가 구체적으로 표현되어 있고, 비속어 또한 지속적으로 표현되어 있어, 청소년들이 관람하기에는 부적절하고 유해한 영향을 끼칠 수 있어 청소년관람불가 등급으로 결정함."

것이다. 영화 〈F20〉(2021)는 조현병 아들을 둔 엄마를 내용으로 한 심리 스릴러이다. 'F20'은 조현병의 질병 코드이다. 한국정신장애인연합회와 장애인차별금지추진연대는 영화의 제목이 환자에 대한 혐오를 조장할 수 있다고 즉각 비판했다. 이후 이 영화의 내용을 놓고 조현병 혐오 논란이 일었고, 《KBS》가 투자를 했음에도 불구하고 지상파 방송이 보류되고 극장과 OTT에서만 개봉하는 것으로 결정됐다. 2023년 5월부터는 온라인동영상서비스(OTT) 사업자가 자율적으로 연령등급을 분류해 서비스하는 OTT 자체등급분류 제도가 실시될 전망이다.

지상파 채널에는 방영하지 않는 콘텐츠를 글로벌 OTT의 유통망을 통해 선보이게 되는 구조가 굳어지면 국내 제작사에는 어떤 일이 발생하게 될까. 넷플릭스가 킬러 콘텐츠를 선매하면 국내 방송사의 콘텐츠의 질이 떨어질 수 있고, 킬러 콘텐츠의 높은 판권으로 부가적인 수익을 기대할 수 없게 될 수도 있다. 수용자의 눈높이가 글로벌 OTT의 선정적인 콘텐츠에 맞춰지다 보니, 새롭고 신선한 주제를 넘어 점점 더 자극적인 콘텐츠를 찾게 될 수도 있다. 결국 국내 지상파와 국내 OTT 플랫폼에서는 상대적으로 광고 수익이 감소하고 국내 미디어의 경쟁력이 떨어지며 몇몇 글로벌 OTT 플랫폼에 더 기대를 드러내는 상황이 된다. 각국의 넷플릭스 카탈로그 규모가 서비스 국가의 GDP에 따라 달라진다는 분석 결과가 있다. 즉 부유한 국가일수록 카탈로그 규모가 증가하는 것으로 나타남으로써 넷플릭스가 모든 서비스 국가를 동등하게 취급하지 않는다는 것이다. 이는 경제적으로 빈곤한 국가일수록 콘텐츠 선택권이 축소될 수 있다는 것이고, 국가 간 콘텐츠 격차가 심화될 수도 있음을 시사한다(정윤경, 2022, 240-241쪽). 이러한 격차는 디지털 디바이스처럼 국가 내부에서도 벌어진다.

국내 미디어 환경은 점진적으로 유료 방송에서 OTT로 수렴됨에 따라 스트리밍 서비스가 주류 미디어로 자리매김하고 있다. OTT 플랫폼이 콘텐츠 유통의 최초 창구가 됨에 따라 콘텐츠 제작시장은 기존 미디어를 통한 획일적 유통 구조를 탈피하게 될 것으로 보인다(한국방송통신전파진흥원, 2022).

반디크 외(van Dijk at al., 2018)는 플랫폼 사회에서는 세 가지 중요한 매커니즘이 작동한다고 본다. 첫째, 인간 행동의 거의 모든 측면이 데이터로 기록되고 이 데이터를 분석해 새로운 가치를 창출하는 데이터화(datafication)이다. 둘째, 인간 활동, 감정, 아이디어 등 모든 것이 교환 가능한 상품으로 가공되는 상품화(commodification)이다. 셋째, 다양한 알고리즘을 통해 이용자의 선택을 돕거나 필터링하는 선택과 큐레이션으로 각 개인에게 최적화된 맞춤형 추천이 가능한 개인화가 이루어진다. 따라서 플랫폼 기업이 콘텐츠의 폭력성과 외설성 혹은 정치적 왜곡 등을 관리하고 조정해야 한다.

OTT 글로벌 플랫폼도 디지털 플랫폼 경제 중 하나이다. 넷플릭스와 같은 동영상 스트리밍 서비스를 제공하는 기업은 개인화된 랭킹, 페이지 생성, 검색, 유사성, 평점 등 대규모 데이터에 기계학습 알고리즘을 적용해 맞춤형 추천 시스템을 개발해 왔다. 비디오 클

립의 동시 시청과 순차 시청 등에 대한 데이터 세트를 만든 뒤 필터링 시스템을 통해 시청 패턴, 소셜 미디어 반응 등을 분석해 구독자에게 맞춤화된 영화를 추천하는 방식이다. 하지만 넷플릭스는 추천 시스템의 자동화에 매우 높은 비중을 두기보다는 콘텐츠에 대한 방대하고 세심한 태깅(tagging)을 통해 성공한 것으로 알려져 있다. 이 방식은 애초에 데이터를 만들 때 사람의 개입을 상당히 인정하는 방식이라고 하지만 안전하다고 볼 수는 없다. 더군다나 너무나 많은 선택지 속에서 추천 서비스는 이용자가 자신의 검색, 구매 이력과 같은 데이터를 기꺼이 내어주고 그 대가로 받게 되는 확실한 편익으로 인식된다(이호영, 2021, 173-174쪽).

한편, OTT 글로벌 플랫폼은 디스토피아적인 측면을 벗어날 수 없어 보인다. 플랫폼의 원료는 데이터이다. 알고리즘과 인터페이스에 의해 데이터에 생명이 불어넣어지고 조직적으로 구성된다. 사용자와의 협약에 따라 그 데이터를 활용하는 비즈니스 모델이다. 데이터는 플랫폼 간 연결성이 커지도록 만드는 원료가 된다. 응용프로그램 인터페이스(application programming interfaces)를 통해 제3자가 플랫폼에 축적된 데이터에 접근하여 새로운 형태로 정보를 가공하고 활용하게 된다. 그 결과 플랫폼을 중심으로 다양한 API 생태계가 생겨난다. 알고리즘은 플랫폼 간 연결 구조를 정의하는 또 다른 중요한 기술적 요소로 투입된 데이터를 바람직한 결과물로 바꾸는 자동화 코딩 프로그램이다(이재열, 2021, 16-17쪽). 수용자가 한 번 본 콘텐츠와 유사한 콘텐츠가 추천된다. 인종, 젠더, 섹슈얼리티, 민족에 이르는 사회적 편견을 강화할 수도 있다. 수용자가 기존에 지니고 있던 문화다양성 성향과 정도가 콘텐츠의 선택에 영향을 미치고 그 선택에 따라 새로운 시각의 콘텐츠를 접할 수 있게 될 수도 있지만, 수용자의 기존 성향을 바꾸기보다 강화하는 경향을 보이기 쉽다.

예를 들어, 플랫폼 자본주의에서 인종차별의 문제는 데이터 접근 (불)가능성으로 인해 만들어지는 일종의 '블랙박스 사회'의 특징을 지닌다. 이런 방식의 인종차별은 주로 기업의 데이터 사유화에 의해 그 과정이나 전략이 불명료해지고 겉으로는 모든 사람에게 접속할 기회를 균등하게 열어놓는 다양성과 포용성을 내세우지만, 실질적으로는 반복된 선택에 의해 더 배제될 수 있다(임동균, 2021, 67쪽).

OTT 플랫폼의 알고리즘에 의한 선택의 편향성도 여타의 알고리즘 편향을 해결하기 위한 방법과 크게 다르지 않을 듯하다. 편향이 우려되는 자동화의 법적, 사회적, 경제적, 문화적 효과에 대해 질문하고 그것이 글로벌 문화다양성에 어떤 위협이 되고 있는지를 탐색해 해결책을 모색해야 할 것이다.

5. 글로벌 장애인 시청자를 위한 OTT 콘텐츠의 배리어프리(Barrier Free, BF) 서비스

소수자 배려 차원에서 제도적으로 아쉬운 점은 국내 OTT 플랫폼에 '장애물 없는 생활환경'[11] 서비스가 미흡하다는 점이다. 정부는 2012년부터 실시간(linear) 방송 중 일정 비율을 장애인의 콘텐츠 접근성 측면에서 장애인 방송으로 편성해 한국 수어, 폐쇄 자막(CC)[12], 화면 해설[13] 등의 서비스를 제공하도록 규정했다. 그러나 OTT를 비롯한 비실시간(non-linear) 방송 사업자는 '부가통신사업자'로 분류돼 이러한 의무 규정에서 제외됐다. 국내 OTT의 경우, 2022년 11월 현재 티빙은 오리지널 콘텐츠와 CJ ENM 채널의 콘텐츠 약 1,400개의 에피소드에 폐쇄 자막을 제공하고 있고 웨이브는 34개의 작품에 폐쇄 자막을 적용했다.

미국은 「21세기 통신 및 비디오 접근성」 법률을 제정해 폐쇄 자막 제공을 의무화했다. 이를 위반하는 사업자는 최대 100만 달러(약 13억 원)의 벌금을 문다. 영국도 「디지털 경제법」을 통해 TV와 OTT 콘텐츠에 자막 80%, 화면 음성 해설 10%, 수어 5% 제공을 원칙으로 하고 있다. 해외 사업자들은 인공지능(AI) 기술 기반의 자동 번역을 적용해 폐쇄형 자막을 제작하고 있지만, 국내 사업자의 대부분은 일일이 자막을 입력하고 특히 일정 기간 제공되는 라이선스

---

11 베리어프리는 노인, 아동, 장애인 등 소수자가 편하게 살아갈 수 있는 도시를 만들기 위해 물리적·제도적 장벽을 제거하자는 의미이다. 「장애인·노인·임산부 등의 편의증진 보장법」 및 「교통약자의 이동편의 증진법」은 장애인·노인·임산부 등이 일상생활에서 안전하고 편리하게 시설과 설비를 이용하고 정보에 접근할 수 있도록 보장함으로써 이들의 사회활동 참여와 복지 증진에 이바지함을 목적으로 한다.
12 폐쇄 자막(Closed Caption, CC)은 일반적인 자막과 달리 영상 내 모든 소리를 자막으로 보여주는 서비스인데 빗방울이 유리창에 부딪히는 소리, 점점 커지는 발걸음 소리 등 음성 외의 소리까지 제공한다.
13 등장인물의 동작, 표정, 의상, 배경, 장면 전환 등 화면에서 벌어지고 있는 상황을 음성으로 설명해 주는 서비스를 말한다.

콘텐츠는 계약이 끝나면 폐쇄 자막을 쓸 수 없게 되어 있어서 국내 OTT의 배리어프리 서비스 적용에 어려움을 겪는 상황이다(최현서, 2022. 11. 29.).

    2022년, 방송통신위원회는 '소외계층을 위한 미디어 포용 종합계획'을 발표하며 2025년까지 장애인 방송 제작을 비실시간 방송 사업자(OTT, VOD 등)까지 확대하기로 했다. 또한 2022년 11월, OTT 서비스를 제공하는 부가통신사업자가 영상콘텐츠를 자체 제작할 경우, 시·청각 장애인을 위한 한국 수어, 폐쇄 자막, 화면 해설도 함께 제공하도록 하는 내용의 「전기통신사업법 일부개정법률안」(안 제22조의10 신설)을 발의했으나 현재 국회에 계류 중이다(강현수, 2022. 11. 2.). 폐쇄 자막은 조용하게 영상을 시청해야 하거나 이어폰 없이도 자막을 통해 콘텐츠를 즐길 수 있다는 점에서 비장애인도 선호하는 편이다. 넷플릭스는 별도의 대본 제작이나 연출자 배정을 통해 이미 수준 높은 배리어프리 콘텐츠를 가장 많이 제공하고 있다.

    모든 한국 넷플릭스 오리지널 콘텐츠는 시·청각 장애인을 위한 폐쇄 자막과 음성 해설이 제공된다. 전시 공연 등 문화예술 분야에서 배리어프리에 대한 관심과 서비스 실현이 확대되고 있는 추세이기는 하지만, 현재는 공연장의 접근성 제고나 서비스 제공 면에서 제한적으로 적용되는 경향이 있다. 누구나 모두가 일상에서 즐길 수 있는 문화콘텐츠가 되려면 기획 단계에서부터 배리어프리가 고려돼야 할 것이다.

참고문헌

강현수 (2022. 11. 2.). 박완주 의원, 전기통신사업법 일부개정법률안 대표 발의: 장애인을 위한 'OTT 자막·해설 제공법'.《CTN뉴스》. http://www.ctnews.kr/article.php?aid=1669214626336222002

김선아 (2022). 글로벌 미디어 기업의 다양성과 포용성 전략을 통해 살펴보는 국내 영화산업 다양성 정책의 방향. 제4차 한국영화 성평등 정책 포럼「2022년 한국영화 다양성토크: PC주의가 창의성을 얼어붙게 하는가」. 영화진흥위원회.

김종성 (2023. 1. 30.). "〈오징어 게임〉 연상" 전 세계 달군 〈피지컬: 100〉.《오마이뉴스》. https://star.ohmynews.com/NWS_Web/OhmyStar/at_pg.aspx?CNTN_CD=A0002898481&CMPT_CD=P0010&utm_source=naver&utm_medium=newsearch&utm_campaign=naver_news

박대희 (2023. 2. 3.). 웹툰 세계관, 드라마·소설로 확장…"연결고리 추리하다 절로 과몰입".《매일경제》. https://v.daum.net/v/20230203172712835

박로명 (2023. 2. 11.). "6800원 더 내라?" 불난 400만 '넷플릭스 난민' 여기로 몰린다.《헤럴드경제》. http://news.heraldcorp.com/view.php?ud=20230210000727

이다비·안상희 (2023. 1. 24.). 소비자에게 감성과 세계관을 펼쳐라, 그럼 지갑이 열릴 것이다.《조선비즈》. https://biz.chosun.com/distribution/channel/2022/01/24/BNBD6WV2NBHKTAKVK5REEK4NMY/

이재열 (2021). 플랫폼 사회, 코로나 19가 재촉한 변화와 대응.『플랫폼 사회가 온다』. 한울: 서울.

이정현·정재형 (2020). 넷플릭스를 중심으로 한 국내 OTT 시장의 현황에 따른 독립영화 발전 가능성 모색.《한국콘텐츠학회논문지》, 30권 8호, pp. 375-385.

이호수 (2021). 넷플릭스의 한국 상륙, 그 이후.『코로나19 이후의 한류』. 한국국제문화교류진흥원.

이호영 (2021). 알고리즘이 편향된다면?『플랫폼 사회가 온다』. 한울: 서울.

임동균 (2021). 단절사회에서 더불어 살려면.『플랫폼 사회가 온다』. 한울: 서울.

정덕현 (2021). 세계관, 그 전략과 진정성 사이- 아이돌 IP를 활용한 세계관 구축 전략.「N CONTENT」. vol.18. 한국콘텐츠진흥원. https://www.kocca.kr/n_content/vol18/vol18_02.pdf

정덕현 (2022.11.17.). K콘텐츠에 여풍(女風) 분다.《중앙시사매거진》. http://jmagazine.joins.com/art_print.php?art_id=337058

정용찬·김윤화 (2022).「2022 방송매체 이용행태 조사」. 방송통신위원회.

정윤경 (2022). 글로벌 OTT의 콘텐츠 유통 결정 요인에 관한 연구: 32개국 넷플릭스의 자국 및 미국 콘텐츠 유통을 중심으로.《한국방송학보》, 36권 5호, pp. 222-250.

정해인 (2022. 2. 16). 〈지우학〉 성공 비결에는 '다양성' 없었기 때문? '다양성 정책' 실천 중인 미국 사회, 美 시청자, 〈지우학〉에는 한국인만 나와서 좋아.《OTT뉴스》. http://ottnews.kr/View.aspx?No=2209763

최민지 (2022. 2. 9.). '피지컬: 100', 넷플릭스 세계 1위…38개국서 정상에.《경향신문》. https://www.khan.co.kr/culture/culture-general/article/202302091949001

최현서 (2022.11.29.). 토종 OTT, 장애인 시청 '문턱' 낮출까.《Buissness Watch》. http://news.bizwatch.co.kr/article/mobile/2022/11/29/0026

한국방송통신전파진흥원 (2022). 「미디어 이슈 & 트랜드」, 53호.
홍상수 (2022). 혐오·차별과 문화다양성. 『차별과 혐오를 넘어서』. 컬처룩: 서울.
Statista (2021). Digital media report: Video-on-demand. https://www.statista.com/study/38346/video-on-demand/
van Dijk, J., Poell, T. & Waal, M. (2018). *The platform society: Public values in a connected world.* Oxford University Press.

다원적 남성성의 전시장으로서 미디어, 그리고 한류

허윤 국립부경대학교 국어국문학과 부교수

1. 미디어 속 변화하는 남성 이미지

군가 〈진짜 사나이〉는 "사나이로 태어나서 할 일도 많다만 너와 나 나라 지키는 영광에 살았다"라는 가사로 시작한다. 남성 국민은 모두 군대에 가야 하는 개병제 국가 한국에서 남자는 곧 '군인'으로, '사나이'로 호명되는 것이다. 한국전쟁과 냉전을 거치면서 거치면서 반공 이데올로기가 강화되고 군인의 덕목은 '남자다운 것'의 의미를 규정했다. 주디스 버틀러(Judith Butler)는 이러한 호명을 통한 수행이 정체성을 구성한다고 설명하면서, 반복된 법의 호명과 그에 대한 주체의 응대가 재의미화나 재발화의 가능성을 열 수 있다고 지적한다. 수행은 주체를 형성하는 동시에 재형성하고 그 정체성을 새롭게 수정하는 동시에 불안정하게 만들 수 있다(Butler, 2008; 조현준, 2014).[1] 젠더가 규범이라는 것은 여성성이나 남성성의 정상성과 같은 것이 아니다. 젠더는 남성성과 여성성의 정상화와 생산이라는 장치(apparatus)이지만, 동시에 해체하고 탈자연화하는 장치이기도 하다. '정상적인 남자'라는 사회의 인식은 개인의 성격이나 '살 만한 삶'에 대한 추구를 통해 변화할 수 있다. 젠더가 끊임없이 수행되는 행위라면, 이는 자동화되거나 기계화된 것이 아니라 제약이 있는 가운데 즉흥적으로 고안해 낸 실천이다. 따라서 젠더는 수행과 비수행의

---

1 버틀러는 이분법이나 대립 구도를 해체하기 위해 수행성을 강조한다. 모든 단일한 정체성을 부정하고, 통일된 동일자의 내적 안정성을 의심하는 것이다. 이를 통해 버틀러가 강조하는 것은 '주체' 개념에 저항하는 '수행성'이다.

다양한 가능성 속에 놓여 있다. 정상적 규제가 비이행되는 경험은 선험적 인식을 무화(無化)하고 규범을 탈구축할 수 있다. 이는 젠더 규범이 언제나 구성되는 과정 중임을 의미한다. 이에 따라 남자다움의 의미도 변모한다.

미디어는 이 변화의 양상을 잘 보여준다. 유튜브, SNS를 비롯한 뉴미디어는 다양한 젠더 정체성을 보여주는 공간으로 거듭났다. LGBTQ(성소수자)[2]는 여러 프로그램의 고정 출연자로 등장한다. 한 OTT 서비스의 연애 예능 출연자는 자신을 바이섹슈얼로 정체화하기도 했고, 트랜스젠더 여성인 개인 방송 진행자가 케이블 프로그램의 고정 출연자가 되기도 했다. 자연화된 신체와 젠더화된 정체성에 의문을 제기하는 사람들이 미디어를 통해 모습을 드러내는 것이다. 트랜스젠더는 여자나 남자라는 명사로 기술될 수 없으며 정체성의 지속적인 변형, 젠더화된 정체성을 의문시하게 만드는 사이의 공간을 입증한다. '공적 영역에서 노동하는 남성성'과 '사적 영역에서 양육하는 여성성'이라는 공사 영역의 분리를 해체하는 과정을 통해 젠더가 수행이자 연기임을 입증한 것이다.

이처럼 남성성을 젠더 관점으로 살펴보는 것은 헤게모니적 남성성이 더는 유효하지 않다는 진단에서 비롯된다. 카자 실버만(Kaja Silverman, 1992)은 헤게모니적 남성성이 우리의 '현실'을 유지하는 데 있어 필수적인 요소라고 지적한다. 이러한 남성성은 일종의 '지

---

2   Lesbian, Gay, Bisexual, Transgender & Queer.

배적 허구(dominant fiction)'로 작동하며, 남성 주체가 믿고 따라야 할 판타지가 된다(15-51쪽). 그러나 래윈 코넬(Raewyn Connell, 2005)은 이 헤게모니적 남성성이 포함과 배제의 실천을 통해 구성되는 젠더 정치라는 점을 강조한다. 이러한 관점에서 헤게모니적 남성성은 언제나 경합의 여지가 있고, 가부장제의 정당성 문제에서 '현재 수용되는' 답변을 체현하는 젠더 실천의 배치 형태로 정의할 수 있다(Connell, 2005). 남성성은 계속해서 다시 규정되고 다시 협상돼야 한다. 남성성 역시 계속해서 재상연돼 왔기 때문이다. 이러한 관점에서 미디어에 나타나는 남성성을 다시 읽어야 한다.

2. 퍼포먼스로서의 남성성/들과 케이팝 규범성(K-pop normativity)[3]

케이팝은 미디어가 재현하는 다원적 남성성들의 전시장이다. 방탄소년단(BTS)이 빌보드 'HOT 100' 차트의 정상을 차지하고, 그래미 어워즈(Grammy Awards)에서 공연하는 등 해외 시장에서 큰 성공을 거두면서 케이팝은 한국을 대표하는 문화상품이 됐다. 미국이 절대적 우위를 차지하는 대중음악 시장에서 아시아인이 그래미

---

[3] 2장은 다음을 토대로 작성·수정했다. 허윤 (2021). 케이팝의 남성성과 트랜스내셔널리티의 불/가능성. 《여성문학연구》, 53호, pp. 418-452.

와 빌보드에 오르내리는 것은 그 자체로 특별한 사건이며, '아메리칸 드림(American Dream)'의 확장으로 볼 수 있는 것이다. 이는 최근 미국의 대중문화 시장에서 아시아계 배우, 가수, 기획자가 두각을 나타내는 현상과 맞물려 확산됐다. 아카데미 시상식에서 영화 〈기생충(Parasite)〉이 감독상을 수상하고 이주 한인을 다룬 〈미나리(Minari)〉의 윤여정이 여우조연상을 수상하는 등 대중문화 장에서 아시아계의 위상이 높아진 것이다. 이제 케이팝은 〈엘렌쇼(The Ellen DeGeneres Show)〉나 〈굿모닝 아메리카(Good Morning America)〉 등의 미국 방송에서 전 세계의 팬을 향해 한국어로 된 음악을 발신한다. 많은 외국인이 케이팝을 경유해 한국 문화에 관심을 갖고 한국어를 공부한다. 방탄소년단은 〈다이너마이트(Dynamite)〉, 〈버터(Butter)〉 등의 영어곡을 빌보드 차트 순위에 올려놓았고, SM엔터테인먼트는 샤이니, NCT, EXO 등의 멤버를 조합한 슈퍼엠(SuperM)으로 미국 시장 진출을 꾀했다. 본격적인 활동을 예고하고 나선 슈퍼엠은 한복을 변형한 디자인의 의상을 입고 스모키한 메이크업을 한 채 무대에 올랐다. 이들은 아시아인 남성이라는 자체로 해외 시장에서 다른 남성성의 모델을 제시할 수 있는데, 미국인의 눈에 '퀴어'하게 보이는 이들의 자로 잰 듯한 군무와 잘 짜인 구성의 케이팝다움은 한국적인 것으로서의 아이돌다움과 트랜스내셔널 문화상품으로서의 케이팝이라는 이중구조에 대해 질문하게 한다.

　해외 시장에서 '게이팝'[4]으로 불릴 만큼, 케이팝 아이돌은 남성성을 위반하거나 훼손하는 존재로 여겨졌다. 케이팝 아이돌은 짙은 화장에 딱 붙는 바지를 입고, 머리와 눈썹을 세심하게 손질하는 등 외모를 관리하고, 깡마른 몸을 유지한다. 이는 상대적으로 신체가 왜소한 아시아인의 특징과 결합돼 만들어진 것이기도 하다. 백인 중심의 서구 사회에서 흑인 남성이 야만성에 가까울지라도 남성성을 인정받고 있었다면, 아시아 남성은 여성적이거나 비남성적인 존재로 취급됐다. 아시아 남성은 '흑인과 백인 남성보다 일반적으로 덜 성적이며 더 총명하다'라거나 '일 중독자, 컴퓨터광, 무술가, 갱단 혹은 아시아의 신비한 존재' 등으로 전형화된다(김혜정, 2006). 그러나 케이팝이 인기를 얻으면서 아시아 남성 역시 섹시하다는 말이 통용되기 시작했다. 케이팝으로 대변되는 한류는 헤게모니적 남성성과는 거리가 있는 새로운 남성성으로 여겨지기도 한다. 케이팝이 재현하는 아시아 남성의 신체가 서구 중심으로 형성된 남성성의 규범에서 이탈하기 때문이다. 처음에 '게이팝'은 백인-이성애자-비장애인을 중심으로 구성된 정상성에 미치지 못한다는 의미였다. '게이팝'이라는 호명은 서양과 동양의 위계적 관계가 반영된 것이다. 그러나 이제 케이팝은 퀴어함과 다원적 남성성을 대체할 가능성으로 부상한다. 케이팝의 인기는 헤게모니적 남성성에 대한 도전이나 승리로 볼 수 있다.

　게다가 케이팝 팬덤에게 아이돌 산업은 '아이돌을 매개로 성적 욕망을 가지고 노는 장'이다. 이들은 이성애 정상성으로 헤게모니

4　게이(gay)와 케이팝을 합성한 단어로, 케이팝을 조롱할 때 쓰이는 표현.

화된 팬덤 이해를 퀴어링(queering)한다. 이런 '적극적인 해석'은 이성애 규범성이 강력한 한국 사회에서 일종의 다시 쓰기(re-vision)를 수행한다. 남성 간 사랑과 성애를 중심으로 팬픽(fan fiction)을 쓰기도 하고, 아이돌 역시 이를 셀링 포인트로 삼기도 한다. 최근에는 퀴어함을 무대에서 공연하는 빈도도 높아졌다. 샤이니 멤버 태민의 〈MOVE〉나 F(X) 출신의 엠버처럼 젠더 규범에 균열을 내는 퍼포먼스가 등장하기 시작한 것이다. 태민은 몸의 선을 강조하는 춤을 선보이며 여성 댄서와 함께 어우러져 같은 춤을 춘다. 여성과 남성 댄서가 각각의 역할을 통해 이성애 관계를 강조하는 것이 아닌 둘이 짝패가 되어서 추는 춤이다. 전형적인 왕자형 아이돌이었던 태민이 보여주는 젠더리스한 퍼포먼스는 케이팝의 젠더 교란이 어느 정도 수준까지 왔는지를 잘 보여준다. 남자 같은 외모로 걸그룹 활동 내내 악플에 시달리기도 했던 엠버는 〈경계(Borders)〉란 곡을 통해 제한과 경계를 넘어서는 문제에 대해 말한다. 3.5~4세대 아이돌은 젠더리스한 표현이 주를 이루는 무대를 만들기도 하고, 드랙[5], 커밍아웃한 아티스트와 협업도 한다(스큅, 2021, 30-73쪽).

그런데 미국이나 유럽의 눈에는 퀴어하게 보이는 케이팝 아이돌의 특징은 아이러니하게도 케이팝 규범성을 충실히 수행한 결과이다. 즉, 케이팝 장 안에서는 퀴어함이 곧 헤게모니인 것이다. 메이크업과 패션 등에 관심을 갖고, 다이어트 정보를 적극적으로 공유

---

[5] 자신의 지정 성별이 아닌 젠더 특성을 공연의 형식으로 풀어내는 예술 행위.

하는 남성성은 새롭게 등장한 일련의 경향을 대표한다. 패션 아이콘으로 거듭난 남성 아이돌은 팬들의 사랑을 받기 위해 기꺼이 다정한 말투와 행동, 애교까지 수행한다. 때로는 '짐승돌'로 불릴 만큼 남성성을 전시하는 콘셉트를 수행하기도 한다. 2000년대 후반 짐승돌의 등장은 '어리고 예쁜 소년'이라는 아이돌의 표준값에 '성적 매력'이라는 벡터를 더한 것이었다. 2008년 데뷔한 2PM은 아크로바틱을 결합한 과격한 안무와 근육질의 남성 신체를 선보이며 성적으로 대상화되는 남성성을 전면에 내세웠다(김수아, 2011).[6] 1990년대 성 해방을 주장했던 가수 박진영이 제작한 이 남성 아이돌 그룹은 "그녀의 입술은 맛있어 그녀의 다리는 멋져"라며 날것의 남성성을 연출했다. 데뷔곡 〈10점 만점의 10점〉은 젊은 남성이 '그녀'의 외모에 점수를 매기는 내용이다. 스크래치를 한 헤어스타일이나 수영장에서 촬영한 뮤직비디오 역시 악동의 모습을 형상화했다. 비키니 차림의 여성에게 눈을 돌리며 쫓아가는 남자 아이돌의 등장이다. 같은 시기에 데뷔한 SM 아이돌 샤이니가 파스텔톤의 스키니진을 입고 "누난 너무 예뻐"를 속삭인 것과는 상반된 모습이다.

　케이팝이 보여주는 퍼포먼스로서의 남성성과 케이팝의 퀴어함은 무대 안팎의 여러 코드를 통해 연출된다. '게이팝'은 외모만을 지칭하는 것이 아닌 셈이다. 멤버 사이의 관계에 주목하는 케이팝 팬

---

[6]　김수아(2011)는 2PM이 미디어를 통해 상상돼 온 중고생 혹은 청소년 남성의 이미지를 재현하며 데뷔했다고 지적하면서 성숙과 미성숙의 경계에 있는 남성성을 보여줬다고 언급했다.

덤은 멤버 간의 우정이나 스킨십뿐 아니라 질투나 경쟁과 같은 대립 구도에도 관심을 갖는다. 남성으로만 이루어진 아이돌 그룹은 그 자체로 남성동성사회(homo social society)를 형성하는 것이다. 남성동성사회의 친밀감이나 이에 기반한 남-남 커플링은 남성 아이돌 그룹의 인기 비결이기도 하다. '비즈니스 게이 퍼포먼스'로 불릴 만큼 주요한 마케팅 전략이 되기도 한다. 남성 아이돌은 팬들이 팬픽이나 알페스(Real Person Slash, RPS)[7]를 창작할 수 있을 만큼 친밀해야 하고, 가족 같은 끈끈함을 보여줘야 한다(류진희, 2008). 케이팝 아이돌이 재현하는 소수자 성이나 BL(Boys' Love) 커플링 등은 해외 시장에서 그룹의 인지도를 상승시키거나 팬덤을 모으는 데 효과적이다. 또한 다양성을 가시화하고 젠더 규범으로부터의 일탈을 가능하게 하기도 했다.[8] 그러나 이러한 마케팅 전략이나 재현은 동성 간 친밀성이 의심받지 않을 만큼, 동성애가 비가시화돼 있기 때문에 가능해진다. 케이팝 안에서 등장하는 모든 다양한 남성성은 퍼포먼스와 콘셉트로 설명될 수 있는 것이다. 이처럼 케이팝이 연출(performance)하는 남성성은 그리 단순하지 않다.

---

7 보통 팬들이 좋아하는 연예인이나 아이돌을 주인공으로 삼아 만든 팬픽을 말하며, 최근에는 그림이나 영상 등 2차 콘텐츠로까지 그 정의가 확장됐다.

8 케이팝의 퀴어함에 관한 자세한 논의는 연혜원 기획 (2021). 『퀴어돌로지』. 파주: 오월의봄 참조. 케이팝 장에서 퀴어 팬덤 당사자의 활동과 해외 시장에서의 해석 등을 지적하는 이 책에서 케이팝은 퀴어한 상상력을 배태한 실천이자 팬덤의 적극적인 해석 노동을 통해 완성되는 해석의 공동체가 된다. 케이팝의 잘 직조된 퍼포먼스와 다양성은 퀴어 팬덤의 해석과 만나 풍성한 의미망을 만들 수 있다. 이런 지점에서 고민하게 되는 것은 산업으로서의 케이팝과 개인으로서의 케이팝 아이돌 사이의 간극이다.

3. '딸바보' 아버지의 등장과
정상 가족 이데올로기의 재생산[9]

최근 미디어는 가족 내 남성에 관심을 보인다. 남성은 밖에서 경제활동을 하고, 여성은 집에서 재생산 노동을 한다는 성별 분업의 질서가 더는 통용되지 않는다. 여성의 경제활동 참여가 증가하면서 부부가 함께 양육에 참여하기를 요구하는 시대가 된 것이다. 미디어는 이러한 가족구조의 변화를 리얼리티쇼라는 형식을 통해 재현한다. 리얼리티를 표방한 예능 프로그램이 확장되면서 연예인이나 운동선수 등 유명인의 일상생활을 다루는 경우가 많아졌다. 드라마나 영화를 통해서 재현되던 아버지는 리얼리티 예능을 통해 좀 더 친숙하게 시청자 앞에 나타난다. 리얼리티 프로그램은 출연자가 연기하는 것이 아니라 실제 자신의 생활을 노출해 촬영이 이루어지고, 대본이나 각본 없이 진행되는 특성상 '현실 그 자체'로 여겨질 가능성이 높다. 특히 한국형 리얼리티 프로그램은 웃음을 유발하는 오락 프로그램의 성격에 가깝기 때문에 연예인이 등장해 '진짜 같은' 캐릭터를 창조하는 것을 중심으로 진행된다(조준상·은혜정, 2013). '아빠 예능'은 이러한 한국형 리얼리티 프로그램의 대표적인 사례로 꼽을 수 있다. 실제 아버지와 자녀의 행동, 기억 등이 매

---

9   3장은 다음을 바탕으로 수정했다. 허윤 (2016). '딸바보' 시대의 여성혐오-아버지상의 변모를 통해 살펴본 2000년대 한국의 남성성. 《대중서사연구》, 22권 4호, pp. 279-309.

주 소재와 패턴을 달리해 연결됨으로써 출연자의 캐릭터가 형성되고, 이것이 프로그램의 사실성으로 이어지는 것이다(최성민, 2010). 시청자는 처음에는 아이의 옷을 갈아입히는 데도 서툴렀던 아버지들이 점차 육아에 능숙해지는 모습을 통해 양육자로서의 아버지를 '리얼리티'로서 받아들인다. 이는 프로그램 시청자와의 상호작용을 통해서 완성된다. 시청자는 출연자를 직간접적으로 모방하면서 출연자와 상호관계를 맺는다. 프로그램 시청 후 그 내용을 자신의 생각에 적용하거나 결합해 실생활에 활용하는 것이다(조준상·은혜정, 2013). 〈살림하는 남자들〉(《KBS》, 2016~현재)이나 〈신랑수업〉(《채널A》, 2022) 등은 남편, 아버지 등 가족 구성원으로서의 남성의 위치에 관해 질문한다. 이러한 변화는 가족 내 남성의 역할에 기대하는 바가 달라지고 있는 시대적 상황을 반영한다.

'아빠 예능'의 출발을 알린 〈아빠 어디가?〉(《MBC》, 2013)는 아내 없이 자녀와 단둘이 1박 2일을 보내는 남성의 좌충우돌을 통해 육아 프로그램의 전성기를 알렸다. 돈 버느라 자식과 함께 놀아줄 시간이 없었던 아버지들이 "자녀와 함께 오지 탐험을 하면서 벌어지는 에피소드"를 보여줌으로써 가족 안 아버지의 자리를 모색한다는 기획 의도를 보면, 아버지와 자녀 사이의 관계 맺기가 프로그램의 핵심임을 파악할 수 있다. 이는 '아빠 예능' 중 최장기간 방송되고 있는 〈슈퍼맨이 돌아왔다〉(《KBS》, 2013~현재, 이하 〈슈퍼맨〉)도 마찬가지이다. 〈슈퍼맨〉은 "일만 하는 아빠들의 간헐적 육아 도전기이자 가족에서 소외되고 자녀에게 소홀했던 아빠들의 제자리 찾기 프로젝트"로 명명된다. 이를 위해 리얼리티에는 스토리텔링이 주어진다. 친구 같은 장난꾸러기 아버지, 다정한 아버지, 아들에게 '피곤하다'는 말을 달고 사는 가부장적 아버지, '딸바보' 아버지 등 다양한 아버지상을 통해 에피소드를 만들어내고, 남성의 변화를 가시화한 것이다.

　이들은 어머니(아내)와는 단절된 채 둘만의 시간을 보낸다. 초기 〈아빠 어디가?〉의 아버지들은 시골의 열악한 촬영 현장에서 먹이고 입히고 씻기는 등 양육의 전 과정을 담당하면서 아버지 되기의 과정을 체험한다. 아이를 돌보는 아버지가 미디어에 전면적으로 등장한 〈아빠 어디가?〉는 새로운 시대에 걸맞는 아버지의 조건을 탐색한다. 출연자인 배우 성동일은 일찍 부모님과 헤어져 생활했던 어린 시절을 회상하면서, 아버지 노릇이 어떤 것인지 몰랐다고 고백한다. 자신이 아는 아버지는 가족을 위해 돈을 벌어다 주는 사람이고, 본인은 그 역할을 충실하게 수행하고 있기에 충분하다고 생각했다는 것이다. 그는 함께 출연한 다른 아빠들과 달리 아들과 친해지려는 시도조차 하지 않는 모습으로 나타난다. 하지만 이른 새벽 촬영을 준비하려고 일어난 7세 아들에게 빨리 밥 먹으라며 호통을 치던 모습은 방송이 거듭되면서 점차 변화한다. 아들이 원하는 것을 묻고 서로 대화하는 모습을 보이기 시작한 것이다. 성동일의 변화는 이제 생계 담당자 모델만으로는 아버지상을 더는 충분히 수행할 수 없음을 보여준다.

　〈슈퍼맨〉은 이러한 아버지상의 변화를 포착한 프로그램이다.

〈슈퍼맨〉의 파일럿 방송은 '오빠 아빠 되다', '위기의 아빠들', '아버지의 이름으로'라는 소제목을 통해 오빠에서 아빠가 되고, 그 아빠가 위기를 극복하고 아버지의 이름으로 슈퍼맨이 된다는 서사를 구성한다. 아버지가 되는 일련의 '되기'가 갖는 시행착오를 서사화하는 것이다. 파일럿 방송에서 추성훈은 딸의 낮잠 시간을 몰라 낭패를 겪었고, 이휘재는 아픈 아이들 앞에서 속수무책으로 눈물을 흘렸다. 이때 요리를 잘하거나 아이를 잘 돌보는 아버지들은 시청자에게 높은 점수를 받는다. 그러나 이 과정은 촬영이 끝나고 집에 돌아가 어머니와 재회하는 순간 끝난다. 그래서 2박 3일간 아버지가 육아를 전담한다는 설정에도 불구하고 이 과정에서 강화되는 것은 양육자로서의 여성이다. 아버지들은 아내의 수고를 체험하며 아내가 돌아오기만을 기다린다. 아버지가 자식을 돌보는 것이 권장되는 사회가 되었지만, 주 양육자는 어머니여야 하는 것이다. 아버지들의 고군분투가 끝날 때 아내들이 집으로 돌아온다. 결국 이 아버지 되기의 과정은 '오빠에서 아빠가 되는 것'처럼 연상의 남성이 연하의 아내와 결혼하고, 위기를 겪는 과정에서 가족을 보호하는 슈퍼맨이 된다는 한국의 정상 가족 이데올로기를 전형화한다.

'아빠 예능'은 리얼리티의 외피를 입고 남성의 양육 참여를 자연스러운 것으로 재의미화하며, 이 과정에서 아버지를 중심으로 한 가족 구조가 아름다운 모습으로 재현된다. 아버지와 자녀의 사이가 점점 가까워지는 모습을 통해, 아버지의 가족 내에서의 자리를 모색한다는 프로그램의 취지가 부계 혈통의 강화로 이어지는 것이다. 〈슈퍼맨〉에서는 할아버지의 묘를 찾거나 직접 할아버지가 등장하는 에피소드가 자주 등장한다. 이휘재나 추성훈의 아버지는 방송에 여러 차례 등장해 부자 3대의 모습을 연출했다. 선원인 탓에 늘 집에 없었던 이휘재의 아버지는 늙고 병든 모습으로 등장해 정서적 공감을 일으킨다. 과거 자식들에게 소원했던 아버지의 약해진 모습은 가부장의 노고를 대표적으로 재현한다. 2010년대의 아버지와 1970년대의 아버지를 비교하는 장면은 이 프로그램에서 반복되는 에피소드이다. 과거 아버지들이 돈을 벌기 위해 밤낮으로 고생했고 아들들에게 엄격했던 반면, 지금의 자신들은 자녀들과 함께할 수 있는 시간이 늘었다는 출연자의 인터뷰는 헤게모니적 남성성에 대한 이해와 연민을 보여준다. 아버지 체험을 통해 자신의 아버지를 회상하고 아버지가 느꼈을 감정을 더 잘 이해하게 된다는 설정은 아버지 세대의 헤게모니적 남성성에 대한 인정이자 화해를 요청하는 것이기도 하다.

이러한 '정상' 가족 이데올로기는 '딸바보'와 만나 시너지 효과를 일으킨다. 이종격투기 선수인 추성훈은 '딸바보' 이미지를 통해 성공적인 예능 커리어를 얻게 됐다. 파이터의 거친 남성성과 아빠로서의 다정함이 결합한 추성훈은 이상적인 남성으로 여겨진다. 방송 자막을 통해 구성되는 추성훈은 아내에게는 무뚝뚝한 '상남자'이지만, 딸에게는 바보스러울 만큼 다정다감한 캐릭터이다. '아빠'라는 한마디에 웃음 짓는 그의 모습은 어눌한 한국어와 함께 친근감을 높여준다. 추성훈의 아버지 추계이는 아들에게는 엄격했지만,

딸이나 손녀에게는 한없이 다정다감한 원조 '딸바보'로 묘사된다. 이들 3대는 손녀-딸을 매개로 함께 여행을 가고 대화를 하는 등 친밀감을 증진시킨다. 어머니와는 통화를 자주 하지만 아버지와는 하지 않았는데 딸이 태어난 후에 자주 연락하게 된다는 추성훈의 말처럼 딸은 아버지들 사이를 중개하는 역할을 한다.

강력한 가부장의 지위는 추성훈의 경기 장면을 통해 강화된다. 경기에 출전한 아버지/남편/아들을 기다리는 가족의 모습과 링 위의 난타전은 교차 편집된다. 방송은 가족을 위해서 맨몸으로 링에 오르는 강인한 남성의 육체를 전면적으로 클로즈업함으로써 가족을 지키는 아버지의 이미지를 소환한다. 이는 "여전히 우리의 챔피언입니다."라는 자막을 통해 완성된다. 링 위에서 피 흘리는 아버지의 모습은 가족을 지키는 아버지라는 서사를 완성한다. 경기의 승패에 관계없이 가족을 지키기 위해 희생하는 아버지라는 판타지가 만들어지는 것이다. 이는 아버지상이 달라지더라도 가부장제 속 가장의 지위는 달라지지 않음을 보여준다. 미디어가 재현하는 아버지상은 남성의 사회적 지위와 경제력에 바탕을 두고 있기 때문이다. 〈아빠 어디가〉가 방영된 이후, 전국에는 캠핑 열풍이 불었고 등산용품 판매업체는 호황을 맞았다.[10] 가족이 함께 캠핑을 가서 아버지

---

10 《한겨레》는 4월 1일부터 16일까지 롯데마트의 캠핑용품 판매가 지난해 같은 기간에 비해 40% 가량 늘었는데, 텐트는 지난해보다 10배 이상 팔렸고, 코펠이 76.8%, 침낭이 69.8% 늘었다고 보도한다. 같은 기간 이마트 역시 캠핑용품 판매가 378.5%의 신장률을 보였다(《한겨레》, 2013. 4. 18.).

가 요리하는 풍경의 광고가 방영됐고 어린이용 등산복까지 등장했다. 아버지라면 모름지기 자녀와 함께 1박 2일 야외 캠핑을 하거나 교외로 나가야 하는 것으로 규범화된 것이다. 리얼리티 프로그램은 일종의 롤모델로 작동했다. 그러나 '아빠 예능'에 나오는 것처럼 언제든 1박 2일 캠핑을 떠날 수 있는 아빠가 되기 위해서는 자동차, 텐트, 야외용 테이블, 등산복 등 일련의 물품을 구비해야만 한다. 매주 아이를 데리고 각종 체험 프로그램을 즐기는 데에도 자본이 필요하다. PPL임에 분명한 여행과 체험프로그램은 미디어와 기업이 손잡고 만들어낸 판타지이다. '진짜 아빠'는 이런 체험을 제공할 수 있어야 한다는 것이다. TV 리얼리티쇼에 나오는 아버지들은 자녀에게 최상의 경제적 환경을 제공한다. 미디어는 아버지는 생계 부양자이기 때문에 가족 내 구성원을 통제할 자격이 있다는 논리를 반복해서 재현한다. 다시금 가장을 중심으로 가족 구도가 재편되고, 이를 '딸바보'라는 이름으로 미화하고 있는 것이다.

  '아빠 예능'의 시청자는 이 프로그램이 결국 남성 가장의 경제력에 기대고 있기 때문에 불편해서 보지 않는다고 목소리를 내기도 한다. 사회경제적 계층의 소속감이 중상위에 속한다고 스스로 평가한 개인이 가족 리얼리티 예능 프로그램을 시청할 때에 자신의 삶과 현실 유사성을 느끼면서 가족 건강성을 증진시킬 수 있다는 것이다. 즉 '아빠 예능'의 긍정성은 중상위 계층의 소속감을 지닌 개인들에게만 유효하다는 결론이다(변상호·유연주, 2016). 남성성의 위기를 분석한 맥키네스(MacInnes, 1998)는 남성성의 위기를 낙관적으로 받아들이는 것은 젊고 능력 있는 남성에게만 가능하다고 분석한다. 상대적으로 늙고 저소득층이며 저학력인 남성은 남성성의 위기에 민감하게 반응하는 반면에 경제적 특권층이나 고학력의 남성은 다양한 남성성을 수행할 수 있다는 사실에 흥미를 느낀다는 것이다(MacInnes, 1998). '아빠 예능'이 보여주는 변화하는 아버지상은 새로운 도전을 수용할 수 있는 경제적·정서적 여유가 있는 계층에서만 통용된다. 그런 점에서 가부장의 가족 내 지위를 확보하는 방식으로 전유될 수도 있다.

4. 남성 신체의 전시와 진짜 사나이 되기

'아빠 예능'을 비롯해 2000년대 한국 예능 프로그램의 특징은 남성으로만 구성된 출연진이 다수라는 점이다. 〈무한도전〉, 〈1박 2일〉, 〈신서유기〉 시리즈, 〈집사부일체〉 등 다양한 프로그램이 남성 위주의 패널 구성을 선보였다. 그러나 남성 청년 일반에게 병역의 의무가 주어지는 상황에서 군대를 전문적으로 다룬 예능이나 드라마가 드물었던 것도 사실이다. 최근에는 적극적인 육군본부의 홍보 전략과 그 전략의 성공, 군인의 강한 신체에 대한 관심 등이 높아지면서 군대와 군인이 최근 엔터테인먼트 업계에서 많은 관심을 받고 있다. 드라마 〈태양의 후예〉(《KBS》, 2016)가 송중기의 몸을 통해 한국 군대를 전 세계에 소개했으며, 군대를 배경으로 한 예능 프로그램이 인기를 끌었다. 〈리얼입대 프로젝트: 진짜 사나이〉(《MBC》, 2013~2016)의 성공은 군대를 예능화할 수 있다는 가능성을 보여줬다. 〈진짜 사나이〉는 군대 경험이 없는 여성이나 외국인, 미필인 남성 혹은 제대한 지 오래된 사람들이 군대 생활을 통해서 성장하는 모습을 다룬 관찰 예능이다. 육군본부의 지원과 협조 아래 일반 부대뿐 아니라 수색대, 최전방 GOP, 특공대, 군악의장대 등의 부대를 돌아다니며 각 부대의 특징을 살려서 제작됐다. K-9 자주곡사포, 치누크 헬기, 코브라 헬기 등의 도하 훈련은 한국 군대의 기술력을 보여줬다. 출연자는 현역 군인과 함께 병영 생활을 체험하며 '군인 되기'의 과정을 보여준다. 이러한 특징은 가공된 예능의 형태이기는 하지만, 군대 생활을 공개한다는 측면에서 화제가 됐다. 처음에는 육군으로 시작했는데 예상외의 성공을 거두자 해군, 공군 등에서도 촬영을 요청했다고 한다(《SBS 연예뉴스》, 2013. 9. 27.). 이는 미디어가 군대를 홍보하고 전시하는 데 이용되는 상황을 잘 보여준다.

〈진짜 사나이〉는 '남자라면 모름지기 군대에 다녀와야 한다'는 한국식 통설을 구현한 텍스트이다. 〈진짜 사나이〉에 외국인, 여성 등이 들어가 '남자 되기'를 체험하는 것은 '군인 되기'야말로 한국 사회에서 국민으로 인정받는 방식이기 때문이다. 〈강철부대〉(《채널A》, 2021)는 해군 특수전전단UDT, 해군 해난구조전대SSU, 해병대 수색대, 헌병특수임무대SDT, 제707특수임무단, 특전사 등 특수부대를 전역한 군인이 체력과 정신력을 겨루는 프로그램으로 화제를 모았다. 이러한 프로그램은 영화처럼 전시되는 '하드 바디'의 남성 신체를 통해 '국방력 세계 6위'라는 한국의 군사력을 강조한다(조서연, 2021).

과거 군 입대가 남성 연예인에게 활동 중단과 인기 하락의 위기를 의미하는 것이었다면, 군 생활을 성실하게 이행한 남자 연예인은 제대한 후에 '군필돌'이라며 성공적으로 복귀하기도 한다. 아이돌 그룹 동방신기의 유노윤호는 군 생활 당시 부사관 제의를 받을 만큼 성실하게 복무했다는 점을 근거로 '열정 윤호'와 같은 캐릭터를 얻기도 했다. 입대 이후 복귀를 장담하기 어려웠던 남자 아이돌 시장은 동방신기와 슈퍼주니어 등의 성공적인 복귀 이후 새로운 가능성을 보여줬다. 군대 생활 역시 하나의 스펙으로 연결할 수 있는 것이다. 이는 한국의 군사주의 문화가 신자유주의의 능력주의를 실천하는 방식이 됐음을 의미한다. 군 생활을 어떻게 했느냐에 따라 일종의 스펙이 될 수 있다. 강한 신체와 남성동성사회의 헤게모니를 통해 미디어는 서로를 '형님-아우'로 호명하는 남성들의 관계를 바람직한 것으로 제시한다.

이는 비단 군대를 다룬 예능뿐 아니라 '진짜 남자' 담론을 통해 미디어 전반에 영향력을 행사한다. 한국계 미국인인 박재범은 힙합의 남성성을 기반으로 미디어에 복귀한다.[11] 여기에는 박재범이 추

---

[11] 데뷔 전 개인 SNS에서 "Korean is gay"라는 언급을 해 공론장의 분노를 샀던 박재범은 '제2의 유승준'으로 불리우기도 했으나, 약 1년 만에 한국으로 돌아와 성공적으로 복귀했다. 이 사건은 젠더, 계급, 인종화된 민족적 불안을 자극해 합리적 소비자-적절한 시민-적절한 국민의 의미를 연결시키며, '한국(인)'이라는 정체성을 일상적으로 재생산하는 미디어와 엔터테인먼트 산업을 잘 보여준다(정민우, 2010).

구하는 힙합의 남성성과 한국 사회가 생각하는 좋은 남자의 가치 기준이 맞아떨어진 것이 주효했다. 흑인 문화를 준거집단으로 둔 힙합 문화가 강조하는 가족에 대한 책임감, 친구에 대한 의리 등은 한국의 남성성 규범에서도 유효했던 것이다. 힙합 연구자들은 힙합이 백인의 헤게모니적 남성성에 저항하기 위해 폭력성과 초남성성의 특성을 보인다고 지적한다. 1970년대 흑인 청년들이 자신의 정체성을 지키고 서로 유대감을 유지하기 위한 수단으로 등장했던 힙합은 백인 주류문화에 대한 저항 의식을 바탕으로 형성됐다. 자기서사, 자수성가한 흑인의 이미지, 뽐내는 스왜그(swag) 정신, 디스(dis)로 가득찬 배틀랩 등 힙합의 특징은 일종의 대항문화였다는 것이다. 자기 자신에 대한 긍정과 쿨한 포즈는 현실 세계에서 절대적 강자인 백인 남성성과 굴절한 결과로 생겨난다(김봉현, 2014). 지배계급에 대항하기 위해서 더욱 강력한 남성성을 획득하고 모방해야 하는 피지배 계급 남성들은 자신의 진정성을 이런 자수성가 스토리로 형상화한다. 가난한 흑인 커뮤니티에서 성장해서 갱스터가 될 뻔했던 남성 청년이 음악을 통해 미국인의 우상이 되는 과정은 일종의 모델 스토리가 된다.

힙합 레이블 일리어네어의 사장 도끼는 기획사 음악에 대한 대척점으로 인디 정신을 이야기하고, 자신이 하는 이야기는 '진짜'라는 점을 강조한다. "진짜는 진짜를 알아본다(real recognize real)."라는 그의 프레이즈(phrase)는 특유의 스왜그 문화를 진정성의 서사로 만들었다. 자신이 번 돈을 자랑하면서 성공을 과시하는 가사가 한국 힙합의 특징이 된 것이다(김영대, 2014. 8. 12.). 한국에서 랩퍼들의 '스왜그 문화'는 경제적 어려움을 자신의 맨몸으로 극복한 성공 사례를 나열하고 있으며, 종종 '아버지'에 대한 호소와 인정투쟁을 포함한다. 아버지를 원망하거나 비판하지 않고, 아버지로부터의 승인을 요청하는 것이다.

　　남성 주체의 성장은 아버지를 죽이고 왕의 자리를 차지하는 오이디푸스 서사로 설명돼 왔다. 아들(청년)은 아버지로 상징되는 기성세대 및 상징질서와의 대결에서 승리해야만 새로운 규범과 질서를 만들어나갈 수 있기 때문이다. 오이디푸스의 '아버지 살해'는 아들의 성장과 세대 교체를 상징하는 것으로 여겨졌다. 그런데 피식민 국가에서는 아버지 살해의 경험이 박탈당한 채로 근대화된다. 피지배 인종이나 피지배 계급의 남성은 백인 남성의 공동체처럼 나눠 가질 권력이 없었다. 벨 훅스(Bell Hooks, 2003)는 이러한 흑인 남성성을 분석하면서 '플랜테이션 가부장제(plantation patriarchy)'라고 명명한 바 있다. 흑인 남성은 자유를 획득하고 흑인 여성을 보호하는 것으로써 가부장이 되기 위해 노력하는 방식으로 사회화됐다는 것이다. 흑인 남성은 백인에게 침탈당한 자신의 남성적 권력을 가부장제를 통해 보상받으려는 왜곡된 의식을 갖고 있다고 지적한다. 흑인 남성 사이에서 오히려 남성다움과 경제적 능력의 연결이 강화되고, 소수자 남성일수록 남성다움이라는 규범적 질서에 더 민감하다는 것이다(Hooks, 2003).

　　이처럼 피식민 남성성은 제국의 남성성과는 다른 방식으로 형성된다. 피식민 국가의 남성 주체는 식민 이후 국민 국가를 재건하는 과정에서 식민지 경험을 여성화하고, 당시 나라를 빼앗긴 전근대 남성의 무능력으로부터의 분리를 선언함으로써 구성된다(권김현영, 2007). 즉 식민지인일수록 제국의 헤게모니적 남성성을 모방하여 수행함으로써 능력 있는 남성 주체로 거듭나려고 시도한다는 것이다. 따라서 식민지인은 헤게모니적 남성성을 더욱 강화하는 방식으로 젠더 규범을 형성한다. 한국 사회에서 아버지 살해는 언제나 달성될 수 없는 서사였다. 근대의 도래와 더불어 아버지 살해의 기회가 주어졌을 때, 조선이라는 구질서를 해체한 것은 제국 일본이라는 또 다른 강력한 아버지였으며, 해방 후에는 미국의 반공 우산 아래로 포섭됐다. 이러한 아버지 교체의 서사는 아버지 살해가 아니라 보다 더 강력한 아버지에 대한 희구로 이어진다. 박정희에 대한 숭배가 한국 사회에서 오래 지속될 수 있었던 것 역시 초남성적 아버지에 대한 열망 때문인 것이다(허윤, 2018).

이러한 문화적 기억의 원형은 힙합 서사에서도 찾아볼 수 있다. 한국의 힙합 서사에서는 아버지 살해 대신 '아버지로부터의 승인' 혹은 '가부장 되기'의 세계관이 두드러진다. 래퍼 쌈디는 2018년 발표한 〈정진철(나의 삼촌 이름은)〉을 통해 실종된 삼촌을 찾는다. 여성복 디자이너로 성공 가도를 달리다 사업 실패 후 실종된 삼촌과의 추억을 기록하면서, 그의 이름을 단조롭게 반복하는 이 노래는 다소간 주술적인 느낌을 주기도 한다. 경제적으로 넉넉하지 않던 조카들을 살뜰하게 챙기던 다정한 삼촌의 실종과 가수로 성공한 쌈디의 모습이 노래 위에서 자연스레 오버랩된다. 그는 이 노래를 발표한 뒤 얼마지 않아 삼촌과 재회했다. 아버지-삼촌-아들로 이어지는 부계 혈통을 복원함으로써 가부장으로 거듭나는 것이다. 가족에 대한 책임감은 힙합의 진정성 담론에서 중핵을 차지한다. 부모님을 돕기 위해 가수가 된 아들이 성공해 부모와 가족, 친구들을 부양하는 서사는 '의리 있는 좋은 남자'의 조건을 충족했다.

송민호의 히트곡 〈겁〉은 가수로서 성공하기 위해 노력했던 자신의 모습을 회상하는 서사이다. 자신이 랩퍼임을 증명하기 위해 진정성 있는 가사를 써야 하는 상황에서 송민호는 자신의 가족 이야기를 끌고 온다. 여기서 강조되는 것은 생계 부양자로서의 책임감과 남자다움이다.

> 멈추지 마라 아직 할 일 많아/뒷바라지하는 부모님의 사진 봐/넌 동생들의 거울이자 가족들의 별/네가 잠을 줄여야만/그들이 편하게 숙면//야 이 병신아 티 좀내지마/마음 단단히 먹어 알아 외롭지만/견뎌내야 돼/눈물 흘리냐 사내새끼가/뚝 그치고 다시 들어 책임감//(중략)아버지 날 보고 있다면/정답을 알려줘/어른이 되기엔 난 어리고 여려
>
> - 송민호, 〈겁〉(2016)

"어리고 여린" 남성 청년은 아버지에게 정답을 알려달라고 요청한다. 성공한 아이돌이 돼 가장 노릇을 하겠다는 송민호의 다짐은 절규하듯 외치는 "아버지"로 이어진다. 관객의 떼창으로 완성되

는 '아버지'는 남성 청년의 성공 서사가 아버지에 대한 인정투쟁과 승인 구조에 있음을 보여준다. 아버지와 싸워 이기는 것이 아니라, 혹은 아버지의 무능력을 딛고 일어서는 것이 아니라 아버지의 인정을 바라는 것이다. 박재범 역시 가족의 경제적 안정을 위해 한국에 와서 연습생이 됐다고 말할 만큼 가족에 대한 책임감을 누차 강조한다. 그는 이러한 자수성가와 승인의 서사를 '희망'이라고 표현한다. 인종적·계급적 한계를 극복하고 성공하는 모습을 보여준다는 점을 강조하는 것이다. 이러한 명명은 박재범이 이후 자신의 서사에서 강조하는 가장으로서의 책임감, 사장으로서의 자부심, 한국인으로서의 정체성 등으로 이어진다. 그는 힙합 아티스트들과 교류하면서 '브로'들로 이루어진 남성 연대를 구축했으며, 문신과 술 등 남성다움을 과시하는 방식으로 스스로를 재현했다. 가족의 출생연도, 자신이 대표로 있는 레이블의 앰블럼을 문신으로 새길 만큼 가족에 대한 책임감과 형제(동료)에 대한 의리를 내세웠다. 이는 그가 인터뷰에서 자신의 회사 소속 아티스트들을 가족이나 식구 등으로 호명하는 것으로도 확인할 수 있다.

2017: 사실 일 관계이긴 하지만 아티스트로서 존중하고 사람으로서도 좋아하는 래퍼들이 뭉친 레이블이다. 소속 아티스트들이 계약에 따라 다른 회사로 옮기는 것이 상상이 안 될 정도로 한식구가 됐다. 진심이 담긴 관계이다.
2018: 처음부터 돈을 많이 벌고 그런 것보다는, 순수하게 재밌고 멋있는 뮤지션들이랑 함께 식구처럼 만들어나가고 싶다는 마음이 컸다. 난 항상 나

에 대한 자존감이 강하거든. 다들 같은 방향을 향해 달려가니까 점점 회사에 대한 자신감도 붙더라. 그레이 형, 로꼬가 잘되기 전에, 쌈디 형이 들어오기 전에 이미 나는 상상했었다. 열심히 잘하면 우리가 무시할 수 없는 존재가 되겠구나. AOMG의 성공은 너무나 감사하지만 그렇게 막 놀랍거나 하지는 않다(《하이프비스트》, 2018. 5. 28.).

자신의 성공이 단순히 돈이 아니라 '명분 있는 것'이라는 주장은 박재범의 노래에서 반복적으로 등장한다. 후배를 양성하고 힙합 신(scene)의 파이 자체를 키웠다는 자부심은 공동체와 '브로'들에 대한 언급으로도 등장한다. 이는 힙합 음악이 커뮤니티에 대한 유대와 연대를 중심으로 한 장르라는 점을 보여준다(김봉현, 2014). '진짜'는 개인의 경제적 성공이 아니라는 것이다. 박재범이 힙합 신에서 인정받는 '형'이 되는 과정은 힙합 신의 '대부' 역할과 직결된다. 아티스트들에게 무대를 제공하고 공정한 계약을 하며 제대로 대우를 해주면서 회사를 통해서 돈을 벌지 않겠다고 선언함으로써 박재범은 바람직한 가부장으로 거듭났다. 이를 통해 한때 박재범을 향한 수식어였던 '외국인 노동자'와 같은 말은 사라졌다. 그의 진정성이 대중에게 수용된 것이다. 박재범을 수용하는 대중의 방식이 달라지면서, 그는 "남자들이 볼 때" "롤모델"로 삼고 싶은 사람이 된다. 대중음악의 진정성이 수용자 차원에서 담론화된다는 지적은 이런 점에서 성립한다. 박재범의 남자다움은 케이팝에서 힙합으로 넘어가는 과정에서 등장한 일종의 상징적 가치이며, 수용적 가치를 얻는 데 중요한 것은 헤게모니적 남성성을 얼마나 수용하느냐에 달려있었다. 즉 박재범은 남자다움을 통해서 진정성을 획득했다고 볼 수 있다. 이는 한국의 미디어가 여전히 전통적 남성성을 중요하게 생각한다는 것을 보여준다.

5. 나가며

방탄소년단이 빌보드 차트 1위를 차지하자 그들의 성공과 문화적 다양성, 대안적 남성성을 이야기하는 기사가 쏟아졌다. "개인의 즐거움보다 사회 공동체적 연대를 강조하고, 일탈 대신 음악을 통한 치유를 중시하며 선한 영향력을 행사"하는 "무해함"을 가진 아티스트가 등장했다는 찬사였다(《한국일보》, 2021. 6. 12.). 미국 사회에서도 "해로운 남성성에 맞서 도전했다."(《에스콰이어》), "남성성에 관한 엄격한 통념을 본능적으로 거부한다."(《롤링스톤》)라는 평가가 이어진다(《쿠키뉴스》, 2021. 7. 13.). 그런데 이러한 해석은 케이팝의 규범적 남성성에 대한 이해 부족에서 비롯한 것이기도 하다. 미국을 비롯한 서구의 시선에서 바라보면 아시아의 남성성은 대안적 남성성으로서의 의미가 부여될 수 있으나 케이팝의 사회적 맥락에서 보면 케이팝 남성성의 '모델 시민'과 같은 성격은 전혀 새롭지도 진보적이지도 않기 때문이다. 케이팝 산업은 퀴어 코드를 가시화하는 전략을 취하는 반면, 케이팝 아이돌이 퀴어 의제에 대한 의견을 표명하는 것은 금기시된다. 퀴어 아티스트와 협업을 진행한다거나 퀴어 코드가 삽입된 뮤직비디오 등은 제작하지만, 팬덤이 퀴어문화축제에 공개적으로 참여하는 것은 종종 비난의 대상이 된다. 이러한 격차는 케이팝이 상연하는 퀴어함이 상당 부분 무대 위에서만 허용된다는 점을 보여준다.

넷플릭스를 통해 공개된 오리지널 예능 〈피지컬: 100〉(2023)은 성별에 관계없이 '몸'만으로 경쟁한다는 취지를 표방한다. 여성 운동선수들 역시 이 프로그램에 참여했다. 그러나 방송의 취지는 여성 선수를 기피하는 남성 팀원, 여성을 약자로 지목하는 남성 등에 의해 굴절된다. 프로그램을 통해 여성과 남성의 신체적 차이가 오히려 강화되는 아이러니와 직면하는 것이다. 미디어가 다원적 남성성의 전시장이라 할지라도 헤게모니는 강력하게 힘을 발휘하는 장면을 우리는 곳곳에서 목도하는 것이다.

그렇다고 부정적으로 볼 수만은 없다. 이 무대 위의 퀴어함은 현실에 영향을 미치곤 한다. BL(Boys' Love) 텍스트를 통해 자신의 성 정체성이나 섹슈얼리티를 확인하고 긍정할 수 있다거나 미디어를 통해 재현되는 비남성, 비이성애자 등의 모습을 보고 다른 정체성의 존재를 확인하기도 한다. 이는 미디어가 가능한 다양한 섹스, 젠더, 섹슈얼리티를 재현해야 한다는 당위로 이어진다. 미디어에 등장하는 다양한 남성성에는 물론 한계가 있다. 중요한 것은 이 다양성을 다원성으로 만들어가는 것이다. 다양성이 복수의 남성성을 펼쳐놓고 보여주는 장이 된다면, 다원성은 이 다양성의 차이를 존중하고, 고유성을 인정하려는 태도를 포함한다. 축구하는 여자들이나 살림하는 남자들, 퀴어나 장애인 등 사회가 규정한 '정상성'의 범주와 충돌하는 캐릭터나 서사가 더 많아져야 한다. 그래야 '진짜, 자연스러운' 남성성을 해체할 수 있다. 헬버스탬(Judith Jack Halberstam, 1998)은 남성의 생물학적 성과 남성성 사이의 자연화된 연계를 균열시키고 남성성의 구성적인 성격을 효과적으로 노출시킴으로써 남성성에 대한 본질주의적인 관념을 해체하는 것을 강조한다. 이처럼 남성성을 다원화하고 다양한 남성성의 모습을 드러냄으로써 젠더 규범은 다시 만들어질 수 있다. 미디어 속 남성성이 시대 변화를 반영하는 것뿐 아니라 시대 변화를 이끌어낼 수도 있는 것이다.

참고문헌

권김현영 (2007). 민족주의 이념논쟁과 후기 식민 남성성. 《문화과학》, 49호, pp. 39-54.
권상희·조은정 (2009). TV 프로그램 장르별 의사사회 상호작용 차원에 관한 연구. 《한국방송학보》, 23권 2호, pp. 51-93.
김봉현 (2014). 『힙합: 블랙은 어떻게 세계를 점령했는가』. 파주: 글항아리. pp. 206-247.
김수아 (2011). 남성 아이돌 스타의 남성성 재현과 성인 여성 팬덤의 소비 방식 구성. 《미디어, 젠더 & 문화》, 19호, pp. 5-38.
김영대 (2014. 8. 12.). 아이돌 힙합의 이유. 《아이돌로지》. https://idology.kr/1150
김혜정 (2006). 서구 속의 동아시아 남성성-영국에 거주하는 한국 남성 이민자들의 남성정체성 연구. 《공간과 사회》, 26호, pp. 220-252.
류진희 (2008). 팬픽: 동성(성)애 서사의 여성 공간. 《여성문학연구》, 20호, pp. 163-184.
변상호·유연주 (2016). 가족리얼리티 예능프로그램 시청과 사회 경제적 계층소속감의 상호작용이 가족건강성 지각에 미치는 영향.《미디어, 젠더 & 문화》, 31권 1호, pp. 58-59.
스큅, 마노 (2021). 세대론으로 읽는 케이팝의 퀴어니스.『퀴어돌로지』, 파주: 오월의봄.
연혜원 (2021).『퀴어돌로지』. 파주: 오월의봄.
정민우 (2010). 초/국적 시대 민족주의 정치학과 대중문화의 역학-'재범 사건'의 의미 구성을 중심으로.《언론과 사회》, 18권 3호, pp. 35-70.
조서연 (2021). '이미 완성된 남자들'의 군대.《문학동네》, 2021년 겨울호, pp. 159-179.
조준상·은혜정 (2013). 리얼리티 예능 프로그램 연구.《언론과학연구》, 13권 3호, pp. 556-590.
조현준 (2014).『젠더는 패러디다』. 서울: 현암사.
최성민 (2010). 대중 매체 텍스트의 리얼리티 문제 연구.《인문콘텐츠》, 18호, pp. 125-146.
《쿠키뉴스》(2021. 7. 13.). '게이팝' 혐오 딛고… BTS가 제시한 대안적 남성상. http://www.kukinews.com/newsView/kuk202107120303
허윤 (2016). '딸바보' 시대의 여성혐오-아버지 상의 변모를 통해 살펴본 2000년대 한국의 남성성.《대중서사연구》, 22권 4호, pp. 279-309.
허윤 (2018).『1950년대 한국소설의 남성 젠더 수행성 연구』. 서울: 역락.
허윤 (2021). 케이팝의 남성성과 트랜스내셔널리티의 불/가능성.《여성문학연구》, 53호, pp. 418-452.
《하이프비스트》(2018. 5. 28.). 락네이션 최초의 아시아 아티스트. https://hypebeast.kr/2018/5/jay-park-soju-2-chainz-interview
《한겨레》(2013. 4. 18.). 아빠 어디가? 응 캠핑 가. http://www.hani.co.kr/arti/economy/consumer/583524.html
《한국일보》(2021. 6. 12.). BTS가 보여준 새 남성상… 맥도널드가 증명한 세계화 표준. https://www.hankookilbo.com/News/Read/A2021061008440004328?did=NA
Connell, R. W. (2005). *Masculinities*. 안상욱 외 (역) (2013).『남성성/들』. 서울: 이매진.
Halberstam, J. (1998). *Female Masculinity*. 유강은 (역) (2015).『여자의 남성성』. 서울: 이매진.
Butler, Judith. (1990). *Gender Trouble*. 조현준 (역) (2008).『젠더 트러블』. 파주: 문학동네.
Hooks, B. (2003). *We real cool: Black men and masculinity*. NY: Routledge.
MacInnes, J. (1998). *The End of Masculinity*. UK: Open University.
《SBS 연예뉴스》(2013. 9. 27.). 진짜 사나이 해군 "이번엔 해군이다" 지속적인 러브콜로 성사!. https://entertain.naver.com/read?oid=416&aid=0000040225
Silverman, K. (1992). *Male Subjectivity at the Margins*. NY: Psychology Press.

HALLYU

우리는 언젠가 모두 장애인이 된다

장민지 경남대학교 미디어영상학과 조교수

1. 장애와 콘텐츠: 장애는 콘텐츠가 될 수 있는가?

우리는 살아가면서 자신이 경험하지 못하거나 보지 못한 것에 대해 '이 세상에 존재하지 않는 것'이라고 무의식적으로 생각하는 경향이 있다. 어쩌면 그 존재 자체를 일찌감치 생각조차 하지 못하는 경우가 태반일지도 모른다. 예를 들면 어릴 적 배웠던 '검은 백조' 논리와도 같은 것이다. 내가 태어나서 봤던 모든 백조가 하얀색이었기에, 검은 백조가 존재하지 않는 미지의 생명체로 느껴지거나 그것이 없다고 단언하는 사람이 나타나기도 한다는 것. 실제로 검은 백조를 눈앞에 가져다 놓아도, 그것이 존재하지 않는다고 믿는 사람들은 그것을 제대로 보지 못하는 경우가 있다. 시각이라고 하는, 매우 객관적인 것처럼 보이는 감각도 실은 인지에 의해 구성되는 것이다. 그것이 바로 고정관념으로 만들어진 시각 체계이다.

비장애인은 장애인에 대해 무지하다. 사실 비장애인은 장애에 대해 안다고 쉽게 말해서는 안 되는 것에 더 가깝다. 들리지 않거나 말하지 못하거나 몸을 가누지 못한 경험이 없기에 어릴 때부터 사회가 정해 놓은 정상적 생활에 어려움을 느끼지 못했을 가능성이 높다. 그렇기에 많은 비장애인이 장애에 수반된 고통을 타자화하고 이를 인식조차 하지 못하는 경우가 많다. 예를 들어, 계단식으로 구조화된 강의실을 상상해 보자. 경사진 형태가 아니라 층층이 계단마다 의자가 놓여 있고 가장 뒷자리에 여유 공간이 없다면, 휠체어를 탄 학생은 그 강의실에서 강의를 들을 수 없다. 대부분의 사람들이 사실 무의식적으로 '정상의 기준'을 만들고 이를 인지하지 못한 채 생활하고 있다.

미디어는 이러한 상황에서 '비가시화된 존재'를 자각하는 데 중요한 역할을 한다. 물론 고정관념을 만드는 데도 핵심적인 역할을 하는 것 또한 사실이다. 현재 미디어는 대중의 삶, 특히 무언가를 인지하고 이에 대한 사고를 구성하는 데 지대한 영향을 미친다. 특히 OTT와 유튜브(YouTube)를 포함한 디지털 영상 미디어는 대중이 경험하지 못한 것을 적극적으로 탐색하고 인지를 구성하는 데 막대한 영향을 미친다. 미디어 생태계는 어린 나이부터 접근이 가능해, 한 사람에게 철학적 의미의 '세계관'을 구조화하는 데 큰 영향력을 발휘한다. 결과적으로 미디어는 사회적 현실을 구성하고 사회적 문제를 가시화하는 데 핵심적 역할을 수행하고 있으며, 그렇기 때문에 사회적 소수자, 혹은 비가시화된 존재들을 재현하는 데 있어 많은 것을 섬세하게 고려해야 한다. 임옥희(2022)가 지적했듯 미디어가 만들어 놓은 정상의 기준은 "그것에 미흡한 사람들을 차별하고 배제하는 것을 당연"(29쪽)하게 생각하게 만들며, 이는 차별로 나아가게 만드는 기제가 되기 때문이다.

2022년 아카데미 시상식에서 최우수 작품상을 수상한 작품은 청각 장애를 가진 부모와 '들리는' 자녀에 관한 영화 〈코다(CODA)〉(2021)였다. 아카데미 최우수 조연상은 이 영화에 출연한 청각 장애인 배우인 트로이 코처(Troy Kotsur)가 수상했다. 한국에서도 윤여정이 《tvN》의 예능 프로그램인 〈뜻밖의 여정〉을 통해 아카데미 시상식에서 시상자로 등장해 수어로 이를 먼저 알린 것이 방송되면서 화제가 됐다. 이뿐만 아니라 마블 시네마틱 유니버스의 또 다른 시리즈인 〈이터널스(Eternals)〉에는 청각 장애인인 로렌 리들로프(Lauren Ridloff)가 연기하는 청각 장애 슈퍼 히어로가 등장한다.

그러나 2022년 7월에 발표된 닐슨(Nielsen)의 「장애인에 대한 포용격차 해소」 연구에 따르면, 신체적 혹은 심리적 장애가 있는 미국 성인이 전체의 26%나 차지하고 있음에도 불구하고 미디어상에 재현되는 장애 표현은 지속적으로 뒤처지고 있다. 미국 「장애인법(Americans with Disabilities Act)」 통과 32주년을 맞이해 발표된 이 보고서는 1918~2022년에 방영된 영화 및 TV 프로그램 16만 4,000개를 분석해 장애 주제를 다룬 영상을 집계했다. 그 결과 이 많은 수의 작품 중 고작 6,895개(4.2%)의 작품만이 장애와 관련된 주제 혹은 콘텐츠가 포함된 것으로 밝혀졌다.[1] 이러한 상황에서 장애인 당사자들은 당연히 장애 정체성 그룹에 대한 표현이 충분하지 않다고 말할 수밖에 없으며, 미디어가 이를 표현하는 데 있어 부정확하다고 느낄 수밖에 없다.

2022년 6월, 케이블 채널 《ENA》와 넷플릭스에서 공개된 〈이상한 변호사 우영우(이하, 우영우)〉는 우리에게 장애가 콘텐츠가 될

---

[1] 다만, 고무적인 것은 그중 2019년에 가장 많은 영상 작품 수(518개)가 장애 주제를 포함하여 제작되고 발표되었다는 사실이다.

수 있는지에 대한 다양한 형태의 물음을 던진다. 이 드라마는 마지막 회 시청률이 17.5%에 달할 정도로 국내에서 큰 이슈가 됐다. 이뿐만 아니라 〈우영우〉는 넷플릭스를 통해 방영되면서 영어, 비영어권 작품 전체에서 1위를 달성하는 등 국외에서도 크게 사랑받았다. 이를 통해 우리는 미디어에 재현된 '장애인'과 현실에서의 장애인을 바라보는 다양한 시선을 '재인식'하게 되는 계기가 됐다. 특히 〈우영우〉의 장애 재현에 대한 다양한 시선이 '전 세계적'으로 교차되고 있다는 점은 현재 콘텐츠 생산자와 대중, 즉 이용자 모두에게 보편성이라는 관점에서 큰 시사점을 던진다. 무엇보다 장애가 콘텐츠가 될 때, 우리는 현실과 미디어 재현 사이에서 어떤 담론을 구성하고 이에 대한 인지를 '어떻게' 지속해야 할지를 반드시 섬세하게 고려해야 하기 때문이다.

2. 비장애인에 의해 대상화·타자화되는 미디어 장애 재현의 역사

현재 미디어산업은 글로벌 콘텐츠 유통 플랫폼을 중심으로 활성화되고 있는 추세이다. 글로벌 OTT는 구독자를 유입하고 이들을 플랫폼에 정착시키기 위해 새로운 콘텐츠를 지속적으로 발굴하고, 취향의 다변화를 이끌어야 한다. 이러한 미디어산업 생태계의 변화는 콘텐츠 소비 방식의 변화를 불러일으켰다. 많은 사람이 이제 '주류 문화(mainstream culture)'에만 집중하지 않는다. 이용자들은 OTT를 통해 다양하고 새로운 콘텐츠를 끊임없이 찾고 이를 소비하고자 하는데, 이렇게 변화된 이용자들의 미디어 관습은 기업들의 롱테일(long tail) 전략과도 연결된다. 여기서 롱테일 전략이란 미디어 수용자의 세분화와 관련해 앤더슨(Anderson, 2006)이 주창한 개념으로 전통적인 다품종 소량 체제가 아닌, "긴 꼬리 부분에 위치한 여타의 수많은 콘텐츠 옵션 하나하나는 소수의 수용자에게 이용되고 그 총합은 히트한 콘텐츠의 수용자를 능가하는 현상(Anderson, 2006)"을 뜻한다(장민지, 2020).

이러한 콘텐츠산업의 맥락에서 장애인은 주의 깊게 접근해야 할 대상일 뿐만 아니라 콘텐츠 생산의 주체이기도 하다. 물론 산업적 측면에서 더 많은 이용자와 다양성을 포용하며 새로운 서사의 주인공을 찾기 위해 갑자기 장애를 재현하는 콘텐츠가 제작되기 시작한 것은 아니다. 예를 들어, 우리는 조승우가 연기했던 '초원'을 떠올릴 수 있다. 영화 〈말아톤〉(2005)은 자폐성 장애를 가진 인물인 초원이 마라토너로 자립하는 과정을 보여줬다는 측면에서 많은 연구자가 이전까지 사회에서 열등한 존재로 그려졌던 장애인을 독립된 하나의 주체적 자아로 재현했다는 점이 중요하다고 강조했다.

장애라는 말은 '손상(impairment)'이라는 뜻을 내포하고 있는데, 이는 인간의 정신적인 손상과 신체적인 손상 모두를 포함한다. 이전까지 이러한 손상의 견지에서 장애는 의학적 문제로 간주됐으나 현재는 장애의 정의가 조금씩 변하면서 '문화적 정체성', 혹은 '사회적으로 구성'되는 것으로 인식되고 있다(Ellis, 2019; 2022, 20쪽). 김미라 외(2022)의 연구에 따르면 이러한 손상으로 인해 제한된 기능이 환경의 변화를 통해 조건을 개선하면 되살아날 수 있다는 것이다.

 문제는 앞서 밝힌 것처럼 이전까지 미디어에서 재현됐던 장애에 관한 접근이 '사회적 약자' 혹은 '개인적 불행의 서사'로 재현되어 왔다는 점이다. 〈말아톤〉의 주인공이었던 초원 또한, 여전히 순수하고 맑은 존재로 사회 밖의 존재로 그려지며 직업재활과 같은 장애인에 대한 사회의 역할을 매우 과소적으로 표현한다. 다시 말해, 장애를 둘러싼 환경과 조건의 맥락은 과소로 재현하고, 장애 그 자체의 문제, 특히 개인의 서사에만 천착했다는 것이다. 여러 연구자가 지적했듯이, 미디어에서 장애나 장애인의 재현은 양적으로도 적을 뿐만 아니라 이를 재현하는 방식 또한 고정관념에 기반한다. 다시 말해, 비장애인의 입장에서 인식되어 온 장애를 그려내는 것이다. 이는 비단 장애뿐만 아니라 사회적 소수자에 대한 재현에서도 똑같은 방식으로 드러나는데, 그들은 이름이 없거나(주변인), 연약하거나, 혹은 비장애인의 희생이나 고통에 대한 서사적 도구로서 재현되는 경향을 보인다.

 이러한 사실은 우리에게 재현될 수 있는 주체는 누구인가를 질문하게 만든다. 미디어로 재현될 수 있는 주체들은 우리가 생각하는 이상으로 제한적이다. 특히 우리가 일상적으로 보고, 많은 시간을 할애하며 몰입하는 경향이 있는 드라마의 주인공들은 건강하고, 가족을 이루고 있으며 이성애자일 뿐만 아니라 주택도 소유하고 있

[표 1] TV 드라마 중 등장인물이 장애인인 작품(현근식, 2022, 23쪽)[2]

드라마	방영 시기	캐릭터	장애 유형
〈내 마음이 들리니〉	2011년	차동주 봉영규	청각 장애 일반학습 장애[3]
〈바보엄마〉	2012년	김선영	일반학습 장애
〈적도의 남자〉	2012년	김선우	시각 장애
〈굿 닥터〉	2013년	박시온	자폐성 장애(서번트)
〈그 겨울, 바람이 분다〉	2013년	오영	시각 장애
〈괜찮아 사랑이야〉	2014년	장재열	정신 장애(조현병)
〈디어 마이 프렌즈〉	2016년	서연하	지체 장애
〈라이프〉	2018년	예선우	지체 장애
〈여우각시별〉	2018년	이수연	지체 장애
〈제3의 매력〉	2018년	이수재	지체 장애
〈초면에 사랑합니다〉	2019년	도민익	안면인식 장애
〈단 하나의 사랑〉	2019년	이연서	시각 장애
〈스토브리그〉	2019년	백영수	지체 장애
〈사이코지만 괜찮아〉	2020년	문상태	자폐성 장애
〈영혼수선공〉	2020년	한우주	정신 장애

---

2   원 인용 논문에서 표기된 지적 장애(intellectual disability)를 본문에선 일반학습 장애(general learning disability)로 표기했다. 이는 영국에서 지적 장애라는 용어가 주는 고정관념을 탈피하기 위해 사용하고 있는 용어로, 본문에서도 이러한 맥락에서 지적 장애 대신 일반학습 장애로 표기하고자 한다.

3   현근식(2022)은 석사논문인 「한일TV 드라마에 나타난 장애관 비교」 연구를 위해 2010~2020년에 방영된 TV 드라마 중 장애인이 주·조연급으로 등장한 드라마를 분석해 표로 제시했다. 특집 드라마, 단막극, 민간기관과 공공기관이 장애인 인식 개선을 목적으로 기획한 드라마는 제외됐다.

는 경우가 다수를 차지한다. 여기에다가 대부분의 드라마에는 안정적인 일자리도 갖고 경제적 상황으로 크게 고통받지 않는 (어쩌면 사회에서 더 소수인) 근대적 주체가 등장한다. 다시 말해, 이 조건적 상황이 탈각된 근대적 주체 이외의 존재, 곧 정신적·신체적으로 건강하지 못하고, 가족이 없거나 만들 생각이 없으며, 동성애자이고, 주택을 소유하지 못했고, 가난한 이들을 미디어는 재현하고 싶어 하지 않으며, 재현될 경우에 모든 문제는 단순히 개인의 문제로 환원되는 경향이 있다. 이러한 재현 방식은 재현된 미디어 안에서만 작동되는 것이 아니라 이것을 보고 이용하는 현실 주체들의 인식과 삶에 투영된다. 보이지 않는 존재들은 현실 사회에서 투명한 '빈 칸'으로 남게 된다. 사회에서 이들은 '개인적'인 조건으로 그 상황에 처해진 것이며, 그들은 '개인적'인 의지와 능력으로 그 조건을 '극복해야 할' 주체로 인식된다.

이러한 이상적인 정상성의 재현은 '장애'를 병리적 혹은 개인적 속성으로 만들어 불평등을 강화하는 기제로서 사회 전체의 인식으로 확산된다. 임옥희(2022)는 장애가 손상이 만드는 것이 아니라 "손상과 상호작용하는 사회구조가 장애를 발명"(11쪽)한다고 언급한 바 있다. 표 1.에서 드러나듯 우리가 봐온 TV 드라마 속 장애인은 연민의 대상이거나, 장애를 극복하는 개인으로 등장하며 보는 사람으로 하여금 감동적 서사를 안겨주는 방식으로 미디어에서 재현돼 왔다. 많은 드라마 속 장애인들은 차별과 소외를 겪고(고통 받고) 주변에서 반드시 돌봐야 하는 (순수한) 대상으로 그려진다. 막상 돌봄에서 벗어난 존재로 그려진 경우인 〈굿 닥터〉(2013)에서의 박시온(주원)은 서번트 증후군을 앓고 있지만 의학적으로 천재성을 지닌 '개인'이며, 개인이 가진 뛰어난 재능에도 불구하고 사회적으로 소외돼 또다시 다른 의사인 차윤서(문채원)와 김도한(주상욱)의 돌봄을 받아 성장하는 존재로 그려진다.

이러한 장애인 재현은 부정적 편견뿐만 아니라 "자애로운 고정관념"(김미라 외, 2022, 50쪽)을 만들어낸다. 획일화되고 정형화된 장애인 재현은 앞서 언급한 '발명된 장애'에 가깝기 때문이다. 주변인들이 사고하고 인지하는 장애인의 삶은, 장애인이 직접 말할 수 있음에도 불구하고 그들의 입을 막으며, 그들은 말하는 주체가 아니라 말해지는 대상으로만 존재한다는 것을 의미하기 때문이다.

이러한 상황에서 2022년에 방영된 〈우영우〉는 작품 내외적으로 장애뿐만 아니라 젠더적으로 다양한 사회적 의미를 갖기에 맥락적 분석이 필요하다. 이전까지 장애를 재현한 드라마 중, 국내에서 청년 여성을 주인공으로 다룬 경우는 없었으며, 그 주인공이 독립적으로 에피소드를 이끌어가며 또 다른 사회적 소수자를 재현해 낸다는 점에서 이 드라마는 중요한 문화적 텍스트로 간주될 수 있다. 무엇보다 이 드라마가 넷플릭스를 통해 방영되고 전 세계적으로 대중성을 획득하면서 다양한 사회적 소수자에 대한 담론이 국내에서 가시화될 수 있었다는 것은 이 이야기가 장애와 다양성에 대한 또 다른 '사회적 발화'를 지속할 수 있는 가치를 가지고 있다는 것을 의미한다.

3. 여성 + 천재 + 장애인 + 변호사, 전복되기 위해 감내해야 하는 캐릭터 '우영우'

〈우영우〉의 주인공 우영우는 제목 그대로 이상하다. 그는 자폐 스펙트럼 장애를 갖고 있지만 서울대 로스쿨을 수석으로 졸업했다. 서울대 로스쿨을 수석으로 졸업했지만 대형 로펌에서는 아무도 그를 채용하려고 하지 않는다. 이 두 문장이 모순된다는 건, 우리가 장애에 대해 가지고 있는 사회적 인식을 통해 그 의미가 완성되는 것이기도 하다. 우영우는 자폐 스펙트럼을 갖고 있기에 보편적으로 변호사가 될 수 없다고 생각하기 쉽기 때문이다.

실제로 이전까지 드라마에서 재현되던 자폐 스펙트럼을 가진 장애인은 사회적으로 적응하지 못하고, 고정관념에 의해 타인과 갈등을 일으키지만 이를 극복하려는 개인의 의지와 노력 그리고 주변인의 도움으로 사회적 성공을 이룬 주인공으로 그려지곤 했다. 여기서 사회적 성공이란, 대체적으로 비장애인이 생각하는 '성공'을 의미한다. 앞서 언급했던 〈굿 닥터〉가 대표적인 예이다. 자폐 스펙트럼 장애, 서번트 증후군을 앓으면서 천재성을 보이는 박시온의 성공은 결국 그가 의사로 인정받고 또 다른 주인공이자 비장애인 여성인 차윤서와의 사랑이 이뤄지며 완성된다.

그런 맥락에서 우영우는 비장애인의 성공 기준을 뛰어넘은 존재이다. 1992년 영국장애인단체협의회에서 발표한 '장애인 스테레오타입(Barnes, 1992; 이설희, 2022, 54쪽, 재인용)'에 따르면, 우영우는

'슈퍼 장애인'에 가깝다. 자폐 스펙트럼 가운데 보이는 어떤 한 분야의 천재성을 주인공의 능력에 부과하면서 우영우는 어린 시절부터 법전을 모두 외우고, 서울대 로스쿨에서 1등을 차지한다. 이러한 설정은 우영우가 장애를 가지고 있음에도 불구하고 비장애인의 기준에서 '사회적 성공'을 이룰 수 있을 만한 요소를 모두 갖추고 있다는 것을 의미한다.

이러한 전형적인 '슈퍼 장애인'의 조건에서 시작한 〈우영우〉이지만 사건의 서사와 캐릭터들의 관계성을 통해 이 드라마는 장애가 개인적인 상황만을 의미하지 않는다는 것을 보여준다는 점에서 중요한 시사점을 갖는다. 이 드라마는 '자폐 스펙트럼을 가지고 있는 주인공 우영우가 서울대 로스쿨에서 1등으로 졸업했다.'로 끝나는 것이 아니라 졸업 후, 사회생활을 시작해 이전까지 미디어에서 재현되지 않거나 못했던 존재(성소수자, 탈북민 여성, 장애인 등)를 우영우의 시선을 통해 '보이는 존재'로 변화시키기 때문이다.

무엇보다 이 드라마는 전형적인 주인공의 성장 서사를 표방하지만, 그것이 주변인으로부터 도움을 받거나 어떤 주체의 희생을 통해 자신이 가진 장애적 요소를 극복하는 형태가 아니라 주인공의 성장으로 주변인 또한 성장하는, 비장애인과 장애인을 동등한 위치에 두고 시작한다는 특징을 갖는다. 가장 대표적인 예로, 장애를 가진 자녀를 둔 드라마에서 전형적으로 드러나는 '부모의 희생'은 이 드라마에선 상대적으로 강조되지 않는다. 이 드라마에서 부녀의 관계성은 독립된 자아인 둘 사이의 상호작용을 사회적으로 발전시켜

나가는 서사에 가깝다.

> 우영우: 저는 결혼하지 못할 가능성이 높습니다. 자폐가 있으니까요. 하지만 만약에 사랑하는 사람이 생겨 결혼식을 한다면 동시 입장을 하겠습니다. 아버지가 배우자에게 저를 넘겨주는 게 아니라 제가 어른으로서 결혼하는 거니까요. 대신 아버지에게는 부케를 드리겠습니다. 아버지는 미혼부라 결혼해 본적이 없으니까요. 제가 결혼한 뒤 혼자 사시기보다는 결혼을 하시는 게 좋겠습니다. (〈이상한 변호사 우영우〉, 2화 중)

특히 한국 드라마에서 필수적으로 등장해 종종 비판받는 이성애 로맨스 서사 또한 〈우영우〉에서는 상대적으로 전복돼 있고, 다양한 사회적 시선 가운데 해석될 수 있는 여지를 가지고 시청자 앞에 놓인다. 드라마의 남자주인공 이준호(강태오)는 첫 등장에 법무법인 한바다에서 주요 직무를 맡고 있는 것처럼 묘사된다. 많은 사람의 시선을 한 번에 받고, 우영우의 변호사 친구인 최수연(하윤경) 또한 이준호에게 설레어 하는 모습을 보여주면서 누구나가 그러하듯 그가 사회적으로 높은 위치를 가질 것이라는 예상을 하게 만든다. 무엇보다 국내 대부분의 젠더 위계가 반영된 로맨스 서사에서 여성보다 남성이 상대적으로 사회적 지위가 높은 편이기 때문이다. 그러나 이준호는 변호사인 우영우를 지원하고 소송 사건을 도와주는 보조적인 역할을 수행한다. 이는 이준호가 중심이 되는 것이 아닌, 우영우가 독립적이면서도 주도적으로 자신의 변호사 정체성을 확립해 나가고, 사건을 적극적으로 해결하게 하는 기제로 작동한다. 다시 말해 이준호가 우영우를 지원하는 방식은 사회적 위계가 높은 사람이 낮은 사람을 이끄는 방식과는 다르게 재현된다는 것이다. 이는 이 둘의 섹슈얼리티에서도 유사한 방식으로 드러나는데, 우영우와 이준호는 장애/비장애인의 위계, 여기에다 여성과 남성의 젠더 위계를 되도록 형성하지 않는 상황에서 관계를 만들어 나가기 위해 꾸준히 고민한다.

> 우영우: 장애가 있으면, 좋아하는 마음만으로는 충분하지 않은 것 같습니다. 내가 사랑이라고 해도 다른 사람이 아니라고 하면 아닌 게 되기도 하니깐요. (〈이상한 변호사 우영우〉, 10화 중)

드라마 〈우영우〉에서는 우영우 이외에도 두 명의 장애인이 더 등장한다. 3화인 '펭수로 하겠습니다'는 살인 혐의를 받는 자폐 스펙트럼 장애인이 등장해 장애인에도 다양성이 존재함을 보여준다. 10화 '손잡기는 다음에'에서는 발달 장애인의 성애적 관계에 대해 질문한다. 이 에피소드를 통해 장애인의 섹슈얼리티는 사회에서 어떻게 이해되는지를 시청자에게 되묻고, 동시에 장애인 '당사자'는 자신의 섹슈얼리티를 어떻게 정의 내릴 수 있는가에 대해 질문을 던진다. 무엇보다 이 사건은 우영우가 자신과 이준호의 관계를 투영해 보고 있다는 점에서 장애인 주체가 장애를 바라보는 시각을 그려내고 있다.

정신과 의사: 대단히, 가슴 아픈 일이라고 생각합니다. 우린 누구나 사랑하고 싶고 사랑받고 싶습니다. 그건 지적 장애인도 마찬가지예요. 아니, 그 욕구가 더 크죠. 평소 남들로부터 원하는 만큼 관심이나 애정 받기 힘든 경우가 많으니까요. 신혜영 씨의 이 간절한 사랑 표현만 봐도 알 수 있지 않습니까? 문제는 지적 장애인의 경우 불순한 목적을 가진 접근을 자신에 대한 순수한 애정이라고 착각하는 경우가 많다는 거예요. 정상적인 관계와 부당한 관계를 구별할 수 있는 힘이 약하기도 하고요. 그런 면에서 신혜영 씨에게 온전한 성적 자기 결정권이 있다고 보긴 어렵습니다. (《이상한 변호사 우영우》, 10화 중)

이 에피소드에서 등장하는 신혜영은 일반학습 장애인이다. 양정일은 신혜영과 서로 사랑했고 합의하에 성관계를 가졌다고 주장하지만, 신혜영의 어머니를 포함한 사회적 시선은 신혜영이 자신의 섹슈얼리티를 이해하고, 사랑이라는 감정과 이에 대한 정신·육체적 관계에 대한 자기 결정권을 인지할 만한 능력이 부족하다고 생각한다. 양정일은 이로 인해 성폭행 혐의로 기소된 상황이고, 우영우는 그를 변호하게 된다. 이 드라마는 단순히 여기서 사건을 '장애인도 사랑할 수 있다'로 끝맺음 짓고 이를 낭만적으로 봉합하는 것이 아니라 장애인과 비장애인의 관계성, 사회가 이 관계를 바라보는 시각 그리고 장애인의 주체적 섹슈얼리티 가능성을 제시하면서 논의의 장을 마련한다. 이 드라마에서 양정일은 실형을 선고받는다.

반면 3화에서는 또 다른 자폐 스펙트럼을 가진 김정훈이 등장한다. 김정훈은 의대생이었던 형의 자살을 막기 위해 이를 제지하다가 형이 사망해 폭행치사 혐의로 기소됐고, 우영우는 이에 대한 변호를 맡게 된다. 이 과정에서 언론이 김정훈을 "서울대 의대생을 살해한 자폐아"라고 호명하고 자극적인 기사를 작성하기 시작하면서 우리는 사회에 만연한 장애인 혐오에 대한 재현을 미디어를 통해 인지하게 된다.

> 우영우: 80년 전만 해도 자폐는 살 가치가 없는 병이었습니다. 80년 전만 해도 나와 김정훈 씨는 살 가치가 없는 사람들이었어요. 지금도 수백 명의 사람들이 '의대생이 죽고 자폐인이 살면 국가적 손실'이라는 글에 '좋아요'를 누릅니다. 그게 우리가 짊어진 이 장애의 무게입니다. (《이상한 변호사 우영우》, 3화 중)

이 에피소드에서 주목해야 할 점은 10화에서와 마찬가지로 장애인이 장애인을 보는 시선, 더 나아가 장애인 안에서의 다양성을 그려내려고 노력했다는 것이다. 비장애인이 봤을 때 우영우와 김정훈은 자폐 스펙트럼을 가진 동일한 '자폐인'이지만 우영우는 김정훈의 자폐가 자신의 자폐와 어떻게 같고, 다른지를 인식한다.

> 우영우: 제가 이준호 씨와 함께 걸으면, 사람들은 이준호 씨가 장애인을 위해 봉사를 하고 있다고 생각합니다. 택시 기사가 피고인을 붙잡았을 때 저한테도 돈은 있었지만, 기사는 제가 상황을 해결할 수 있는 사람이라고 보

지 않습니다. 저의 자폐와 피고인(김정훈)의 자폐가 무엇이 같고 무엇이 다른지 저한테는 보이지만, 검사는 보지 못합니다. (《이상한 변호사 우영우》, 3화 중)

〈우영우〉라는 드라마를 통해 우리는 이전까지 '만들어진 평범함'을 미디어에서(혹은 현실에서) 재현해 왔다는 것을 인지하게 된다. 이전까지 미디어에서 재현된 삶은 위 대사에 등장하는 고정관념 속의 사람들이 봐온 세계였음을 시청자들은 우영우를 통해 깨닫는다. 결과적으로 이 드라마는 다양한 장치를 통해 시청자로 하여금 장애에 대한 사회적 인식을 제고할 수 있게 한다. 시청자들은 이 과정에서 사회의 만들어진 '정상의 기준'에 대해 고민할 수 있고 비장애인과 장애인이 함께 살아가는 삶이란 무엇인지를 이해할 수 있게 된다. 특히 우영우의 직장동료들과 친구들인 정명석(강기영), 권민우(주종혁), 동그라미(주현영), 최수연은 비장애인과 장애인이 사회적으로 어떻게 상호작용해야 하는지 혹은 상호작용하고 있는지를 보여줌으로써 장애와 비장애인의 관계성을 재인식할 수 있게 한다.

그럼에도 불구하고 〈우영우〉는 평범하지 않지만 낭만적이고 평이한 삶, 특히 그것이 장애에 대한 또 다른 판타지를 낳을 수 있다는 점에서 여전히 미디어의 장애인 재현에 대한 접근 방향을 고민하게 만든다. 그중 하나가 2022년 7월《중앙일보》에서 기사화 됐던, 실제 자폐 스펙트럼 장애가 있는 배우가 장애를 가진 역할을 연기해야 한다는 견해이다. 김원영 외(2022)가 지적했듯 "이 드라마를 통해 자폐를 이유로 특정한 직역에서 개인을 배제하는 것이 부당한 차별일 수 있다는 점을 인식"할 수 있다는 것이다.

앞서 언급했던 닐슨 보고서에 따르면, 2022년 1분기에 실시한 미디어 장애 재현에 대해 장애가 있는 시청자는 미디어에서 자신의 정체성 그룹에 대한 표현이 충분하지 않다고 말할 가능성이 일반 시청자에 비해 34% 더 높았고, 자신의 정체성 그룹에 대한 텔레비전의 묘사가 부정확하다고 느낄 가능성 또한 52% 더 높은 것으로 나타났다. 이는 재현 대상으로서의 장애인뿐 아니라 장애인 당사자의 미디어 생산 가능성에 대한 생각으로 나아가게 한다.

앞서 표 1.에 나타난 2010~2020년에 장애인을 다룬 드라마 중 실제 장애인이 출연한 드라마는 단 한 편도 없었다. 이는 결과적으로 장애로 인해 경험하게 되는 실질적 경험을 과소 또는 과대로 표현할 수 있으며, 끊임없이 장애인을 '타자화'하는 방식으로만 재현되는 현실을 그대로 보여준다. 이는 장애를 갖고 살아가는 삶을 비장애인 '자신과는 무관한 것', 그렇기에 안전하고 우월한 입장에서 그들을 '바라보는' 주체로 존재하고자 하는 대중의 욕망을 그대로 드러낸 것이다.

장애를 불평등한 기제만으로 놓는 것이 아니라 더 나아가 최소한의 인간적 존엄을 유지하도록 해주는 것, 그래야만 장애인이 장애로 인해 경험하게 되는 불평등을 제거할 수 있다. 우리 모두가 미디어를 통해 장애인과 비장애인이 동일한 위치에 설 수 있도록 하는 것을 상상할 수 있어야만 그 사회는 장애와 비장애인이 진정으로 함께 살아갈 수 있는 사회로 나아갈 수 있다는 것이다(임옥희 외,

2022). 그렇다면 과연 배제되지 않는 삶으로서의 미디어 장애 재현의 가능성은 어디에서 오는가.

4. 배제되지 않는 삶: 장애인 미디어 생산의 가능성 〈우리들의 블루스〉, 〈위라클〉

2022년 《tvN》을 통해 방영된 옴니버스 드라마인 〈우리들의 블루스〉에는 영옥(한지민)과 영희(정은혜)가 등장한다. 육지에서 제주도로 물질하러 내려온 영옥은 늘 육지의 누군가와 통화를 하고 문자를 주고받는다. 마을 사람들은 그런 영옥에게 숨겨둔 애인이 있다고 수군거리지만, 그 '육지의 애인'은 다름 아닌 영옥의 쌍둥이 언니이자 다운증후군 장애인인 영희이다.

드라마에서 재현되는 장애는 놀랍게도(혹은 너무나 당연하게도) 비장애인이 연기할 수 있는 수준인 경우가 다수를 차지한다. 신체적 손상과 같은 장애가 잘 재현되지 않는(못하는) 이유도 여기에 있다. 수어를 사용하는 농인이 등장하거나, 우리가 흔히 지적 장애라고 부르는 일반학습 장애가 있거나, 자폐 스펙트럼이 있는 장애인이 드라마에 등장하는 것은 이러한 연유에서이다. 다시 말해 TV 드라마에서는 종종 장애가 있는 캐릭터가 등장하는데 장애인 배우가 이를 직접 연기하는 일은 드물다.

이는 장애인은 과연 미디어를 통해 자신을 주체적으로 표현할 수 있는가에 대한 고민과 맞닿을 수 있다. 현실 사회의 많은 직업이 장애인을 고려하지 않는 환경으로 구성돼 있다. 방송도 마찬가지이다. 콘텐츠 기획과 제작에 더 많은 시간과 더 많은 조건이 갖추어져야만 비장애인과 장애인이 함께 콘텐츠를 제작해 낼 수 있기에, 장애인의 역할은 비장애인이 '연기'해야만 했다. 동시에 사회는 장애인이 배우를 꿈꿀 수 있는 환경을 제공하지 않는다. 미디어에 등장하는 대부분의 '인물'은 너무나도 당연하게 비장애인으로 고려된다.

그러나 〈우리들의 블루스〉의 영희(정은혜)는 우리에게 미디어에서 재현되는 장애가 단순히 타자화된 형태를 띠지 않아도 된다는 것을 인식하게 한다. 동시에 이 드라마는 장애를 담아내는 서사가 더는 장애를 배제하지 않고 '연대'해 함께 만들어질 수도 있다는 것을 보여준다. 노희경 작가는 1년 정도 정은혜 작가와 상호작용하며 대본을 집필하고, 정은혜 작가의 모습을 대본에 담아내려고 노력했다. 이는 드라마에서 장애를 하나의 서사적 도구로만 사용하는 것이 아니라 스스로 장애인의 이야기를 만들어 나가는 주체로 인식하고 있다는 것을 의미한다. 다시 말해 재현되는 장애인이 아닌, 재현하는 장애인으로서의 위치 설정은 다양성에 대한 더 많은 포용과 더 많은 연대의 가능성을 불러올 수 있는 중요한 미디어 실천이 된다. 중요한 것은 장애를 가진 캐릭터의 존재만으로 충분하지 않다는 것이다. 장애가 있는 사람들은 미디어에서 재현된 일상생활의 진정한 현실을 보고 싶어 한다.

헨리 젠킨스(Henry Jenkins)는 팬덤을 연구한 자신의 저서 『팬,

블로거, 게이머(Fans, bloggers, and gamers)』(Jenkins, 2006; 2008)에서 주류 밖으로 내몰린 하위 주체들이 그들의 관심사를 대변한 공간을 인터넷을 통해 마련할 가능성을 갖게 되었다고 밝히고 있다. 특히 이러한 공간은 소셜 미디어를 통해 폭발적으로 증가하기 시작한 것으로 보인다. 이는 비주류 주체 그리고 이전까지 미디어에서 재현되지 않았거나 못했던 소수자들이 자신의 텍스트를 전유하고, 유통할 수 있는 '참여' 가능성을 높인다.

동시에 소셜 미디어 확산과 같은 초연결사회로의 전환은 기존의 주류 콘텐츠의 '배급'을 '유통'의 형식으로 변화시켰다(Jenkins, Ford, & Green, 2013). 이는 대중이 이미 완성된 메시지들의 단순한 소비자로 머무는 데에서 나아가, 미디어에서 유통되는 콘텐츠의 가공이나 공유, 재구성, 혼합에 다양한 방식으로 관여하는 문화의, 보다 참여적인 모델로 이행하고 있다는 것을 의미한다(Jenkins, Ford, & Green, 2013). 젠킨스는 수용자와는 다른, 팬 커뮤니티의 문화적 생산과 사회적 상호작용을 '참여문화(participatory culture)'라는 용어로 설명한 바 있다(Jenkins, 1992).

무엇보다 현재 미디어 이용자들은 콘텐츠 이용뿐만 아니라 제작에 큰 영향력을 지니고 적극적으로 자신을 전시하고 자신의 이야기를 전달하는 데 익숙한 세대이다. 이러한 미디어 생태계 변화는 이전까지 비가시화됐던 주체를 스스로 호명하고, 자신을 공식적으로 가시화할 수 있는 기회를 제공하는 데 한몫했다. 이는 이전까지 사회가 무대에서 주체가 될 수 없다고 생각하게 만들거나, 그들을 보이지 않게 함으로써 이 사회에 존재하지 않는다고 생각하게 만들었던 주체를 호명하고, 이들의 연대 가능성과 이를 주류 미디어에서 재현될 수 있게 만드는 '힘'으로 작동하기 시작한다.

크리에이터 박위(36)의 유튜브 채널 '위라클'은 9년 전 불의의 사고로 전신마비 진단을 받았지만 재활을 통해 일상생활을 영위하는 그의 삶을 있는 그대로 보여준다. 이 채널에는 그의 삶이 다른 누구도 아닌 '그의 시선'으로 생생하게 담겨 있다. 장애를 가진 몸을 바라보는 사회의 인식을 유쾌하게 바로잡아 주는 채널 '위라클'은 이전까지 레거시 미디어가 해내지 못했던 '장애와 장애인'의 담론을 생산한다. '위라클'을 통해 우리는 미디어 생산의 주체로서 소외되었던 장애인이 어떻게 자기 경험을 주체적으로 이야기할 수 있으며, 이전까지 사회에서 보이지 않았던 또 다른 소외된 존재들을 호명하는지를 목도할 수 있다. 소셜 미디어를 통해 이야기되는 그들의 삶은 단순히 장애가 완결된 서사로 존재하는 것이 아니라 일상을 살아가는 열린 이야기가 되고, 이를 바라보고 이해하는 공동의 정서를 불러일으킬 수 있는 배경이 된다.

5. 정서적 공동체의 존재: 우리는 언젠가 모두 장애인이 된다

2021년 넷플릭스는 아넨버그 포용정책 센터(Annenberg Inclusion

Initiative)에 위탁해 조사한 「다양성·포용성 보고서(Inclusion in Netflix original U.S. scripted series and films)」를 발간한 바 있다. 넷플릭스가 이러한 보고서를 발간한 데는 자신들이 단순히 상업적으로 '잘 팔리는' 콘텐츠를 제작하는 것이 아니라 다양한 제작 인력을 포용하고 다양한 이용자를 만족시킬 수 있다는 브랜드 정체성을 명확히 하고자 한 것으로 사료된다. 이러한 넷플릭스의 정치적인 위치 선점은 제작사와 이용자 모두 소수의 정체성과 취향에 주목하고 있는 것을 간접적으로 드러내는 것이기도 하다.

넷플릭스는 여기에서 더 나아가 장애가 있는 TV 크리에이터 육성을 위해 새로운 'Children's Lab'을 조성하려는 움직임을 보이고 있다(Bell, 2022. 8. 24.). 5주간의 과정을 포함한 이 프로그램의 참가자는 대면 및 가상 워크숍, 장애인 배우가 연기하는 대본 읽기 등이 포함된 쇼 케이스에 참여하게 된다. 이러한 활동은 넷플릭스가 단순히 콘텐츠를 통해 장애를 재현하는데 그치는 것이 아니라 장애인을 제작진으로 고용하기 위해 노력하고 있음을 보여주는 예라고 할 수 있다.

그럼 다시 앞의 질문으로 돌아가서 '장애는 과연 콘텐츠가 될 수 있는가'에 대한 답을 내려보자. 우리는 미디어 콘텐츠가 주는 '즐거움'에 익숙하다. 우리가 미디어를 통해 '보지 않으려고 하는 것'은 사실 우리 일상에 함께 존재하고 있음에도 불구하고 이를 알고 싶어 하지 않는, 다시 말해 적극적으로 무지하고자 하는 욕망에서 비롯된 것이기도 하다. 예컨대 우리는 드라마에서 노인의 등장을 자연스럽게 여기지만, 이들이 갖고 있는 일상적인 질병과 장애의 형태는 외면한다. 미디어에서 재현되는 노인은 아침마다 혈압약을 챙겨 먹지도, 신호등을 건널 때 다리를 절지도, 요실금에 시달리지도 않는다. 치매를 앓는 노인이 종종 등장하지만 그들은 주인공의 서사에서 '비극'을 담당하는 기제일 뿐이다. 일상적으로 겪고 있는 노인의 질병과 장애는 미디어에서 삭제된다. 너무나도 자연스럽게 우리는 나이를 먹고, 조금씩 장애를 갖게 되지만 미디어에 나오는 노인은 놀랍게도 모두 '비장애인'이다.

장애의 정도는 다를지 몰라도 단적으로 우리는 언젠가 모두 장애인이 된다. 그러나 우리는 장애에 대해 적극적으로 '무지'하고자 한다. 이는 우리가 무의식적으로 장애에 대해 모르는 것이 더 낫다고 생각하기 때문이다. 그래서 비장애인은 가끔 장애인이 나오거나 장애가 등장하면 '불편'한 감정을 느낀다. 그 감각에 몰입하는 순간 비장애인은 자신도 장애를 가질 수 있음을 인지하게 되고, 기득권의 위치를 다시 한번 고찰하거나 부조리한 사회의 구조를 성찰할 수밖에 없는 위치에 놓이기 때문이다. 안다는 것은 사실 그런 점에서 실천의 전 단계이자, 실천의 일부이다. 그러므로 사람들은 실천하는 것이 두렵고 귀찮아서 현실을 알고 싶어 하지 않는다.

그런 지점에서 미디어의 장애 재현은 더욱 다각도로 다뤄져야 한다. 이전까지 장애가 미디어에서 재현되지 못했던 사회적 구조를 인식하고, 재현되더라도 비장애인의 입장에서 타자화돼 왔다는 사실을 직시할 수 있어야 한다. "차이가 차별받지 않도록 차이의 적극적인 수용"(임옥희 외, 2022, 95쪽)은 연대에 필수적이다. 사회적으로 '언급될 수 있음' 혹은 '언급되지 못함'의 역사 한가운데 장애인의 정체성이 존재한다. 그러므로 장애는 손쉽게 '상투어'가 될 수 없으며 단 하나의 의미로 환원되지 않을 뿐만 아니라 그럴 수도 없다.

    동시에 우리는 미디어에서 재현되는 장애와 장애인에 대한 다각도의 고찰이 국내뿐만 아니라 전 세계적으로 이뤄지고 있다는 맥락 또한 인지할 수 있어야 한다. 우리는 〈우영우〉가 넷플릭스라는 글로벌 OTT를 통해 유통됐고, 이 콘텐츠의 시청자이자 팬덤이 단순히 한국에만 국한되지 않는다는 사실을 잘 알고 있다. 이는 장애인에 대한 미디어 재현과 이에 대한 감수성이 글로벌로 작동하고 있음을 보여주며, 공감의 차원 또한 전 세계적 확산이 가능하다는 것을 의미한다.

    미디어를 통해 재현된 장애는 실제로 그 정체성을 지닌 이들에게 자신과 비슷한 존재들이 사회를 구성하고 있다는 사실을 인지하게 한다. 장애를 지닌 다양한 인물이 등장하고, 그들이 직접 생산해 내는 콘텐츠를 통해 비슷한 고민을 가진 사람들이 물리적 공간을 넘어 연대할 수 있는 길이 열린 것이다. 결과적으로 미디어의 장애 재현은 다각적인 시각을 가지고 접근해야 하는 숙명을 가지고 생산돼야 한다는 것을 우리는 잊지 말아야 한다.

참고문헌

김미라 외 (2022). 이상하고 별나지만 가치 있고 아름다운 〈이상한 변호사 우영우〉의 장애 재현과 함의. 《한국방송학보》, 36권 6호, pp. 41-79.
김원영 외 (2022). "외모". 《인문잡지 한편 시리즈》, 9호. 서울: 민음사.
이설희 (2022). 텔레비전 드라마의 장애 재현에 대한 연구-'이상한 변호사 우영우' 분석을 중심으로. 《CONTENTS PLUS》, 20권 5호, pp. 49-63.
임옥희 외 (2022). 『실격의 페다고지』. 서울: 도서출판 여이연.
장민지 (2020). BL장르 세계관 분석을 통한 가상적 섹슈얼리티 생산 가능성 연구. 《미디어, 젠더 & 문화》, 35권 1호, pp. 103-140.
하수영 (2022. 7. 21.). "이건 내 얘기 아냐" 실제 자폐인들이 본 '우영우'. 《중앙일보》. https://www.joongang.co.kr/article/25088750#home
현근식 (2022). 「한일TV 드라마에 나타난 장애관 비교」. 대구대학교 장애학 석사논문.
Anderson, C. (2006). *The long tail: Why the future of business is selling less of more.* Hachette UK.
Barnes, C. (1992). *Disabling imagery and the media. An Exploration of the Principles for Media Representations of Disabled People.* Ryburn Publishing.
Bell, B. (2022. 8. 24.). Netflix partners with respectability on new program for disabled children's content writers and animators. *Variety.* https://variety.com/2022/tv/news/netflix-respectability-disabled-children-content-writers-animators-1235468694/
Ellis, K. (2019). *Disability and digital television cultures: Representation, access, and reception.* 하종원·박기성(역) (2022). 『장애와 텔레비전 문화』. 서울: 컬처룩.
Jenkins, H. (1992). *Textual poachers: Studies in culture and communication.* Abingdon-on-Thames: Routledge.
Jenkins, H. (2006). *Fans, bloggers, and gamers: Exploring participatory culture.* NYU press..
Jenkins, H., Ford, S., & Green, J. (2013). *Spreadable media: Creating value and in a networked culture.* NYU press.
Nielson (2022). Closing the inclusion gap for people with disabilities. https://www.nielsen.com/ko/insights/2022/closing-the-inclusion-gap-for-people-with-disabilities/

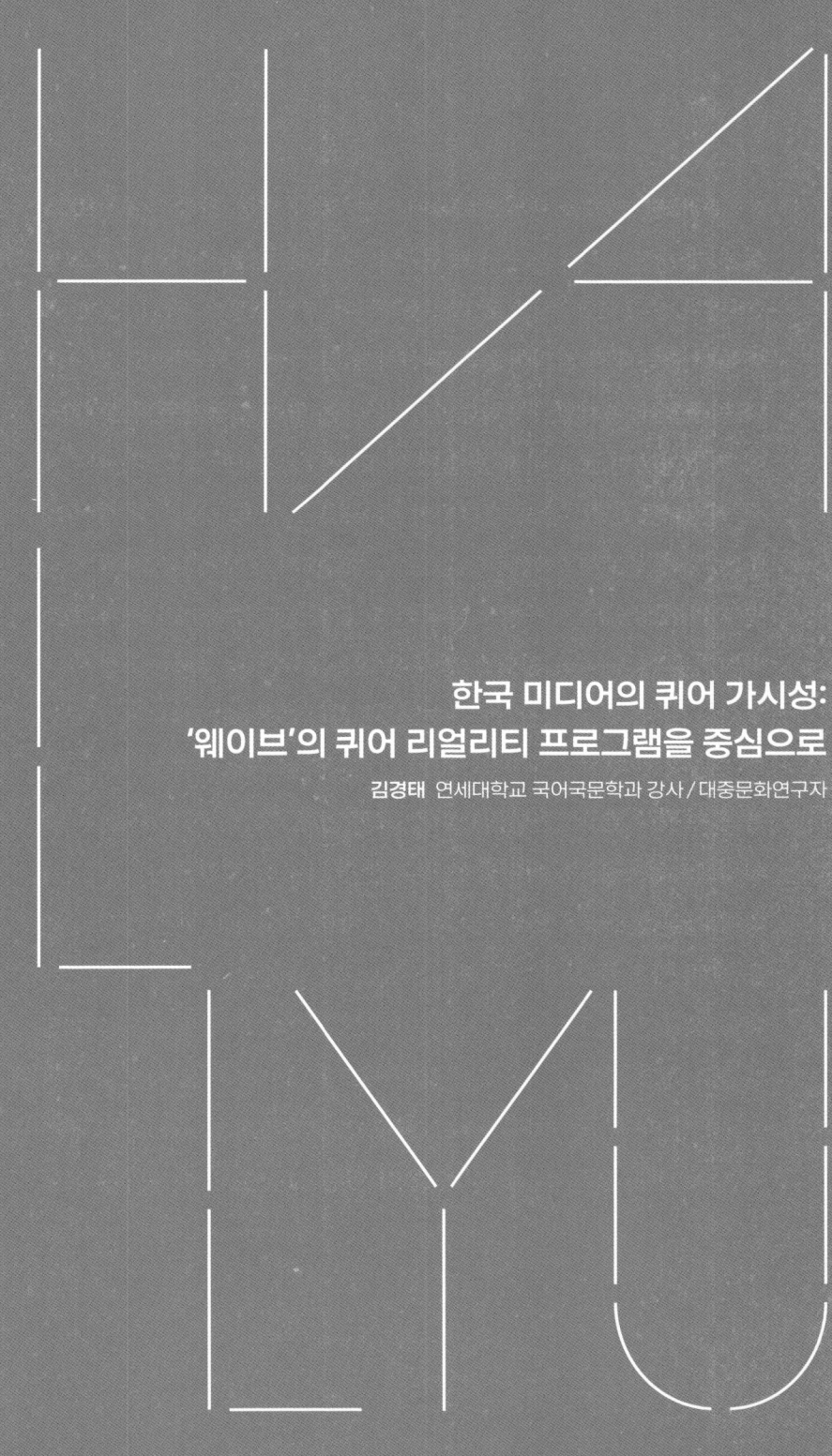

한국 미디어의 퀴어 가시성:
'웨이브'의 퀴어 리얼리티 프로그램을 중심으로

김경태 연세대학교 국어국문학과 강사 / 대중문화연구자

1. 들어가며

　2008년 케이블 채널 《tvN》에서는 "한국 방송 사상 최초! 100% 실제 게이 출연!"이라는 홍보 문구로 이목을 끈 리얼리티 프로그램 〈커밍아웃〉을 12부작으로 방영했다. 이 프로그램은 매회 '실제' 게이들이 출연해서 커밍아웃을 결심하게 된 사연을 들려 줬고, 가족이나 친구들에게 커밍아웃하는 순간을 담은 영상을 공개했다. 2000년에 커밍아웃한 배우이자 방송인 '홍석천'이 진행을 맡았다. 여기에서 커밍아웃은 두 가지 맥락에서 작동한다. 차별과 혐오의 시선 때문에 차마 얼굴을 드러낼 수 없었던 동성애자가 모자이크나 목소리 변조 없이 당당하게 카메라 앞에 서서 불특정 다수에게 하는 '사회적 커밍아웃'에 뒤이어 친밀한 관계에 있는 사람들을 향한 '일상적 커밍아웃'이 펼쳐진다. 시청자는 자신과 별반 다름없는 게이 출연자들의 모습을 발견한 후에 그들이 가족 구성원에게 커밍아웃하는 순간을 훔쳐본다. 숨어 있는 카메라가 그 상황을 고스란히 중계한다. 이처럼 〈커밍아웃〉은 게이들을 신기한 볼거리로 출연시키며 시청자의 호기심을 노골적으로 자극한다. 아마도 시청자 대부분이 그 순간을 그저 극적인 긴장감을 주는 장면으로 소비할지도 모르지만, 좀 더 공감 능력이 있는 일부 시청자는 그 가족의 입장에 자신을 대입해 보며 동성애자를 이해하기 위한 시도를 해볼지도 모른다.

　다시 말해, 리얼리티 프로그램으로서 〈커밍아웃〉의 가장 큰 미덕은 동성애자의 모습을 편견 없이 있는 그대로 보여준다는 데에 있다. 그동안 미디어를 통해 재현돼 온 게이는 성적으로 과잉돼 있는 '변태성욕자'로서 얼굴을 떳떳이 드러낼 수 없는 존재였기 때문이다. 다음으로는, 실제로 동성애자가 누군가에게 커밍아웃하는 순간을 목격할 수 있도록 해주는 것이다. 그것은 커밍아웃을 고민하는 동성애자 당사자에게는 예행연습이나 대리만족의 기회를 제공하고, 비당사자인 시청자에게는 행여나 벌어질지도 모를 주변 동성애자의 커밍아웃 상황을 간접 경험하며 대비할 수 있도록 해준다. 이처럼 동성애자가 맨얼굴로 카메라 앞에 서서 커밍아웃하며 자신의 심정을 그저 솔직하게 고백하는 것 자체만으로도 그들에 대한 편견을 깨고 인식을 개선하는 역할을 할 수 있었다. 그만큼 당시 동성애자들에게는 스스로 목소리를 내는 가시성의 정치가 무엇보다 중요했다. 물론 자신에 대한 인정과 이해를 요청하는 그들의 눈물 어린 호소는 연민이라는 정동 안에서만 효력을 발휘하는 한계를 지녔을지라도 말이다.

궁극적으로 동성애자는 자신의 정체성을 넘어 자신의 비규범적 사랑을 드러내고 인정받고 싶어 한다. 그러나 〈커밍아웃〉은 친밀한 관계 맺기를 욕망하는 주체로 동성애자를 상정하는 데까지 이르지는 못했다. 커밍아웃이 촉발하는 충격과 카타르시스 앞에서 동성애자도 이성애자처럼 자신이 원하는 관계 안에서 정주할 때 비로소 행복할 수 있음을 상상하지 못한다. 욕망을 가지는 것과 그 욕망을 실현하는 것 사이에는 간극이 존재한다. 일탈적 욕망을 가진 주체를 보는 것과 그 욕망을 실행에 옮기는 주체를 보는 것 사이에도 쉽게 넘을 수 없는 거리가 있다. 더욱이 동성애자에게 자긍심을 독려하던 정체성 정치는 신자유주의 시대에 이르러 동성애자를 대안적 관계를 욕망하는 급진적 주체로 이끌기보다는 사회의 규범에 안주하는 소비 주체로 길들인다.

전 세계적으로 동성결혼 법제화의 붐이 일고 있지만, 그와 동떨어진 채 소수자를 보호하는 최소 장치인 차별금지법조차 부재한 한국 사회에서는 동성애자가 미디어를 통해 있는 그대로의 모습을 드러내는 가시성의 정치가 여전히 유효하다. 다만, 그 가시성의 영역을 그들의 관계로 확장할 필요가 있다. 다행히도, 소셜 미디어 시대에 접어들며 대중이 손쉽게 이용할 수 있는 미디어 플랫폼의 종류와 양이 급증하면서 게이나 트랜스젠더 등 다양한 성소수자가 스스로 목소리를 내는 콘텐츠를 어렵지 않게 찾아볼 수 있다. 그중에서도 실제 게이 커플이 자신들의 일상을 공유하는 유튜브의 경우, 구독자 수 100만 명을 훌쩍 넘기며 글로벌한 인기를 누리기도 한다.

소셜 미디어뿐만 아니라 OTT 시장의 급성장도 퀴어 가시성을 높이는 데 중요한 역할을 하고 있다. 대표적으로, 세계 최대의 글로벌 OTT인 미국의 넷플릭스(Netflix)가 국내에 진출한 것을 꼽을 수 있다. 넷플릭스의 사용자 인터페이스에서는 콘텐츠를 소개하는 키워드 중에 성소수자를 통칭하는 'LGBTQ(Lesbian, Gay, Bisexual, Transgender & Queer)'라는 용어가 있을 만큼 퀴어 친화적이다. 이것은 넷플릭스의 체계적인 분류 시스템을 보여줄 뿐만 아니라 세분화된 범주 제시를 통해 LGBTQ 콘텐츠를 소비하는 이용자의 편의를 도모하며 LGBTQ를 다루는 다양한 오리지널 콘텐츠를 제작하고 있다. 현재 국내 OTT는 왓챠(WATCHA)를 제외하고는 LGBTQ 콘텐츠를 범주화하거나 추천 문구로 노출하지 않는 보수성을 띠고 있다. 왓챠의 경우 '#퀴어'를 검색 키워드로 제시하면서 퀴어 가시성에 가장 적극적인 태도를 취하고 있으나, 그 외의 OTT는 기껏해야 관련 콘텐츠를 '브로맨스', '무지개 색깔 사랑 이야기' 등으로 순화하거나 암시적으로 표현해서 묶을 뿐이다. 특히 왓챠의 퀴어 친화적인 성격은 2022년 2월에 공개돼 선풍적인 인기를 끌며 '왓챠 TOP 10'에서 장기간 1위를 지켰던 오리지널 BL(Boy Love) 웹드라마 〈시맨틱 에러〉를 탄생시킨 원동력이 됐다. 전문 제작사가 생겨날 정도로 그 시장성을 인정받으면서 꾸준히 제작됐던 BL 웹드라마의 잠재력이 마침내 폭발한 것이다.

    앞서 잠시 언급했듯이, 동성결혼 법제화는커녕 국민 정서에 반한다는 이유로 차별금지법조차 제정되지 못하는 한국은 표면적으로 봤을 때 동성애 억압적인 국가에 속한다. 그만큼, 2022년 8월 기준 가입자 수 100만 명이 넘는 국내 OTT인 왓챠에서 남성 간의 로맨스를 그린 비주류 장르인 BL 웹드라마가 시청률 1위를 기록한 것은 고무적인 일이 아닐 수 없다. 현실 정치에서는 인권운동가들이 차별금지법 제정을 위한 지난한 투쟁을 벌이는 반면에, 이미 다수의 대중은 미디어에 재현된 동성애자들의 삶과 사랑을 향유하고 있는 상황인 것이다. 이러한 괴리를 통해 적어도 한국에서는 동성애자 해방이 서구와 달리 정체성 정치에 기반한 적극적 운동이 아니라 아래로부터의 '문화 전쟁'을 통한 퀴어 가시성 영역의 확장에서 비롯될 수 있음을 희미하게나마 엿볼 수 있다. 특히나 BL이라는 장르가 'Boys' Love'라는 장르명에서 명징하게 드러나듯이, '게이'라는 성 정체성보다는 '소년들의 사랑'에 더 집중하는 만큼, 대중이 퀴어를 이해하고 수용하는 관점이 정체성보다 관계성에 있음을 가늠할 수 있다.

이처럼 소셜 미디어에서 활발히 활동하는 성소수자들의 유명세와 더불어 BL 웹드라마가 누리는 인기는 국내 OTT인 웨이브 (Wavve)가 국내 LGBTQ 콘텐츠의 충분한 소구력을 확인하고서 2022년 여름부터 잇달아 오리지널 퀴어 예능을 선보일 수 있었던 자양분이 됐다. 웨이브는 7월에만 〈메리퀴어〉와 〈남의 연애〉 등 퀴어 예능 두 편을 공개했다. 먼저 〈메리퀴어〉는 "당당한 연애와 결혼을 향한 다양성(性) 커플들의 도전기, 국내 최초 리얼 커밍아웃 로맨스"라는 홍보 문구에서 알 수 있듯이, 다양한 퀴어 커플들이 출연해 자신들의 사랑을 커밍아웃한다. 〈남의 연애〉의 경우, 요즘 유행하는 데이팅 예능 형태로 8명의 게이들이 한 집에 모여 며칠 동안 숙식을 함께 하며 짝을 찾는 모습을 보여준다. 끝으로, 12월에 첫 방영을 하고 2023년 2월에 종영한 〈좋아하면 울리는 짝!짝!짝!〉(이하 〈좋아하면〉)은 천계영 작가의 동명 웹툰을 원작으로 하는 '판타지 연애 게임'으로, 표면적으로는 이성 간의 커플링을 가정하고 또 지향하지만 동성 간의 커플링까지도 열어두고 있다. 아마도 성별에 구애받지 않는 연애라는 설정이 기존 이성애자 중심의 데이팅 예능과의 차별

점이라고 할 수 있다.

2. 〈메리퀴어〉: 관계 안에서 성소수자를 사유하기

이제 퀴어들은 〈커밍아웃〉의 조급한 성 정체성 고백에서 더 나아가 관계 안에서, 혹은 관계를 지향하며 얼굴을 공개한다. 커밍아웃이 더는 퀴어의 필수 덕목이 아니라 관계 안에서 충분히 느긋하게 사유될 필요가 있는 하나의 선택지인 것이다. 애초에 커밍아웃은 혼자 거울을 보며 독백으로 할 수 있는 것이 아닐 뿐만 아니라 그 자체로 목적이 될 수도 없다. 커밍아웃은 자신의 내밀한 고백을 들어줄 대상을 필요로 하기 때문에 관계적 사건이다. 주변 사람에게 커밍아웃을 하고자 결심하는 가장 큰 이유는 그들과의 관계를 진전시키고 한층 더 친밀해지기 위해서이다.

〈메리퀴어〉는 게이인 '민준'과 '보성' 커플, 레즈비언인 '가람'과 '승은' 커플 그리고 양성애자 여성 '민주'와 트랜스젠더 남성 '지해' 커플 등 모두 20대 나이에 동거 중이라는 공통점을 지닌 세 커플의 일상을 관찰한다. 이들은 방송 출연에 앞서서 부모와 친구에게 이미 커밍아웃을 한 경험이 있다. 그래서 〈커밍아웃〉과 달리 가족이나 지인을 향한 커밍아웃의 순간을 자극적인 볼거리로 전시하지 않는다. 여기에 등장하는 커밍아웃은 수영장이나 헬스장에 등록 하고, 혼인신고나 결혼식 예약을 하는 일상의 불가피한 맥락에서 타인을 향해 발생한다. 출연진의 당당한 커밍아웃을 준비 없이 맞닥뜨린 타인들이 당혹스러워하는 모습은 보는 이들의 웃음을 유발한다. 불특정 타인을 향한 커밍아웃은 적어도 겉으로는 혐오나 편견 없이 출연진을 대해줄 것이라는 사회적 분위기에 대한 기대가 있기에 가능하다. 이제 방송이 포착하는, 커밍아웃을 둘러싼 주도적 정동은 충격과 두려움이라는 무거운 정동에서 당황과 웃음이라는 가벼운 정동으로 전환된다.

〈메리퀴어〉는 커밍아웃에 대한 무게감을 내려놓은 대신 '관계' 안에서 성소수자를 이해할 수 있는 기회를 제공한다. 제작진은 그 관계의 힘과 진정성을 믿었기에 혐오 세력의 압박에도 불구하고 성소수자를 주인공으로 하는 예능을 용기 있게 제작할 수 있었을 것이다. 그들의 사랑은 서정적인 배경 음악 속에서 또래의 평범한 이성애자 커플과 다름없이 아기자기하고 귀엽게 묘사된다. 홍석천과 더불어 그와 동갑내기의 절친한 개그맨 '신동엽' 그리고 걸그룹 EXID의 멤버이자 배우인 '하니'가 진행을 맡아 그들의 일상을 보며 부연 설명을 하거나 각자의 눈높이에서 코멘터리를 달면서 시청자의 이해를 돕는다. 요즘 유행하는 《MBC》의 〈나 혼자 산다〉나 《SBS》의 〈미운 우리 새끼〉와 같은 관찰 예능의 친숙한 포맷을 차용한 것이다.

무엇보다 〈메리퀴어〉는 관계 속에서 커밍아웃에 대한 사유의 너비를 확장한다. 첫째, 성소수자의 커밍아웃뿐만 아니라 그들의 커밍아웃을 받아들여야만 하는 입장에 놓인 이들의 심정을 이해하기 위한 시도를 한다. 누군가의 섣부른 커밍아웃이 다른 누군가를 벽장에 갇히게 할 수 있음을 깨달으며, 일방적인 통보가 아닌 배려 있는 커밍아웃에 대해서 고민한다. 둘째, 개인의 커밍아웃보다는 관계의 커밍아웃에 초점을 맞추며 성소수자의 성 정체성 수용을 넘어 그들이 맺고 있는 연인 관계에 대한 인정을 요구한다. 그 지향점은 동성결혼 법제화로 명확하다. 다만, 그 관계의 인정은 보편적 인권이나 진보적 정치, 혹은 세계적 추세라는 시각에서 요청되지 않으며, 오롯이 그들이 시각적으로 제시하는 관계의 힘으로부터 비롯되고자 한다.

'승은'의 경우, 과거에 어머니가 승은의 동성애를 완강히 거부하며 당시 만나고 있던 동성 연인을 부정했던 기억 때문에 차마 '가람'과의 관계를 어머니에게 밝히지 못한다. 그래서 승은의 입장에서는 부모에게 하는 사적인 커밍아웃보다도 방송을 통해 불특정 다수를 향한 사회적 커밍아웃이 오히려 더 수월해 보인다. 반면에, 가람의 어머니는 가람과 승은의 연인 관계를 인정하고 지지해 준다. 물론 가람의 커밍아웃에도 난관은 있었다. 그녀는 대학교 1학년 때 어머니에게 일방적인 통보 형식으로 커밍아웃을 한 뒤, 휴대폰을 꺼놓은 채 연락을 두절했다. 가람의 어머니는 가람의 이기적이고 철 없던 커밍아웃을 떠올리며 울음을 터트린다. 가람은 미안한 마음에 어머니를 향한 감사의 편지를 읽으며 눈물을 훔친다.

영화학자인 림송휘(2006)는 이안 감독의 〈결혼 피로연〉(1993)을 통해 커밍아웃의 맹신에 반기를 들며 다음과 같은 논의를 펼친다. 뉴욕에 사는 대만계 게이인 '웨이퉁'은 대만에 사는 부모로부터 결혼 압박을 받고 있다. 결국 그는 어머니에게 커밍아웃을 하지만 아버지에게는 차마 하지 못한다. 아들의 성 정체성을 우연히 알게 된 아버지는 암묵적으로 그를 인정하지만, 아버지와 아들 간의 커밍아웃 장면 묘사의 '실패'는 일부 평론가에게 문제점으로 지적됐다. 그런데 커밍아웃을 해야 할지 아닐지는 누가 결정하는가? 커밍아웃 행위는 반드시 동성애의 이해와 수용을 촉진하는가? 커밍아웃이 서구적 인식론 및 실천과 결부돼 있다면, 그것을 다른 문화에도 보편적으로 적용할 수 있는가? 동성애자 해방의 수사학에 본질적인 도덕적 우위가 있는 것은 아니다. 커밍아웃을 요구하는 것은 더 많은 가시성과 동맹, 지지에 대한 필요를 반영한다. 그러나 커밍아웃의 결과는 누가 감당해야만 하는가? 특히나 동성애 혐오적인 사회에서 커밍아웃은 그 부모를 보수적인 공동체의 벽장 안으로 들어가도록 만들지도 모른다. 윤리, 책임, 감정, 가족 유대에 관한 질문들은 아주 복잡하게 얽혀 있기에, 억압과 해방의 수사학은 단순하고 순진해 보인다. 실제로 커밍아웃이 숨 막히는 벽장으로부터 동성애자를 해방하고 커밍아웃을 한 상대의 이해를 얻는 목표를 반드시 달성할 수 있는 것은 아니다. 커밍아웃 행위와 동성애 수용을 동일시하는 것은 위험하다(Lim, 2006, 51-52쪽).

　　이러한 관점은 한국 같은 보수적인 사회에서 살아가야 하는 부모의 입장에서 커밍아웃의 의미를 이해하는 데 유용할 것이다. 자식들은 부모와 더 친밀한 관계를 맺기 위해서 커밍아웃을 한다. 그런데 커밍아웃은 새로운 세상으로 부모를 초대하는 일이다. 부모는 자식이 살고 있는 낯선 세상으로 들어가기 위해서 마음의 준비를 할 충분한 시간이 필요하다. 자식이 동성애자라는 사실을 막연히 받아들이는 것만으로 이해가 완결되는 것은 아니다. 어쩌면 어머니에게 정말 두려운 것은 자식의 동성애 그 자체가 아니라 자식이 동성 연인과 함께 사는 구체적인 모습일지 모른다. 림송휘의 말대로, 자식의 커밍아웃은 오히려 부모를 벽장에 갇히게 할 수도 있다. 자식의 동성애를 인정하는 것과 그 사실을 주변에 공개하는 것은 전혀 다른 차원의 문제이다. 자식의 커밍아웃은 부모에게도 동일한 무게를 지닌 커밍아웃의 짐을 지운다. 나의 커밍아웃은 상대방을 나의 세계에 초대하는 것일 뿐만 아니라 나로 인해 변화된 상대방의 세계로 들어가는 것이기도 하다. 가람의 어머니 입장에서 자식의 동성애에 대한 인정과 별개로 공개적인 동성 결혼식은 분명 부담스러운 행사이다. 그래서 승은과 가람은 어머니를 위해 원래 계획했던 결혼식을 약혼식으로 변경하고자 한다. 이처럼 모녀는 서로에 대한 이해의 폭을 넓히며 관계의 타협점을 찾는다.

    다음으로, 출연진의 로맨스를 다루는 방식에 대해 살펴보고자 한다. 그들의 사랑은 결혼으로 대변되는 궁극적인 커플 신화를 정향한다. '민준'과 '보성'은 혼인신고를 하기 위해 주민 센터를 방문한다. 한국은 동성 결혼이 법제화돼 있지 않기 때문에 당연히 혼인 승인이 불가하다는 사실을 알면서도 그들은 머리를 맞대 서류를 작성한 후 담당 공무원에게 제출한다. 그 공무원은 서류 접수까지는 가능하지만 이후의 절차는 진행되지 않을 것이라며 친절하게 설명해 준다. 결국 그들의 혼인 신고 접수는 일종의 '수행적 모순'으로 해석될 수 있다. 주디스 버틀러(Judith Butler)는 캘리포니아의 주요 도시에서 시민권이나 거주권이 없기에 합법적인 집회의 자유가 보장되지 않은 불법 체류자들이 미국 국가를 스페인어로 부르며 시위하는 모습에서 수행적 모순이라는 개념을 착안한다. 그녀에 따르면 "수행성을 주장의 한 방식이자 시간이 흐르면서 효과가 나타나는 행동으로 받아들인다면, 우리는 수행적 모순이 없을 때 변혁적 급진정치도 불가능하다고 말할 수 있을지" 모른다. "자유와 평등의 실현을 가로막는 권위에 대항해 자유를 행사하고 평등을 주장하는 행동은, 자유와 평등이 현재 생각되고 있는 방식을 넘어서서 상상할 수 있는 가능성과 당위성을 보여주기" 때문이다(Butler, 2007, 66쪽).

동성 커플의 혼인 신고는 승인 여부를 떠나 반복적 수행을 통해 동성 결혼에 대한 욕망을 가시화하며 그 욕망을 부정하는 권위에 대항하는 유의미한 실천이 된다. 민준과 보성은 동성 부부로 인정받기 위해 동성 결혼이 가능한 미국으로 향한다. 그들은 우여곡절 끝에, 주례 앞에서 영원한 사랑을 맹세하는 간단한 결혼식을 올리고 혼인 신고에 성공하며 마침내 부부가 된다. 결혼식이나 약혼식 같은 의례 행위는 오히려 혼인이 불가능한 동성애자에게 더 중요한 의미를 지닌다. 그들의 부부 관계는 오로지 그 의식을 통해서만 증명되고 보장받기 때문이다. 불법 체류자들이 집회에서 스페인어로 미국 국가를 부르며 지배 언어를 바꾸듯이, 동성애자는 결혼식을 통해 사랑의 서약을 하며 지배 의례를 바꾼다. 한국에서는 승은과 가람이 지인들의 축복을 받으며 야외에서 약혼식을 올린다. 그들의 약혼식은 이성애 규범적인 공적 공간에 균열을 낸다.

한편, '지해'와 '민주'의 경우, 비록 레즈비언 커플로 시작했으나 지해가 남성으로 성전환하면서 남녀 이성애자 커플이 된다. 외형적으로 봤을 때, 그들은 선남선녀 커플로 패싱이 가능하다. 이들 역시 다른 커플들처럼 결혼을 꿈꾸고 있다. 지해가 자궁적출 수술을 한 후 법원에서 성별 정정 심사를 통과하면 이 커플은 여타의 이성애자 커플처럼 혼인신고를 할 수 있다. 다만, 지해 입장에서는 아무리 외형적으로 완벽한 남성에 가까워지더라도 민주가 자신과의 관계에서는 임신이 불가능하다는 넘을 수 없는 한계가 걱정이다. 민주는 지해를 보며 여자일 때도 좋지만 남자가 돼도 좋다고 말하며 그의 성전환을 적극 지지한다. 그들의 사랑은 무엇보다 성별을 초월하고 있다는 점에서 더욱 아름다운 사랑, 나아가 사랑의 결정체로 낭만화된다. 진행자들은 이제 '태온'으로 개명한 지해가 얼마나 남성적인 매력이 있는지를 강조하고, 성별에 구애받지 않는 민주의 사랑에 감탄한다. 〈메리퀴어〉를 향한 혐오 댓글 중 하나인 "동성애를 미화한다."라는 비난은 일견 납득이 간다. 물론 정말 미화하는 것은 '동성애'가 아니라 '사랑' 그 자체이다. 그들의 관계는 현실적 층위를 벗어나 절대적 사랑의 신화로 승화된다. 그 과잉된 사랑은 성소수자에게 내재된 일말의 결점을 보완하고 부정성을 가리며 시청자의 말끔한 감동을 불러일으킨다. 그리하여 그들을 머리가 아니라 가슴으로 받아들이라고 말한다.

민주와 지해 커플에게 보디 프로필 사진관을 소개해 준 홍석천은 지해에게 쓴 편지에서 "남자로서의 첫 삶을 응원해."라는 말을 남긴다. 지해는 성소수자를 향한 "이해해"라는 말은 왠지 기분이 나쁘지만 "응원해"라는 표현은 기분이 좋다고 말한다. 아마도 성소수자는 누군가의 관대한 이해를 통해 비로소 받아들여질 수 있는 존재라는 일말의 낙인에 대한 불편함 때문일 것이다. 어쩌면 누군가를 이해한다는 발화는 이해하는 주체와 이해받는 대상이라는 권력관계를 형성할지도 모른다. 아니, 무엇보다도 누군가를 온전히 이해한다는 것은 애초에 불가능하기에 존재를 향해 "이해해"라고 단언하는 것은 오만한 태도이기 때문일 것이다. 성소수자이든 아니든 원래가 인간은 불가해한 존재이다. 함부로 이해한다고 말하는 대신, 차라리 응원한다고 말하며 지지를 표명하는 것이 그 불가해한 인간에 대한 최소한의 예우일 것이다. 승은과 가람이 찾아간 절에서 만난 '혜우' 스님은 스님과 퀴어의 유사성을 언급하며 그들의 사랑을 이해하고자 한다. 고시 공부를 하기 위해 절에 들어갔다가 출가한 자신을 바라보는 주변의 시선이 곧 퀴어를 향한 시선과 다름없었다고 이야기한다. 우리가 퀴어를 이해할 수 있는 운신의 폭이 있다면 이는 자신의 경험에 비추는 것, 즉 자신의 소수자성을 경유하는 것뿐일지도 모른다.

3. 〈남의 연애〉: 동성애를 넘어 '게이 공동체'를 가시화하기

〈남의 연애〉는 《SBS Plus》의 유명 데이팅 예능인 〈나는 솔로〉처럼 참가자가 공동 숙소에서 7박 8일 동안 같이 생활하면서 서로에 대해 알아가며 마음을 표현하는 프로그램이다. 21~35세의 솔로 게이 8명이 출연하며, 대부분은 이미 가족에게 커밍아웃을 한 상태이다. 이들은 밤마다 전화나 편지로 호감 가는 상대에게 진심을 전하고 때로는 바깥에서 다양한 데이트를 즐기기도 한다. 남성과 여성이 동수로 출연하는 일반적인 데이팅 예능에서는 동일한 성별은 이성의 사랑을 쟁취하는 데 있어 경쟁자이거나 조언을 얻을 수 있는 동료이다. 이와 달리 〈남의 연애〉에서는 참가자들 서로가 서로에게 잠재적인 연애 상대이자 동시에 경쟁 상대이기도 하다. 그들은 서로를 향한 호감이 우정인지를 고민해야 한다.

여타 이성애자 데이팅 예능에서는 남성 참가자와 여성 참가자가 거실이나 주방을 공유하더라도 취침하는 공간은 성별로 분리돼 있다. 반면에 〈남의 연애〉에서는 1인실과 2인실, 4인실 등 방 3개에 나눠서 생활하며 추첨이나 게임을 통해 방을 배정한다. 특히 4인실에는 침대가 두 개뿐이라 두 명이 하나의 침대를 공유해야 한다. 동성애자이기 이전에 성별이 같기 때문에 가능한 설정이다. 언뜻 생각하기에는 혼자 방을 쓰는 것이 좋은 듯하지만, 그만큼 다른 사람들과 함께할 수 있는 시간이 줄어드는 단점이 있다. 따라서 방에 배정된 인원이 많을수록 서로의 친밀도는 높아질 수 있다. 물론 어느 정도 서로에 대한 마음이 굳어진 후에는 같은 방에서 잠을 자는 것에 더 이상 큰 의미 부여를 하지 않게 되기도 한다.

참가자들은 모두 준수한 외모를 지니고 있다. 그리고 남성다움이 돋보이는 외모의 참가자부터 메이크업을 하는 데 거리낌 없는 '아이돌' 같은 외모의 참가자까지 다양하다. 기본적으로 이들의 관계성은 BL 문화와의 교차점 속에 놓여 있으며, 이것은 BL 문화에 친숙한 시청자에게 호소력을 지닌 지점이기도 하다. 시청자는 BL의 커플링을 참조하면서 참가자들의 관계 맺기를 상상하고 기대한다. 그런데 참가자들의 관계성을 구축하는 데 있어 BL 문화는 현실과의 지속적인 타협을 통해 적용된다. 무엇보다, 참가자를 성적 대상화하거나 그들이 성애적 욕망을 표현하는 것을 최소화하고 있다는 점이 두드러지는 특징이다.

참가자들은 자연스러운 노출조차 꺼리고 애정 어린 신체 접촉도 기껏해야 조심스럽게 손을 잡는 정도가 전부이다. 성애적 욕망을 표출할 만한 분위기가 형성되더라도, 그 순간은 장난스럽게 희화되며 동성애에 내재된 일말의 불편함을 가볍게 제거한다. 이는 그들이 침대를 공유하더라도 시청자들로 하여금 성애적 친밀성을 상상하지 못하도록 해주는 배경이다. 동성애자는 성적으로 과잉된 존재라는 편견을 의식한 듯 그들을 최대한 조신하게 묘사하며 탈성애화한다. 그만큼 게이의 사랑은 욕정(?)에 물들지 않은 순수한 감정으로 미화된다. 마침내 한강 공원을 배경으로 커플로 성사된 참가자를 공개할 때, 카메라는 두 남성이 수줍게 손을 맞잡는 순간을 서로 다른 각도에서 반복적으로 보여준다. 그들은 손을 잡은 채 공원을 어색하게 걷는다. 공개적인 장소에서 게이 커플에게 허용된 최대한의 애정 표현은 손을 잡고 걷는 것이다. 사실 한국에서는 그조차도 대단한 용기가 필요하다.

 마지막 인터뷰에서 참가자들은 〈남의 연애〉를 통해 좋은 사람들을 만나게 됐다는 점을 언급하면서 방송 후에도 관계를 이어가기를 바란다. 커플이 된 참가자들조차 앞으로의 사랑에 대한 기대보다는 좋은 사람들과 함께 보낼 수 있었던 소중한 시간에 헌사를 보낸다. 일부는 아쉬움에 눈물을 흘리기도 한다. 앞서, 그들은 함께 보드게임을 하며 커밍아웃 경험을 비롯한 속 깊은 이야기를 나눈 뒤에 했던 인터뷰에서 돈독한 동료애와 유대감을 느꼈다고 고백하기도 했다. 마지막 밤, 캠핑장에서 캠프파이어를 하면서는 각자의 역할에 최선을 다한 서로에게 고마움을 전하기도 한다. 그들은 서로를 통해 자신을 돌아보며 사랑의 의미에 대해 재고할 수 있었다. 연인을 찾으러 왔지만, 뜻밖에도 좋은 친구를 사귀게 된 것이다. 애초에 그들 모두는 서로에게 잠재적 연인일 뿐만 아니라 잠재적 친구였다. 어쩌면 게이에게 사랑과 우정은 종이 한 장 차이일지도 모른다. 동성애에 대한 금욕적 접근은 오히려 동성 간의 우정을 돋보이게 만들었다. 궁극적으로 〈남의 연애〉는 게이의 사랑을 넘어 우정의 선한 영향력을 가시화하며, '게이 공동체'의 필요성을 역설한다.

4. 〈좋아하면 울리는 짝!짝!짝!〉: 정체성에 앞서는 감정의 커밍아웃

커밍아웃은 관계를 지향하지만 관계 맺기를 위한 필연적인 절차는 아니기 때문에 의무가 아니다. 관계를 우위에 둔다면 이제 커밍아웃은 부차적인 것으로 밀려날 수 있다. 중요한 것은 정체성의 확립이 아니라 내가 당장 느끼는 감각에 대한 집중이다. 퀴어는 성정체성을 확신하며 자긍심을 가지는 주체로부터 나아가 성별에 구애받지 않고 상대방을 향한 감정에 충실한 주체로 전회해야 한다. 그런 측면에서 〈좋아하면〉이 남녀 참가자가 마지막까지 이름과 나이 그리고 직업 등의 신상 정보를 밝히지 않은 채 서로 마주할 수 있도록 한 설정은 오로지 그 감각을 더 예리하게 벼리도록 해준다. 그것은 그동안의 경험과 학습을 통해 구축된 개인의 정체성으로부터 최대한 벗어나 편견 없이 상대방을 대하기 위한 시도이다. 이제 커밍아웃은 정체성이 아니라 그보다는 앞서는 감정의 몫이다.

〈좋아하면〉은 원작에 등장하는 '좋알람' 앱을 실제로 개발해서 참가자들이 그 앱을 통해 호감을 느끼는 대상에게 '하트'를 주는 연애 게임이다. 좋알람 앱이 활성화되면 자신에게 하트를 보낸 참가자가 반경 10미터 이내로 들어올 때 자신의 좋알람이 울린다. 최종적으로 성사된 커플들 중에서 하트 개수의 합이 가장 많은 커플이 우승을 하며 상금을 획득한다. 따라서 참가자들은 상대의 '마음'을 얻어 커플이 되면서 동시에 여러 사람에게서 많은 하트까지 챙길 수 있도록 전략을 세워야 한다. 그들에게 하트는 '매력 자본'을 상징한다. 매력은 하트를 획득하기 위한 수단이기 때문에 하트를 축적하기 위해서는 매력을 열심히 갈고닦고 또 '어필'해야 한다. 실제로 하트는 외판원에게서 원하는 상대와 데이트를 하거나 그 데이트를 '스틸'할 수 있는 등의 여러 가지 유용한 '카드'를 구입하기 위한 화폐로 기능하기도 한다. 매력 자본은 문자 그대로 자본력을 지니게 되는 것이다.

스튜디오에서 진행된 참가자들의 첫 만남에서는 본인이 직접 하트를 누르는 게 아니라 맥박, 호흡, 땀 등을 정밀하게 측정하는 거짓말 탐지기를 이용해서 가장 호감을 느끼는 상대를 확인한다. 즉 나의 의식적 선택이 아니라 내 몸의 무의식적 반응으로 하트를 보낼 대상을 정하는 것이다. 레오 버사니(Leo Bersani)와 아담 필립스(Adam Phillips)(2010)에 따르면, "라캉은 무의식적인 것을 지각과 의식 사이에 위치시킨다. 그것은 무의식적인 것을 의식의 뒤나 아래로 보는 정통적인 관점에 대한 흥미로운 대안이다. 이를 이해하는 한 가지 방법은 무의식적인 것을 의식에 앞서는 것으로 본다. 이는 시간적 선재(先在)가 아니라 존재론적 선재를 말한다."(25쪽) 참가자는 서로에 대한 첫인상을 지각하고 의식적 판단에 이르기에 앞서 신체의 즉각적인 반응을 체크한다. 물론 신체적 변화가 무의식을 그대로 반영하지는 않지만 그것은 직관적으로 형성된 순수한 감각의 영역을 포착하기 위한 노력으로서 유의미하다. 여기에서 무의식적인 것은 "주체성을 심리적 밀도로부터 순수한 가능성, 텅 비고 무한히 풍요로운 긴장감으로 바꾼다."(Bersani & Phillips, 2010, 25쪽) 무의식적 주체의 발현은 개인이 거쳐 온 역사를 통해 축적된 의식적 주체를 뒤로 밀어내며 무한한 가능성 앞에 선 텅 빈 자아를 소환한다. 거짓말 탐지기의 활용은 이후에 참가자가 하트를 눌러야 하는 대상을 선택하는 기준의 참고점이 될 뿐만 아니라 시청자에게는 그들의 관계성에서 무엇을 집중해서 봐야할지에 대한 길잡이가 된다.

실제로 남성 참가자들 중 '팅커벨'이 남성인 '타잔' 앞에서 가장 심한 신체 변화가 확인되자 제작진은 당황한다. 결국 팅커벨의 첫 번째 하트는 타잔의 몫이 된다. 팅커벨은 사전 인터뷰에서 자신을 귀엽다고 해주는 남자들한테 '심쿵'한 경험이 있다고 고백한다. 그래서 자신을 사랑스럽다고 칭찬해 준 타잔과 밤 산책을 해보고 싶다고 거리낌 없이 말한다. 팅커벨은 성별에 구애받지 않고 자신을 설레게 해주는 상대에게 마음을 줄 준비가 돼 있다. 강조컨대, 사랑은 나의 성 정체성이 아니라 상대를 향한 나의 감각, 관계 안에서 느낄 수 있는 날것 그대로의 감각으로부터 시작된다. 이제 '퀴어'란, 나의 모든 정체성으로부터 자유롭게 그 감각에 오롯이 몰두할 준비가 되어 있는 이들에게 부여되는 이름이다.

다른 참가자들 역시 인터뷰를 통해 성 정체성에 연연하지 않는 사랑을 할 준비가 돼 있음을 밝히기도 한다. 혹은 동성에게 호감을 보이는 이들을 기꺼이 인정할 관대함을 갖추고 있다. 공동 숙소로 자리를 옮겨 진행된 두 번째 좋알람 타임에서 팅커벨이 자신에게 하트를 준 사실을 눈치챈 '꽃사슴'은 잠시 당황했다가 이내 "누군가를 좋아하는 마음은 좋은 거고 고마운 거다."라고 말한다. 그는 상대의 성 정체성이 아니라 마음을 더 중요하게 본 것이다. 여성 참가자인 '자스민'이 타잔에게 꽃사슴과 팅커벨뿐만 아니라 여성인 '백장미'에 호감이 있다고 고백하자, 그는 "니, LGBT가?"라고 정확한 성 정체성 범주를 언급하며 반문한다. 이처럼 〈좋아하면〉이 구축한 연애의 세계는 퀴어 친화적이다.

 한편, '진영', '이은지', '츄'와 함께 진행을 맡은 홍석천은 게이로서의 '촉'을 발동하며 참가자들 사이에서 동성 간 커플링의 잠재성을 짚어낸다. 일례로, 그는 함께 운동을 하며 끈끈한 브로맨스를 보여주는 타잔과 '안새로이'가 서로 사랑에 빠질 가능성을 넌지시 기대한다. 그리고 구미호의 탈락 이후 새롭게 투입된 남성 참가자인 '재규어'에게 팅커벨이 호감을 가질 거라는 예상은 적중한다. 특히 자스민이 백장미에게 마음이 있다는 사실이 반전처럼 밝혀진 순간, 홍석천은 그 둘의 관계에 깊이 감정을 이입하면서 수시로 눈물을 흘린다. 그는 이성애 규범성으로 점철된 연애 세계에서 억압된 동성애 서사를 읽어내고 그 서사에 고유한 정동을 부여한다.

 자스민은 처음부터 꽃사슴에게만 하트를 줬다는 거짓말이 들통나면서 궁지에 몰리게 된다. 그녀는 자신의 거짓말이 관계를 파국으로 몰고 간 것에 대해 후회하고 꽃사슴에게 미안해한다. 꽃사슴은 실망감을 감추지 못하면서 그녀에게 화를 낸다. 그런데 자스민은 거짓말을 한 이유가 그에게 잘 보이고 싶거나 그의 하트를 받고 싶어서만은 아니라고 모호하게 말한다. 차라리 자기가 너무 좋아서 그랬다는 이야기를 듣고 싶어 하는 꽃사슴에게 자스민은 뜬금없이 원래 세 명에게 애정이 있었다고 고백한다. 알고 보니, 자스민은 사전 인터뷰에서 여자 연예인을 향한 동경의 마음이 동경에 그치는 것이 아니라 사랑의 한 방식일 수 있다고 단언했었다. 그녀는 용기를 더 냈더라면 백장미에게 하트를 줬을 거라고 말한다. 동성간의 호감을 표현하고 드러내기 위해서는 감정에 대한 솔직함만으로는 부족하며 더 큰 용기가 필요하다. 그래서 자스민은 초반에 백장미에게 호감을 표시하는 것은 위험하니, 후반부로 가면서 백장미에게 마음을 표현하겠다고 계획을 세웠다. 참고로 백장미는 처음부터 일편단심으로 꽃사슴에게만 하트를 주고 있다. 세 사람 사이에서 방황하던 자스민의 마음은 꽃사슴에게로 굳어진다.

　　엄밀히 말해, 백장미에 대한 애정이 꽃사슴에게 한 거짓말의 직접적인 동기는 아니다. 백장미에 대한 언급은 그저 곤란한 상황에서 벗어나기 위해 화제를 전환하려는 면피용은 아니었을 것이다. 이성애를 위한 거짓말과 동성애적 욕망 사이에는 느슨한 심리적 연결고리가 있다. 표면적으로 연애 게임 안에서 이성의 사랑은 경쟁을 통해 쟁취해 내야만 한다. 이를 위해서 동성을 향한 사랑은 억압돼야만 할 뿐만 아니라 그 게임의 논리로 포섭될 수 없는 층위에 있다. 최종 우승을 위해 거짓말이 통용되는 이성애의 세계는 거짓말이 무의미한 동성애의 세계에 대한 반대급부로 존재한다. 거짓말로 파국에 이른 관계는 이성애적 관계일 뿐이다. 거짓말은 뜻밖에도 연애 게임의 견고한 상징 질서에 균열을 내며 그 사이로, 차마 발화되지 못했던 동성애를 틈입시킨다. 이제 진실을 담보하는 것은 이성애가 아니라 동성애이다. 과장컨대 이성애적 거짓말은 억압된 동성애적 욕망의 징후일지도 모른다. 자스민이 차마 백장미에게는 단 하나의 하트도 주지 못했던 사실에 비하면, 꽃사슴에게 준 하트 개수를 늘려 말한 거짓말은 사소해 보인다. 그것은 과잉 발화될 수밖에 없는 이성애와 과소 발화될 수밖에 없는 동성애의 차이를 드러낸다. 이성애적 사랑은 과장되고 부풀려지는 반면에 동성애적 사랑은 축소되고 움츠려든다.

마지막 데이트의 파트너를 정하는 시간이 찾아오자, 꽃사슴은 자스민을 외면하고 '줄리엣'을 선택한다. 반면에 자스민은 백장미에게 데이트 신청을 한다. 자스민은 자신의 거짓말 덕분에 백장미에게 진심을 전할 기회를 얻는다. 인터뷰에서 백장미는 끝까지 자신을 챙겨주는 자스민에게 고맙고 미안한 마음을 전하며 울먹인다. 자스민은 이성애적 층위에서는 하트를 모으기 위해, 즉 자신의 매력을 돋보이게 하기 위해 거짓말까지 할 수 있는 전략가처럼 보이지만, 동성애적 층위에서는 자신보다 남을 먼저 배려하는 헌신적인 인물로 기억된다. 백장미는 자스민의 진심에 감동하며 자신이 모은 하트·매력 자본 전부를 자스민을 위해 소진하기로 결정한다. 가장 값비싼 데이트 코스를 구매하기 위해 그녀가 가진 모든 하트를 지불한다. 그녀는 더 이상 자신한테 하트/매력 자본이 의미가 없다고 털어놓으며 심지어 좋알람이 없는 바깥세상이 더 좋은 것 같다고 말한다. 이는 〈좋아하는〉이 하트를 기반으로 구축한 '연애 자본주의' 체제와 원칙에 대한 부정이다. 자신의 감정에 오롯이 충실한 사랑은 체제를 전복하고 원칙을 위반해야만 탄생할 수 있다. 그 전복과 위반을 향한 욕망은 규범성을 탈주하는 퀴어의 비순응적 사랑이 지닌 본질이다.

    12회의 엔딩 장면에서 백장미가 처음으로 자스민의 좋알람을 울리고 그것을 확인하는 자스민이 행복해하면서 퀴어 친화적인 시청자들의 기대감을 고조한다. 이를 지켜보던 진행자들도 감격하며 눈물을 글썽인다. 그러나 마지막 회인 13회에서 결국 자스민과 꽃사슴이 최종 커플이 되자 배신감을 느낀 시청자들 사이에서는 '퀴어베이팅(Queerbaiting)' 논란이 일기도 했다. 이 프로그램이 자스민과 백장미를 커플이 될 것처럼 편집을 통해 부각하며 시청자들을 소위 '낚아서' 농락했다는 것이다. 〈좋아하는〉은 '판타지 연애 게임'으로 홍보되고 있지만 이성애적 규범성으로부터 자유롭지 못하다는 측면에서 여전히 '판타지'가 아니라 '현실'에 가깝다. 비록 자스민과 백장미는 정식 커플로 성사되지는 못했지만 그들은 어느 이성애 커플들보다 정동적으로 가장 강렬한 커플 서사를 만들어 갔다. 그들의 덧없는 퀴어적 사랑은 고착된 규범적 사랑에 대한 저항의 흔적으로 영원히 남을 것이다.

5. 나오며

　지금까지 웨이브에서 방영된 세 편의 퀴어 리얼리티 프로그램이 성소수자를 재현하는 방식에 대해서 살펴봤다. 이 프로그램들이 '리얼리티'라는 수식어에 걸맞게 한국에서 살고 있는 성소수자의 보편적인 모습을 '있는 그대로' 보여줬다고 생각하지는 않는다. 또한 사회적 소수자에 대한 정확한 묘사가 재현의 정답이라거나 미디어의 본분이라고 여기지도 않는다. 그 대신에, 이들은 동시대적 맥락을 고민하고 지역적 특수성과 타협하며 성소수자 재현의 고유한 영역을 발명해냈다. 다시 말해, 이들의 미덕은 정체성 정치를 넘어 퀴어의 관계성을 사유하고 이해할 수 있는 '한국적' 방식을 탐구했다는 데에 있다. 물론 한계점도 뚜렷하게 남겼다. 출연진이 대부분 20대라는 한정된 나이면서 동시에 커밍아웃의 부담이 상대적으로 적은 전문직이나 자영업 종사자에 편중돼 있다는 점이다. 앞으로 보다 다양한 연령층과 직업군에 속해 있는 성소수자뿐만 아니라 장애와 인종적 차이를 지닌 성소수자까지 아울러서 그들이 편견에 맞서면서 대안적인 관계성을 추구하는 모습을 미디어에서 만나 볼 수 있기를 바란다. 퀴어 친화적인 미디어는 한국 사회의 성소수자 포용이라는 변화의 물결을 일으키는 시발점이 되리라 믿어 의심치 않는다.

참고문헌

Butler, J. & Spivak, G. C. (2007). Who sings the nationa-state? Language, politics, belonging. 주혜연 (역) (2008). 『누가 민족국가를 노래하는가』, 서울: 웅진씽크빅.
Bersani, L. & Phillips, A. (2010). Intimacies, University of Chicago Press.
Lim, S. H. (2006). Celluloid Comrade: Representation of male homosexuality in Contemporary Chinese Cinemas, University of Hawaii Press.

케이팝 해외 팬덤과 '케이팝 행동주의'

윤경 캐나다 브리티시 컬럼비아 대학교 교수

1. 글로벌 케이팝의 현재

2020년 6월 3일, 방탄소년단은 "우리는 인종차별에 반대합니다 (We stand against racial discrimination)"라는 포스팅을 그룹 트위터 계정에 올렸다. 그때는, 경찰의 과잉 진압으로 조지 플로이드(George Floyd)가 사망한 것에 분노한 시민들의 시위로 다시 시작된 인종차별 반대 캠페인 '흑인의 생명은 소중하다(#BlackLivesMatter)'가 한창인 시기였다. 방탄소년단의 포스팅은, 트위터상의 인종주의적 해시태그에 대해 케이팝 팬들이 반인종차별 포스팅을 올리면서 집단적으로 대응하기 시작한 바로 다음 날에 업로드됐다는 점에서 방탄소년단이 팬들에게 호응하고 있다는 신호로 해석되기도 했다. 방탄소년단의 포스팅이 업로드된 직후 언론에 의해 밝혀진 바에 따르면, 당시 방탄소년단과 하이브(HYBE, 구 빅히트엔터테인먼트)는 '흑인의 생명은 소중하다' 캠페인에 이미 100만 달러(약 12.5억 원)를 기부했다고 한다. 흥미롭게도 이 소식이 전해진 뒤 방탄소년단의 팬덤 아미(ARMY) 역시 온라인상으로 '#MatchAMillion'이라는 해시태그(hashtag)를 통해 기금 모금을 진행했는데, 단 하루 만에 방탄소년단의 기부 금액과 동일한 목표 금액 100만 달러를 넘긴 190만 달러(약 24.2억 원)를 모아 언론의 큰 주목을 받았다.

방탄소년단의 팬을 자처하는 할리우드 스타 존 시나(John Cena)를 비롯한 유명인 일부도 '#MatchAMillion'에 참여했다. 이 모금 운동의 핵심은 세계 각국 팬들이 자발적이고 신속하게 참여했다는 점이다. 모금 운동을 주도한 방탄소년단 연합 팬덤(One In An ARMY, OIAA)은 모금액이 목표치를 넘었을 때 다음과 같은 성명을 발표했다.

"'흑인의 생명은 소중하다'는 한시적인 것이 아니라 모든 이가 그들 일상에서 지속해야 하는 가치입니다. … 우리는 흑인 팬들(Black ARMY)과 연대합니다. 흑인은 우리의 소중한 가족입니다. 우리는 어디서나 흑인들과 함께합니다."(Turak, 2020)[1]

방탄소년단과 팬들이 '흑인의 생명은 소중하다' 캠페인에 참여한 것은 케이팝의 팬 문화, 보다 넓게는 한류의 지구화에 있어 흥미로운 지점을 보여준다. 그동안 케이팝과 한류는 사회정치적 문제와는 어느 정도 거리를 둔 문화적 현상으로 규정돼 왔다. 특히 케이팝 아티스트나 기획사는 국내외적인 사회정치적 문제에 의견을 표명하기를 꺼려 왔다(양성희, 2020; 이규탁, 2021). 국내의 대중문화 소비자 일부는 대중문화인의 정치적 입장 표명에 거부감을 가지고 있었

---

[1] 이번 기부는 미국 대중음악업계의 주요 기업이 제안한 2020년 6월 2일 '블랙아웃 화요일(Blackout Tuesday)' 행사와 궤를 같이했다. "쇼는 일시 정지돼야 한다(#TheShowMustBePaused)"라는 해시태그와 함께 시작된 '블랙아웃 화요일' 캠페인은 리한나(Rihanna), 퀸시 존스(Quincy Johns) 등을 비롯한 여러 유명 음악인의 참여와 지지로 대중에게 널리 알려졌다(Coscarelli, 2020). 이보다 앞선 6월 1일에 캐나다 출신 가수 위켄드(The Weeknd)는 사회정의 목적으로 50만 달러(약 6.3억 원)를 기부한 내역을 인스타그램 계정에 공개하며 거대 음악 기업들의 기부를 독려하기도 했다. 케이팝 음악인으로서는 박재범과 갓세븐(GOT7)의 마크 투안(Mark Tuan) 등 미국 출신의 음악인 일부가 흑인공동체를 위한 기부에 참여했다(Benjamin, 2020).

기에, 기획사나 아티스트가 사회정치적 입장이 분명한 캠페인을 제안하거나 그러한 캠페인에 참여하는 것은 상업적으로 위험하게 평가돼 왔다. 앞서 거론된 방탄소년단 팬들의 반인종주의 캠페인 참여와 기부 활동에 대해서도 국내 팬 일부는 회의적인 반응을 보이기도 했는데, 이는 흑인 인권운동이 한국과는 직접적인 관련이 없다고 판단했고 방탄소년단이 정치적으로 논쟁적인 현안에 너무 깊숙이 개입하는 것이 그룹의 활동에 부정적 효과를 가져올 수 있다고 봤기 때문이다(Cho, 2022).[2]

케이팝 아이돌 시스템에서 육성되는 아이돌들은 사회적으로 민감한 사안에 대한 소신 발언이나 행동을 피함으로써 누구에게나 소구할 수 있는 이미지를 극대화해 왔다. 가부장제와 같은 보수적 사회 규범에 대항하는 '걸 파워' 이미지와 노래로 인기를 모았던 2NE1이나 블랙핑크 같은 아이돌 그룹의 멤버도 그룹의 이미지와는 별개로 사회참여나 사회적 발언은 되도록 피해 왔다. 따라서 이 그룹들은 단지 반항적인 이미지를 상업적으로 이용할 뿐이라는 비판을 받기도 했다(이정엽, 2019). 오랜 기간 기획과 훈련을 통해 아

---

[2] 케이팝의 인기가 해외에서 빠르게 확산되면서 케이팝 국내 팬과 해외 팬 간 소통이 중요한 의제로 떠오르고 있다. 베르비기에 마티유와 조영한(2017)의 연구에 따르면, 한국의 팬들은, 충성도가 높은 해외 팬들을 연대의 대상으로 보기도 하지만 해외 팬들을 '타자'로 인식하는 차별적인 인식을 갖고 있기도 하다. 한국의 팬들은 해외 팬들을 국가와 민족 등에 따라 구별 짓고 한국을 중심으로 한 위계 내에서 인식한다. 즉, 팬 문화에서 국적이나 민족의 단위가 여전히 영향력을 발휘하고 있는 것이다. 이러한 연구 결과는 케이팝의 문화가 국적이나 위계를 뛰어넘는 코스모폴리탄적인 세계관을 지향한다는 일부의 연구(McLaren & Jin, 2020)와 구별된다.

이돌의 상업적 가치를 극대화하는 케이팝 시스템하에서 사회정치적인 현안에 대해 목소리를 높이는 아이돌 뮤지션을 자주 만나기는 힘들 수밖에 없다. 그럼에도 불구하고 최근 방탄소년단과 그 팬덤 아미의 열성적인 사회참여에서 보이듯이 일부 케이팝 아이돌과 그들의 팬들은 케이팝의 영향력을 문화 영역을 넘어서 사회적·정치적 영역으로까지 확장하는 단초를 보이고 있다. 특히 케이팝을 매개로 한 사회참여 활동은 국내보다는 해외의 케이팝 팬들 사이에서 더 두드러지는 경향을 보인다. 서구 언론에 의해 '케이팝 행동주의(K-pop activism 또는 K-pop political activism)'로 불리기 시작한 이러한 움직임은 한류가 해외의 팬들에게 참여문화로서 실천되고 있으며 팬들을 연대하게 하는 중요한 문화적 자원이 될 수 있음을 시사하고 있지만, 이에 대한 한국 언론이나 학계의 논의는 서구에 비해 아직 활발하지 않은 것 같다.

    이 글은 기획사 주도의 탈정치적인 케이팝에서 보다 문화정치적이고 참여중심적인 케이팝으로 진화하고 있는 글로벌 케이팝의 현재를 논의한다. 먼저 케이팝 팬들이 인권 관련 활동이나 인도주의적 캠페인 등에 참여하는 대표 사례를 살펴보고 그 의미를 검토해 볼 것이다. 이어서 탈정치적이고 상업적인 성격이 강했던 케이팝이 사회적인 의제와 연계되는 새로운 팬 문화를 형성해 가는 과정과 그 추동 요인을 알아볼 것이다. 마지막으로 '케이팝 행동주의'의 가능성과 한계에 대해 논의하고자 한다.

2. '케이팝 행동주의'의 등장

과거 독재 정권에 맞서 저항하는 순간마다 우리 젊은이들이 불렀던 가요들의 사례에서 확인되듯이, 대중음악은 주류사회에 저항하거나 대안적인 사회를 꿈꾸는 사람들에게 상징적인 도구로 쓰이곤 했다. 정전(canon)화돼 지식이나 교양을 갖춘 특정 계층에게 봉사하는 '고급문화(high culture)' 혹은 '고급예술'에 비해 대중문화(popular culture)는 다양한 계층과 집단이 자신들 나름대로 해석함으로써 의미의 투쟁을 벌이는 전쟁터와 같은 공간을 제공한다. 그 때문에 대중문화의 수용자는 수동적인 소비자의 역할에만 머무르지 않고 보다 적극적으로 의미를 전유(appropriate)하고 생성하는 역할도 수행할 수 있다. 대중문화 수용자들의 사회적인 의미는 영미권 문화연구자들의 선구적인 연구를 중심으로 지속적으로 논의돼 왔다. 예컨대 존 피스크(Fiske, 1992)는 주류의 규범에서 이탈하는 과잉적이거나 대항적인 스타일의 문화 텍스트를 향유하는 팬들이 수동적인 존재가 아니라 저항적이며 생산적인 주체라고 주장했다. 헨리 젠킨스(Jenkins, 1992)의 〈스타 트랙(Star Track)〉 팬들에 대한 연구는 팬들이 대중문화의 단순 수용자가 아닌 '텍스트 밀렵꾼(textual poachers)'으로서 원본의 의미를 위반하거나 여백을 채우는 의미의 생산자임을 밝혀냈다. 이런 측면에서 보면, 팬들은 대중문화를 아무런 비판없이 추종하는 병리학적 존재가 아니라 대중문화의 사회적 의미를 풍부하게 하는 참여문화의 수행자인 셈이다.

'제1세대 팬 연구자들'로 불리는 이 문화연구자들의 논의가 영국이나 미국 등 서구 국가의 사례를 중심으로 인터넷 도입 이전에 수행된 연구에 기초한다면, 최근 연구는 디지털 미디어를 이용한 초국가적(transnational), 혼종적(hybrid) 성격을 지닌 팬 활동에도 주목하고 있다. 예컨대 로리 키도 로페즈(Lopez, 2016)의 연구는 아시아계 미국인 팬들의 디지털 미디어를 통한 사회적 참여와 인권 운동에 주목하면서, 유튜브 등의 디지털 미디어가 소수 인종에게 그들의 이야기를 집단 내에서뿐만 아니라 사회 전체가 공유할 수 있는 채널로 기능하고 있음을 보여준다. 또한 로페즈는 한류와 같은 문화 현상은 미국 내 아시아계 팬들에게 자신들의 국적을 뛰어넘는 새로운 혼종적 정체성을 제공하는 문화적 자원이 되고 있다고 밝혔다(Lopez, 2016). 한편 베르타 친과 로리 모리모토(Chin & Morimoto, 2013)는 팬들이 디지털 미디어로 매개되는 하위문화적 실천들을 통해 다른 사회문화적 맥락에서 생산된 문화 텍스트와 정동적 친밀성(affective affinity)을 형성하고 있는 현상에 주목한다. 이러한 관점에서 보자면 해외 각지의 팬들이 케이팝을 수용하는 과정은 언어나 국적 등의 장벽을 뛰어넘는 정동적 친밀성에 기반한 초국적이면서 지역화된 하위문화를 형성하는 과정이라고도 할 수 있다(Han, 2017). 특히 케이팝은 "여성, 청년, 유색인종, 성소수자가 공적·상업적 공간을 육체를 통한 즐거움을 즐기며 자신을 드러내고 표현하는 공간으로 밀렵하는 기회를 제공"함으로써 해외 팬들의 네트워크화된 하위문화적 실천으로 기능해 왔다고 평가된다(이오현, 2021, 157쪽).

순수예술과 같은 일명 '고급문화' 장르와 달리 대중문화 장르와 텍스트는 수용자들의 다양한 해석을 가능하게 한다. 1970~80년대의 일부 포크 음악이 애초의 제작 의도와 달리 수용자나 검열 기관에 의해 저항 가요로 의미화된 것처럼, 제작 당시의 기획 의도와 다른 정치적 상징성을 지니게 되는 경우도 있다. 일견 탈정치적으로 보이는 소녀시대의 〈다시 만난 세계〉는 2016년 이화여대 학생들의 학내 투쟁의 현장에서 울려 퍼지거나, 2020년 태국의 반정부 시위 현장에서 군중 시위대의 투쟁가로 불리기도 했다(Tanakasempipat, 2020). 소녀시대의 〈다시 만난 세계〉의 가사는 청소년에게 "어떤 어려움이 와도 피하지 말고 헤쳐 나가라"라는 메시지를 담아 쓰여졌는데, 이것이 각자 다른 사회적 맥락에 있는 수용자에 의해 전유될 때에는 현재의 억압적인 정치적 체제를 극복하고 '다시 만난 세계'를 갈구하는 저항 음악으로 쓰일 수 있는 것이다(양승준, 2016. 8. 16.).

최근 케이팝이 사회적 의제에 활용되는 방식 역시 대중문화가 지닌 다양한 해석의 가능성을 드러내는 사례이다. 예컨대 개인적 체험에서 나온 성장통의 주제를 다루는 방탄소년단의 음악도 사회정치적인 의제를 직접적으로 제시하지는 않지만, 결과적으로 전 세계 팬들의 연대감을 키워주고 나아가 인권과 같은 사회적인 의제에 함께 참여할 수 있는 계기를 마련해 주고 있다. 물론 대중문화를 통한 행동주의(activism)의 양상이 케이팝에만 나타나는 것은 아니다. 다양한 대중문화 아티스트들이 UN 친선 대사 등의 직책을 맡으며 인도주의적 활동에 동참하거나 사회적 부조리에 저항하는 각종 캠페인이나 시위에 참여하곤 한다. 하지만 케이팝 팬들의 사회적 행동에는 여느 대중문화 아티스트들과 그들의 팬이 사회적 의제에 참여하는 방식과는 차별되는 지점이 있다.

언론인 무스타파 바유미(Bayoumi, 2022)는 《가디언(Guardian)》에 기고한 기사에서 '케이팝 행동주의'를 극우파의 청년 운동과 같은 극단적이고 공격적인 행동주의와 대비한 바 있다. 그에 따르면, 사회적 소외감과 불만에서 기인하는 극단적이고 공격적인 종류의 행동주의와 달리 케이팝 행동주의는 사회적인 고립에 반대하며 연대와 공동선을 중시하고, 희망적으로 세계를 감싸 안으려는 노력을 보여주는 실천이다. 즉, '케이팝 행동주의'는 급진적이고 공격적인 종류의 행동주의와는 변별되는 탈급진적인 운동(a deradicalizing movement)이다. 케이팝을 통한 행동주의는 케이팝 아티스트들이 도발적인 이미지나 스타일로 주목을 받기보다는 "정중하고, 예술적으로 저항"해 왔다는 사실과도 궤를 함께한다(Nika, 2020). 케이팝 팬들은 그들의 아티스트가 보여주는 행동주의를 전형적 의미의 정치적 제스처라기보다는 인도주의적 실천으로 받아들이고 동참하는 경향이 있다(Choi, 2022). 팬들 스스로도 인도주의적 참여와 기부를 통해 자신이 지지하는 케이팝 아티스트에 대한 애정을 드러내고 팬덤의 선한 영향력을 강화해 나가고 있다. 예컨대 2016년에 방탄소년단의 페루 팬들은 '초콜릿 크리스마스'라는 이름으로 사회봉사 이벤트를 조직해, 초콜릿, 파네토네[3], 장난감 등을 기부받아 노숙자를

---

3   크리스마스에 주로 먹는 이탈리안 빵의 한 종류.

비롯해 도움이 필요한 사람들과 나눴다. 이들은 코로나19 팬데믹으로 인한 사망자가 급증하던 2021년 2월에는 코로나19 치료에 필요한 산소공장 건설에 쓰일 기부금을 모으는 행사를 통해 방탄소년단 멤버 제이홉의 생일을 축하했다(추영준, 2021. 3. 1.). 이처럼 케이팝을 통한 행동주의는 지역사회에 관심을 가지고 봉사하지만, 이러한 지역적 이슈가 디지털 미디어를 통해 널리 확산되면서 전 세계 팬들의 연대를 이끌어내기도 한다(김윤주, 2021. 10. 28.). 예컨대 '흑인의 생명은 소중하다' 캠페인은 북미에서 시작된 캠페인이 전 세계 팬들의 관심과 참여를 촉진한 것으로, 단시간 내에 큰 성과를 거두기도 했다.

3. 방탄소년단: 사회참여형 아이돌의 탄생

케이팝 해외 팬들이 사회적 이슈에 참여하게 된 데는 사실 방탄소년단이 기여한 바가 크다. 방탄소년단이 글로벌 그룹으로 성장한 과정을 고려해 볼 때 이들이 케이팝 사회참여를 선도하고 있다는 점은 놀라운 일이 아니다. 여러 측면에서 방탄소년단은 기존 케이팝 시스템을 변주하고 확장하는 시도를 거듭한 아이돌 그룹이다. 흥미롭게도 이들은 세계 시장에서 가장 널리 알려진 케이팝 그룹이면서도 케이팝의 상업적 포맷에서는 상대적으로 자유로운 그룹으로 진화해왔다. 특히 멤버들이 자신의 경험을 담아 작사, 작곡, 제작 등에 참여해 동시대 젊은이가 겪는 성장통을 음악으로 승화하고 활발한 SNS 활동을 통해 폭넓게 공유함으로써 다국적인 팬들과 함께 성장하는 세계관을 구축해 왔다(이정엽, 2019; 이지행, 2019; 홍석경, 2020).

아이돌 그룹 육성 시스템을 중심으로 고도로 기획된 상업적 음악 장르가 대세를 이루고 있는 케이팝 산업에서 방탄소년단의 사회적 참여는 주목할 필요가 있다. 이들은 흑인 문화에 대한 이해나 인종차별에 대한 비판 등에 있어서도 깊이 있는 이해를 가지고 있는 것으로 알려져 있다. 흑인 음악의 스웩(swag)[4]이나 껄렁함 같은 스타일만을 표피적으로 차용하는 일부의 케이팝 아티스트와 달리, 방탄소년단은 시행착오의 과정을 거쳐 흑인 음악이 지닌 사회문화적 의미를 배우려고 노력하는 모습을 인터뷰와 창작 활동을 통해 보여 줬다(이지행, 2019, 92-94쪽; Cho, 2022).[5] 이런 노력 덕분에 방탄소년단의 '흑인의 생명은 소중하다' 캠페인을 위시한 사회적 참여와 발

---

4 '약탈품', '장물'을 뜻하는 단어이나, 힙합, 흑인 음악에서는 '자신만의 것', '스타일', '멋'을 지칭하는 은어로 쓰이는 경우가 많다.
5 물론 방탄소년단이 인종주의, 페미니즘, 인권 등의 사회적 문제에 대해 늘 깊이 있는 이해를 견지한 것은 아니다. 중요한 점은 방탄소년단이 논란과 시행착오를 통해 성장하고 배우는 태도를 견지함으로써 자신들의 타 문화와 사회문제에 대한 이해의 폭을 넓혀왔다는 것이다. 또 방탄소년단 팬들은 방탄소년단에 대한 무조건적 옹호보다는 그들의 잘못을 지적하면서 함께 성장하는 건설적인 공생 관계를 유지해 왔다. 한편, 활동 초기에 방탄소년단의 일부 음악이나 SNS 포스팅 등은 인종주의나 여성혐오 등과 관련된 논란에 휩싸이기도 했다. 예컨대 2016년에 방탄소년단 팬들은 "여자는 최고의 선물이야" 등과 같은 노래 가사가 여성 혐오의 소지가 있다는 점을 지적했고, 방탄소년단과 그 소속사는 이러한 반응에 대해 사과하고 문제되는 내용을 수정하고 반성하는 모습을 보였다(정은혜, 2018).

언이 대중과 팬들로부터 큰 지지를 받고 있는 것이다. 방탄소년단의 사회참여는 각종 자선 활동과 국제기구에서의 활동으로도 꾸준히 증명된다. 예컨대 2017년 말부터 2년간 음반 수익금 일부와 굿즈 수익 전액을 기부하는 '러브 마이셀프(Love Myself)' 캠페인을 벌였고, 팬들은 멤버들의 생일이나 기념일이 될 때마다 다양한 기부 모금 활동으로 자신들의 연대감을 보여주곤 한다. 앞서 언급한 페루 팬들의 사례처럼, 팬들이 자신들이 좋아하는 케이팝 아티스트의 이름으로 자선 활동이나 기부 활동을 펼치는 모습은 최근의 케이팝 팬 문화의 한 특징이다(이지행, 2019).

케이팝 팬들은 사회적 참여와 행동주의를 통해, 극단적인 투쟁의 방식이 아니어도 사회를 바꿀 수 있다는 낙관적 믿음을 체득한다(Nika, 2020). 팬 활동이 자기효능감(self-efficacy)이나 내적 성장에 기여하는 일종의 치유적 역할을 한다는 것은 기존의 팬 연구에서 밝혀진 바이지만(Zubernis & Larsen, 2011), 방탄소년단과 같은 케이팝 그룹이 그들의 팬과 함께 만들어 나가는 세계는 보다 긴밀한 팬-아티스트 상호작용과 신뢰에 기초하고, 궁극적으로는 기존의 사회를 넘어서는 변화를 추구하고 있다(Choi, 2022; Nika, 2020).

물론 최근의 사회 이슈에 대한 방탄소년단과 그 팬들의 적극적 참여를 케이팝 문화의 일반적 경향보다는 예외적인 측면으로 보거나 그 실천 자체의 의미를 확대하는 것을 경계하는 평자들도 있다. 방탄소년단이나 일부 케이팝 아티스트를 제외하고는 대부분의 아티스트가 여전히 사회문제에 거리를 두고 있고, 방탄소년단도 인권 문제 등에 대한 이해가 깊지 못하다는 비판을 받기도 한다. 예를 들면, 미국 오리건주립대학교의 흑인 학자 데이나 채트먼(Chatman, 2020)은 케이팝산업이 그동안 보여준 흑인 문화에 대한 이해 부족 등을 지적하면서, 방탄소년단과 그 팬들의 '흑인의 생명은 소중하다' 캠페인 참여가 피상적인 연대에 지나지 않을 수 있음을 경계했다. 이에 대해 캐나다 토론토대학교의 한국계 미국인 학자 미셸 조(Cho, 2022)는 채트먼의 시각은 미국 문화의 시각으로 미국 문화에 친숙하지 않은 케이팝 아티스트와 문화를 평가하는 서구중심주의적 태도라고 반론을 제기했다. 케이팝이 미국 음악의 일정한 영향 하에서 전개돼 왔지만 미국에서 탄생되고 성장한 음악적 장르가 아니라는 점을 고려해 보면 조(Cho, 2020)의 반론은 큰 설득력을 갖는다. 채트먼의 주장에서는 케이팝 아티스트와 팬들이 반인종주의 캠페인에 참여하는 것을 미국의 사회문화적 이슈에 대한 이해 없이 흉내 내려는 제스처로 폄하하려는 미국 음악산업과 주류 언론의 비서구문화에 대한 관점이 드러나기 때문이다.

요컨대 미국 음악산업과 일부 전문가들의 비판적 관점과 달리 케이팝 팬들은 강한 연대감과 성찰을 통해 특유의 참여문화와 행동주의를 발전시켜 왔다(McLaren & Jin, 2020; Yoon, 2017). 특히, 케이팝은 해외 수용자에게 주류의 팝 음악과는 다른 대안적인 음악으로 수용되는 경향이 강하기 때문에 케이팝 팬들은 주류의 소비문화와 차별되는 방식으로 자신들의 팬 정체성을 수립해 왔고, 사회정의나 인권 문제에도 예민하게 자신들의 생각을 드러내곤 한다. 특히 방탄소년단은 성소수자의 인권이나 정신건강 등의 문제에 대해서 자신의 의견을 팬들과 나눔으로써 사회에서 소외받는 위치에 있는 소수자 그룹 팬들에게 큰 지지를 받아 왔다.

4. 하위문화(subculture)로서의 케이팝 팬덤

해외에서 케이팝은 비주류의 새로운 음악적 스타일로 받아들여졌고, 국내 음악 시장에서와는 다른 의미를 획득해 왔다. 해외에서 케이팝으로 지칭되는 아이돌 그룹 중심의 가요들이 국내 음악 시장에서의 주류 음악이라면, 팝이나 힙합 등 미국 대중음악 장르나 자국의 대중음악이 지배적인 해외 음악 시장에서 케이팝은 소수자 집단(성소수자, 페미니스트, 소수 인종 등)을 포함한 청년 하위문화에서 주로 수용되는 음악으로 성장했다(이규탁, 2020; 이지행, 2020). 케이팝은 해외 수용 과정에서 비주류의 문화적 감성과 정체성을 가진 젊은이들에게 특히 중요한 음악 장르로 자리 잡았다. 케이팝은 국내에서는 주류의 음악이지만, 해외에서는 하위문화 또는 대안적 문화의 형태로 수용되고 있고, 케이팝이 (서구 팝 음악에 비해) 공격적인 이성애 규범성을 강하게 표출하지 않고 부드러운 이미지의 남성성을 보여주는 면이 성소수자 팬들에게 상대적으로 안정감을 주는 것으로 분석되기도 한다(양성희, 2020).

서구의 주류 언론이나 전문가들은 특히 케이팝이 소개되던 초기에는 종종 케이팝을 예술성이 없는 기획 상품으로 치부하거나 케이팝 팬들을 비주류의 열등한 감성을 가진 수용자로 폄하하기도 했다(Cho, 2022; Jin et al., 2021; Yoon, 2017). 주류 언론의 이러한 의미화 과정의 효과로, 자의에서든 타의에서든 케이팝은 비주류 또는 대안적 문화 취향을 추구하는 수용자의 관심을 끌었다. 이에 일부 평론가들은 미국 사회에서 케이팝의 의미를 '백인 주류 문화에 反하는 문화', '비주류·소수자·다양성의 아이콘' 등으로 규정하기도 한다(양성희, 2020; 최보윤, 2022).

커버댄스나 리액션 비디오 만들기 등의 실천을 통해 서로 교류하는 케이팝 팬 문화에서 LGBTQ+, 소수 인종, 저소득층의 청소년들은 특히 열성적인 수용자로 인식되고 있다. 드레드 강(Kang, 2014)의 연구에 따르면, 태국의 케이팝 커버댄스 문화는 단순히 케이팝의 보급을 넘어서 청소년, 특히 전형적인 의미에서 여성의 성역할을 하는 남성 청소년이 본인의 여성성을 표출하는 계기가 되고 있다. 또한 윤경(Yoon, 2017)의 연구는 케이팝이 북미의 아시아계 청소년들에게 백인 중심 사회에서 그들의 주변성을 인식하고 극복하게 하는 중요한 문화적 자원의 역할을 하고 있음을 밝혀냈다. 한편 라틴아메리카에서 수행된 연구들은 아시아 문화에 대한 차별이 심한 라틴아메리카에서는 케이팝이 여전히 사회적으로 주변화된 문화 취향이라는 인식이 팽배해 있고, 주로 저소득층 청소년들에게 큰 인기를 끌고 있음을 보여준다. 극심한 불평등과 경제적 위기 등의 사회적 문제를 만성적으로 겪고 있는 라틴아메리카의 청소년들에게 케이팝은 대안적인 사회를 꿈꿀 수 있는 상상적인 문화적 출구로서 기능하고 있다는 것이다(Ko et al., 2014; Jin et al., 2021).

물론 케이팝 팬덤은 다양한 국적, 인종, 계층, 성적 지향, 나이 등을 지닌 팬들로 구성돼 있고, 각각의 케이팝 그룹과 그 팬덤은 저마다의 특색을 띠고 있다. 하지만 방탄소년단 팬들에게서 볼 수 있듯이, 팬들은 자신들의 정체성을 뛰어넘는 세계시민주의적 커뮤니티를 지향하고 있으며 소수자와의 연대에 큰 관심을 보인다. 방탄소년단의 '흑인의 생명은 소중하다' 캠페인 참여에서 예시되듯이, 일부 케이팝 아티스트도 소수 문화를 이해하고 존중하기 위해 노력하고 있다. 특히 방탄소년단은 흑인 미국 문화를 단순히 소비하고 차용하는 데서 나아가 이해하고 배우려는 자세를 취함으로써, 백인 중심의 미국 문화를 규범으로 가정하는 지배적인 관점을 넘어서려고 노력하는 모습을 보여준다(Cho, 2022).

5. '케이팝 행동주의'의 미래

케이팝은 해외의 팬들 사이에서 다양한 사회정치적 의미를 지닌 문화적 장르로 거듭나고 있다. 이처럼 다양한 수용 과정은 케이팝의 외연을 확장하고 한류의 창의적인 역동성을 지속하는 데 기여할 것으로 보인다. 특히 코로나19 팬데믹 시기에 온라인상에서 활발해진 '케이팝 행동주의' 현상은 대중문화의 텍스트와 실천이 생성하는 다층적인 의미를 드러내면서 팬들이 그들의 일상 속에서 맞닥뜨리는 사회적 모순을 일견 일상적으로 보이는 문화 소비와 참여로써 대응해나가고 있음을 드러낸다. 앞서 언급했듯이 케이팝 산업은 최근까지도 비정치적인 태도를 견지해 왔고, 케이팝 아티스트들은 사회적인 의제에 거리를 두었다. 현재 글로벌 케이팝의 근간을 이루는 아이돌 음악은 주로 국내의 젊은 수용자를 위한 대중문화 '상품'으로서 기획되고 생산돼 왔다. 대규모 기획사에서 제작되는 대중문화 텍스트는 상품이나 폭넓은 대중에게 소구하는 데 목적을 두기 때문에 정치적 목적을 위해 제작되는 것은 아니다. 그런데 방탄소년단과 같은 몇몇 아이돌 그룹은 지속적인 성장과 성찰의 메시지를 팬들과 공유하면서 기획사에 의해 제작된 그룹이 아닌 아티스트로 자리매김하고자 스스로 노력해 왔다. 특히 방탄소년단은 UN 등을 통해 인권이나 환경문제에 관해서도 활발하게 발언해 왔고, 팬데믹 기간에도 젊은이들의 어려움에 공감하는 메시지를 지속적으로 전파했다. 방탄소년단을 위시한 케이팝은 최근 언론에 보도되고 있듯이, 사회적 의제에 개입하는 행동주의적 매개체로 간주되기도 한다.

국내의 일부 평론가들은 서구 언론이 주목하는 '케이팝 행동주의'라는 개념이 문화에 과도한 정치적 의미를 부여하는 외부자의 관점일 수도 있음을 지적한다. 즉, 팬들이 케이팝을 통해 여러 가지 사회적 활동을 하는 것은 문화를 즐기고 참여하는 방식이자 새로운 사회를 상상하는 방식이므로, 이를 외부자의 시각으로 정치적 행위로 단정 짓거나 사회변혁을 위한 도구 등으로 단순하게 규정하는 태도는 위험할 수도 있다는 것이다(김헌식, 2020). 미디어 학자 졸리 젠슨(Jensen, 2014)은 미디어 팬에 대한 연구와 담론이 미디어 팬덤을 사회적 의제나 사회적 현상의 징후나 도구로 축소해 이해함으로써 팬덤의 다양한 실천 양상과 의미를 파악하지 못하고 있다고 지적한 바 있다. 이런 비판을 수용한다면, 케이팝 팬들의 문화적 실천은 어떤 사회적·정치적 의제를 실현하기 위한 직접적이고 도구적인 행위라기보다는 상징적·정동적 참여문화의 한 형태로 보는 편이 옳을 것이다. 즉, 문화연구자들이 지적하듯이 대중음악은 그 자체로 정치적 도구라기보다는 문화정치의 자원이라고 할 수 있다. 팬들은 케이팝을 통해서 자신이 경험하는 사회적 모순과 문화적 위치를 간파하고 이러한 모순을 상상으로 맞닥뜨려 나가는 것이다.

케이팝은 전 지구적인 문화가 되어 가고 있지만 여전히 해외에서, 특히 서구에서는 하위문화적 장르로 수용된다. 바로 이러한 하위문화적인 성격 때문에 케이팝은 그 자체로 다양한 대안적 의미를 지니고 사회변혁을 추구하는 소수자 집단과 청년층에게 크게 소구되고 있다. 특히 케이팝의 글로벌 팬 문화는 팬들 간 공감과 연대감을 매우 중요한 가치로 생각한다는 점에서 상대적으로 개인화돼 가는 서구 팬 문화에 대한 대안을 제시하고 있다고 평가된다(Cho, 2020; Lee & Kao 2021; McLaren & Jin 2020). 또한 케이팝 팬들은 지역적 수준의 의제뿐 아니라 환경문제 등 전 지구적인 의제에도 참여하고 있으며(김윤주, 2021), 이러한 참여를 통해 개인의 성장과 공동체 소속감도 강화하고 있다. 라틴아메리카의 케이팝 팬들의 사례에서 볼 수 있듯이, 경제·사회적 위기 가운데 살아가는 청소년들에게 케이팝은 그들의 현실에 존재하지 않지만, 그들의 현실을 성찰할 수 있도록 해주는 문화적 매개체로 기능하고 있다(Ko et al., 2014; Jin et al, 2021). 케이팝을 통해 행동함으로써 팬들은 자신을 표현하고 새로운 세계를 상상할 수 있는 문화적 시민권(cultural citizenship)을 획득하는 셈이다(Lopez, 2016).

'케이팝 행동주의'가 글로벌 케이팝이라는 문화적 장르 또는 현상의 전부는 아니다. 그리고 이러한 실천이 단시간 내에 직접적이고도 효과적인 사회변혁을 가져오기도 힘들 것이다. 하지만 상업주의적인 대중문화산업 (특히 고도로 기획된 상업주의적 아이돌 시스템) 안에서 대안적 균열의 가능성을 암시한 '케이팝 행동주의'의 흐름은 국가주의적인 글로벌 마켓 확장과 산업 성장에 매몰될 수 있는 한류의 신화에 해독제로서 기능할 수 있다는 점에서 주목할 만하다. 어쩌면 케이팝의 미래는 팬들이 만들어가는 연대와 환대에 기반한 세계관과 고도의 기획을 통해 세계 시장을 확장하겠다는 산업적·상업적 세계관 사이의 긴장 속에 놓여 있다고 볼 수 있다. 케이팝 팬들이 만들어가는 참여문화와 정치·사회적 행동주의는 지속 가능한 한류를 가늠해 볼 수 있는 리트머스 시험지가 아닐까 싶다.

참고문헌

김윤주 (2021. 10. 28.). '친환경 덕질' 하고 싶은 K팝 팬들이 뭉쳤다. 《한겨레》. https://www.hani.co.kr/arti/society/environment/1017107.html#csidxfed8febc46121bd8c78afeadbbdeb60

김헌식 (2022. 2. 22.). 케이팝이 인종적 성적 소수자인가. 《천지일보》. https://www.newscj.com/952821

베르비기에 마티유·조영한 (2017). 케이팝(K-pop)의 한국 팬덤에 대한 연구: 해외 팬들에 대한 인식을 중심으로. 《한국언론정보학보》, 81(1), 272–298.

양성희 (2020. 6. 7.). K팝은 사회운동의 무기가 될 수 있을까. 《중앙일보》. https://www.joongang.co.kr/article/23804271

양승준 (2016. 8. 16.). '다만세'가 '밀레니얼 세대' 투쟁가 된 이유. 《한국일보》. https://www.hankookilbo.com/News/Read/201608160492992382

이규탁 (2021). 음악 한류. 위기 속의 전환 그리고 기회. 『한류백서 2021』. 한국국제문화교류진흥원.

이오현 (2021). 케이팝(K-pop)의 해외수용 문화가 지닌 문화정치적 함의에 대한 연구 : K-pop Random Play Dance를 중심으로. 《한국언론학보》, 65권 5호, pp. 127–170.

이정엽 (2019). BTS, (케이) 팝의 역사를 다시 쓴다. 《내일을 여는 역사》, 76호, pp. 306–314.

이지행 (2019). 『BTS와 아미컬처』.. 커뮤니케이션북스.

정은혜 (2018. 1. 12.). 방탄소년단이 대단한 진짜 이유, '페미니즘' 가르쳐준 팬들 덕분. 《중앙일보》. https://www.joongang.co.kr/article/22280739

최보윤 (2022. 2. 16.). 환경·빈곤·인권… 목소리 내는 전세계 K팝 팬들. 《조선일보》. https://www.chosun.com/culture-life/culture_general/2022/02/16/X6MISF3ITNBTXEMNSYWAZN7ASQ/

추영준 (2021. 3. 1.). 방탄소년단 페루 팬클럽, 제이홉 이름으로 코로나19 치료 의료용 산소공장에 기부. 《세계일보》. https://www.segye.com/newsView/20210301509982

홍석경 (2020). 『BTS: 길위에서』. 어크로스.

Bayoumi, M. (2022. 2. 9). Can the K-pop boyband BTS … save the world? *The Guardian*. https://www.theguardian.com/commentisfree/2022/feb/09/can-k-pop-boyband-bts-save-the-world

Benjamin, J. (2020. 6. 6.). BTS and Big Hit Entertainment Donate $1 Million to Black Lives Matter. *Variety*. https://variety.com/2020/music/news/bts-big-hit-1-million-black-lives-matter-donation-1234627049/

Bruner, R. (2020. 7. 25.). How K-pop fans actually work as a force for political activism in 2020. *Time*. https://time.com/5866955/k-pop-political/

Chin, B., & Morimoto, L. H. (2013). Towards a theory of transcultural fandom. *Participations: Journal of Audience & Reception Studies*, *10*(1), pp. 92–108.

Cho, Michelle (2022). BTS for BLM: K-pop, race, and transcultural fandom. *Celebrity Studies*, *13*(2), 270–279.

Coscarelli, Joe. (2020. 6. 2.). #BlackoutTuesday: A Music Industry Protest Becomes a Social Media

Moment. *New York Times.* https://www.nytimes.com/2020/06/02/arts/music/what-blackout-tuesday.html

Fiske J. (1992). The cultural economy of fandom. In Lews L. A. (Ed.), *Adoring audience: Fan culture and popular media* (pp. 39–49). Routledge.

Han, B. (2017). K-Pop in Latin America: Transcultural fandom and digital mediation. *International Journal of Communication*, 11, pp. 2250–2269.

Jenkins, H. (1992). *Textual poachers: Television fans and participatory culture.* Routledge.

Jensen, J. (2014). Afterword: Fans and scholars—A reassessment. In Duffett M. (Ed.), *Popular music fandom: Identities, roles and practices* (pp. 217–226). Routledge.

Jin, D. Y., Yoon, K., & Min, W. (2021). *Transnational Hallyu: The globalization of Korean digital and popular culture.* Rowman & Littlefield.

Ko, N. C., No, S., Kim, J. N., & Simões, R. G. (2014). Landing of the wave: Hallyu in Peru and Brazil. *Development and Society*, 43(2), pp. 297–350.

Lee, W., & Kao, G. (2021). "Make It Right": Why# BlackLivesMatter (s) to K-pop, BTS, and BTS ARMYs. *IASPM Journal*, 11(1), pp. 70–87.

Lopez, L. K. (2016). *Asian American media activism: Fighting for cultural citizenship.* NYU Press.

McLaren, C. & Jin, D.Y., 2020. You can't help but love them: BTS, transcultural fandom, and affective identities. *Korea Journal*, 60(1), pp. 100–127.

Nika, C. (2020. 6. 18.). Radical poptimism: BTS. *Good Trouble Magazine.* https://www.goodtroublemag.com/home/radical-poptimism-bts

Tanakasempipat, P. (2020. 11. 2.). K-pop's social media power spurs Thailand's youth protests. *Reuters.* https://www.reuters.com/article/us-thailand-protests-k-pop-idUSKBN27I23K.

Tiffany, K. (2020. 6. 6.). Why K-pop Fans Are No Longer Posting about K-pop. *Atlantic.* https://www.theatlantic.com/technology/archive/2020/06/twitter-k-pop-protest-black-lives-matter/612742/

Turak, N. (2020. 6. 8.). K-pop's BTS donated $1 million to Black Lives Matter, its fan ARMY matched it in a day — and now John Cena's on board. *CNBC.* https://www.cnbc.com/2020/06/08/bts-donated-1-million-to-black-lives-matter-its-fans-matched-it-in-a-day.html

Yoon, K. (2017). Cultural translation of K-pop among Asian Canadian fans. *International Journal of Communication*, 11, pp. 2350–2366.

Zaveri, M. (2019). BTS Fans say they've raised $1 million for Black Lives Matter groups. *New York Times.* https://www.nytimes.com/2020/06/08/arts/music/bts-donate-black-lives-matter.html?searchResultPosition=35

Zubernis L., & Larsen K. (2011). *Fandom at the crossroads: Celebration, shame and fan/producer relationships.* Cambridge Scholars.

제3부

HANYU

문화다양성 시대, 균형의 미학

HALLYU

한국 콘텐츠에 기대하는 다양성과 현지화 업계의 역할

장민진 Iyuno Korea 한국법인장

1. 1인치의 장벽을 넘는 '좋아요'의 힘

코로나19 팬데믹이 오프라인 기반의 사회문화 공간을 해체하는 동안 그 자리를 채운 소셜 네트워크 서비스(SNS)와 글로벌 OTT는 콘텐츠 소비 지형을 완전히 바꿔 놓았다. 온라인 콘텐츠 소비가 익숙한 세대에게 '좋아요'는 선호를 넘어 정체성에 가까운 자기표현이 됐다. 취향의 시대, 마음에 드는 것을 찾았다면 언어나 문화가 다른 것이 더는 장벽이 아니다. 취향의 소비가 창출하는 가치는 업계의 판도까지 바꾸고 있다.

방탄소년단(BTS)은 국내에서 꾸준히 자신들만의 음악 세계를 구축하다가 SNS와 유튜브에서 그들을 발견한 해외 팬덤의 폭발적 인기에 힘입어 북미와 유럽 시장의 러브콜을 받고 세계 무대에 '강제 진출'하게 됐다. 그들이 이야기하는 '나다움'에 대한 고민과 불안은 영원한 청춘의 테마이자 잊고 살았던 순수이며, 돌아가고 싶은 시절의 향수로 세대와 문화를 뛰어넘은 울림을 만들어냈다. 아시아의 팝 음악을 빌보드와 그래미로 대표되는 미국 음악시장의 한가운데에 세운 것이 그들의 메시지와 이야기에 공감하는 미국 내 소셜의 힘, 즉 '좋아요'의 힘이라는 것은 여러 갈래로 반향을 일으켰다.

한국 콘텐츠도 한류라는 이름으로 20년 넘게 아시아 콘텐츠 시장에서 기복 없는 사랑을 받아오다가 글로벌 OTT를 통해 처음 선보였던 넷플릭스 오리지널 드라마 〈킹덤〉(2019), 비영어권 영화로 아카데미 역사상 첫 작품상 수상을 기록한 〈기생충〉(2019), OTT 역사상 가장 큰 성공을 거둔 작품인 〈오징어 게임〉(2020)으로 전 세계의 주목을 받기 시작했다. 이후로도 다양한 소재와 장르의 작품을 선보이며 2022년에는 〈이상한 변호사 우영우〉, 〈사내맞선〉, 〈솔로지옥〉과 같이 내수 시장의 선호도가 높으리라 생각했던 장르의 콘텐츠까지도 글로벌 시청자의 뜨거운 관심을 받으면서 한국 콘텐츠의 다양성 확대에 시장의 이목이 쏠리기도 했다. 영화와 드라마뿐만 아니라 콘텐츠 IP의 산실이 되고 있는 웹툰은 일본, 미국, 유럽과 같은 애니메이션 및 카툰의 본고장에서도 존재감을 키워가고 있다. 2022년에만 40편이 넘는 웹툰 타이틀이 영상화됐고, 〈지금 우리 학교는〉, 〈사내맞선〉, 〈재벌집 막내아들〉 등이 글로벌 시청자에게 눈도장을 찍으며 원작 웹툰의 조회수도 재상승하는 선순환 구조를 만들어내고 있다.

올해는 글로벌 경기 침체로 인한 소비 감소의 여파와 엔데믹 이후 글로벌 OTT의 록인(Lock-in) 특수가 사라지면서 전 세계 콘텐츠 투자 규모가 전년 대비 2%p 증가에 그칠 것으로 예측됐다. 공격적으로 투자를 확대해 왔던 SVOD 서비스 섹터의 투자 예산 증가 폭도 8%p를 밑도는 수준이고, 엔데믹 이후 멀어지는 OTT에 대한 관심, 경기 둔화로 인한 수익 감소세 등의 여건으로 인해 순탄치 않은 한 해가 될 것으로 보인다. 그렇지만 한국 콘텐츠에 대한 글로벌 시장의 기대와 시청자의 관심은 여전히 뜨겁다.

최근에는 팬데믹 기간에 유입됐던 라이트 팬이 한류의 코어 팬으로 진화하고 한국 콘텐츠에 대한 더빙 제작이 꾸준히 늘면서 대중성과 접근성이 좋아진 유럽과 미국, 남미에서 새로운 팬의 유입도 지속되고 있다. 〈철인왕후〉(2020)처럼 과거 작품이 넷플릭스 글로벌 차트에 진입하는 사례도 늘어나고 있다. 신작의 기세도 여전하다. 넷플릭스의 〈피지컬: 100〉이 한국 예능으로는 첫 비영어권 인기 순위 1위를 차지하고, 디즈니와 하이브의 콘텐츠 협업에도 전 세계 케이팝 팬들의 관심이 쏠리고 있다. 아마존 프라임 비디오도 쿠팡 플레이 오리지널 드라마 〈미끼〉, 《tvN》 오리지널 예능 〈서진이네〉 등의 글로벌 방영권을 확보하는 등 올해도 한국 콘텐츠를 글로벌 시장 공략의 돌파구로 삼으려는 시장의 움직임이 이어지고 있다.

2. 다시 일상으로 돌아가는 세계와 콘텐츠 시장 동향

엔데믹이 선언되고 일상생활로의 복귀가 시작되면서 콘텐츠 산업 전반에서는 거리두기 등으로 제한돼 왔던 오프라인 이벤트시장이 다시 활기를 띠기 시작했다. 온라인으로 집결됐던 취향들이 온/오프라인이라는 두 개의 활동 무대로 뻗어나가기 시작하며 내수와 해외의 구분보다는 온라인 콘텐츠와 오프라인 이벤트를 연계하는 다양한 활동을 펼치고 있다.

케이팝은 글로벌 팬 베이스를 가진 3세대 대표 그룹들과 성공적인 데뷔를 마친 4세대 그룹들이 적극적인 글로벌 프로모션과 월드

투어에 나서며 활동 반경을 넓히고 있다. 이와 함께 독점 콘텐츠 공개와 글로벌 팬들과의 소통 기능을 가진 팬덤 플랫폼이 꾸준히 성장해, 하이브의 '위버스(Weverse)'는 월평균 이용자 수(MAU) 700만 명의 대형 플랫폼이 됐고, 디어유의 '버블(Bubble)'도 유료 구독자 수 누적 합계 150만 이상의 글로벌 팬층을 확보하며 엔터테인먼트 기업의 또 다른 수익모델로 자리 잡았다. 8조 원 규모의 가치로 평가받는 팬덤의 소비력은 공연과 콘텐츠 소비뿐 아니라 스타가 먹고, 입고, 사용하는 것을 구매하는 것에도 아낌없이 투자하고 있어, 미국과 유럽의 패션쇼나 글로벌 브랜드의 캠페인에서도 한국 스타들의 모습을 심심치 않게 찾아볼 수 있게 됐다.

    2022년에 4,000억 원 규모의 매출을 달성한 뮤지컬 업계도 매체와 무대를 오가는 스타들의 활약에 힘입어 많은 해외 팬의 발걸음을 공연장으로 이끌었다. 최근에는 자주 내한할 수 없는 해외 팬들의 수요를 고려해 영상화, 다국어 작업 등을 통해 온라인으로 경계를 확장하며 새로운 관광 한류 자원으로 발돋움하고 있다. 뮤지컬 외에도 케이팝으로 유입된 팬들의 관심이 대중가요 장르나 크로스오버, 클래식에 이르기까지 다양한 취향의 공연으로 확대되기 시작하면서 오프라인 공연을 실시간으로 함께 즐길 수 있는 라이브 스트리밍과 퍼블릭 뷰잉(public viewing)에 대한 관심과 시도도 늘어가고 있다.

    OTT 업계의 상황은 조금 다르다. 여가 시간이 다양한 활동으로 분산되면서 드라마나 영화와 같이 긴 시간을 투자해야 하는 콘텐츠 대신 짧은 길이의 콘텐츠를 선호하는 현상이 두드러지게 나타나고 있고, 여기에 드라마나 영화의 제작비의 상승이 맞물려 롱폼(long-form) 콘텐츠 제작의 투자효용감이 떨어지고 있다는 우려의 목소리가 높아지고 있다.

느슨해진 시청자의 관심을 돌리기 위해 화제성 높은 작품의 제작 발표도 앞다투어 이뤄지고 있는데, 올해도 20편이 넘는 유명 웹툰 원작이 OTT 오리지널 시리즈로 영상화될 예정이며, 아시아권 작품의 리메이크 제작, 인기 시리즈의 후속 시즌 제작 등 글로벌 시청 기반을 확보한 작품들의 제작 소식이 들려오고 있다. 또한 이미 반응이 뜨거운 〈피지컬: 100〉 외에 다양한 장르의 언스크립티드 프로그램, 즉 예능과 다큐멘터리 제작 소식이 들려오면서 케이팝, K-드라마에 이어 K-예능이 세계를 사로잡을 수 있을지에 많은 이목이 쏠리고 있다.

3. 그들이 사는 세상, 그것이 알고 싶다

예능과 다큐멘터리 장르는 저예산 제작이 가능하고, 다양한 연령의 시청자가 볼 수 있으며, 드라마나 영화의 스핀오프나 리메이크처럼 포맷화를 통해 브랜드 IP 구축이 용이하다는 장점이 있다. 특히 예능은 오락적 요소가 강하고 가볍게 볼 수 있어 자국 콘텐츠의 선호도가 높은 시장에서 로컬 시청자의 유입을 유도하는 효과가 큰 것으로 알려져 있다.

    일본에서는 넷플릭스의 〈테라스 하우스(Terrace House)〉(2015), 아마존 재팬의 〈마쓰모토 히사시의 다큐멘탈〉(2016), 〈베첼러(The Bachelor)〉(2018)와 〈베첼러레트(The Bachelorette)〉(2020) 일본판이 각각 초기 가입자 유입을 견인하며 OTT 시대를 열었다. 한국에서도 넷플릭스의 〈범인은 바로 너!〉(2018)를 비롯해 티빙의 〈신서유기 스페셜 스프링캠프〉(2021), 〈환승연애〉(2021), 쿠팡플레이의 〈SNL 코리아〉(2021)과 디즈니플러스의 〈런닝맨: 뛰는 놈 위에 노는 놈〉(2021) 등이 각 플랫폼의 초창기에 국내에서 대중적 인지도를 높이는 데 주요한 역할을 했다.

    최근에는 비연예인 중심의 리얼리티쇼, 오디션, 서바이벌 프로그램 그리고 케이팝 스타들이 등장하는 예능과 아이돌 그룹의 자체 제작 콘텐츠 형식이 인기를 끌고 있다.

    티빙의 〈환승연애〉는 화제성을 독점하면서 OTT 예능의 가능성을 보여줬고, 이후 넷플릭스의 〈솔로지옥〉, 디즈니플러스의 〈핑크 라이〉(2022) 등의 리얼리티 쇼가 관심을 받아왔다. 또한 서바이벌 장르의 〈피지컬: 100〉(2023)이 한국 예능으로는 비영어권 첫 1위에 등극하는 등 가시적인 성과를 거두며 세계 시장에서의 성공 가능성을 보여주면서 글로벌 포맷으로의 확장 가능성을 보이고 있다.

    시작 전부터 많은 기대를 모았던 《tvN》의 새 예능 〈서진이네〉(2023)도 첫 회 시청률 8.8%를 기록하며 순조로운 출발을 알렸다. 아마존 프라임 비디오를 통해 글로벌로 방영되는 《tvN》의 첫 한국 예능으로 스타들이 한식을 차려 외국 손님에게 대접하는 모습을 보여주는 〈윤식당〉(2017)의 포맷에 최우식, 박서준과 절친한 사이로 알려진 방탄소년단의 뷔(김태형)가 합류하면서 국내외 팬 모두에게 통할 필승 조합으로 관심을 모았다. 유튜브 채널 '채널 십오야'를 통한 프로모션에 수많은 팬이 집결해 본방송에 대한 기대감을 보였다.

디즈니플러스는 〈In the Soop: 우정 여행〉(2022)과 〈BTS: PERMISSION TO DANCE ON STAGE- LA〉(2022), 〈Super Junior: The Last Man Standing〉(2023) 등 케이팝 스타 IP를 활용한 예능과 다큐멘터리가 이끈 아태지역의 가입자 성장세에 주목하며 하이브와의 협업을 이어갈 것으로 전망된다.

예능 장르에 대한 높은 관심은 엔데믹 이후에 나타나는 시청 환경의 변화와 한국 문화에 대한 팬들의 새로운 수요에 기인하는 것으로 분석된다. 제작 측면에서 예능의 장점은 부담이 적다는 것이다. 이것은 시청자에게도 마찬가지이다. 영화나 드라마를 끝까지 보지 못하고 중도 이탈이나 배속 시청, 유튜브에 올라온 요약본 소비로 끝나는 시청 패턴이 늘고 있는 배경에는 시간을 아까워하는 소비 심리가 드러난다는 분석이 지배적이다. 다시 바빠진 생활 속에서 OTT 시청이 주는 만족감이 적어진 것은 가격 상승보다 사용시간 자체가 줄어들면서 시간 대비 이용 만족도가 떨어지기 때문이라는 것이다. 그런 면에 있어서 예능은 집중력을 덜 요구하면서도 호기심과 재미가 주는 자극 위주로 즐길 수 있기 때문에 라이트 유저층을 포함한 폭넓은 시청층을 확보할 수 있다는 장점이 있다. 특히 서바이벌 장르는 시청 외적으로 다양한 커뮤니티 활동 등에 시간을 사용하면서 꾸준한 관심도를 이어갈 수 있고, 시즌제, 글로벌 프랜차이즈, 오프라인으로 이어지는 문화 사업 등 연관 콘텐츠 소비 전환율도 높은 편이기 때문에 성공적인 예능 포맷의 발굴로 업계의 관심이 빠르게 옮겨가고 있다.

수요의 측면에서 예능이 주목받는 이유로는 팬데믹 이후로 크게 확산한 팬층의 코어화를 들 수 있다. 특히 케이팝 스타들의 자체 콘텐츠가 예능의 형식을 빌려 한국 문화를 다양하게 소개하고 있기 때문에 한국식 예능에 대한 거부감이 낮고, 한국어에 대한 학습 수요가 늘면서 다양한 상황 속에서 쓰이는 자연스러운 한국어를 배우려는 팬들의 수요가 예능에 대한 관심으로 이어지는 것으로 분석된다. 예능뿐만 아니라 1억 5천만 명 이상으로 추산되는 케이팝 팬덤을 위한 맞춤형 콘텐츠로 케이팝 그룹들의 무대 위와 무대 밖의 일상을 조명하는 밀착 다큐멘터리 형식의 콘텐츠도 꾸준한 인기를 얻고 있다. 이런 콘텐츠는 OTT뿐만 아니라 음향과 영상을 극대화해 극장에서 생생하게 즐길 수 있는 체험형 콘텐츠로 확장되면서 로컬 팬들을 위한 새로운 형태의 서비스로 제공되고 있다.

그렇지만 현지화의 측면에서 보면 언스크립티드 프로그램은 드라마나 영화 장르에 비해 넘어야 할 장벽이 많다. 말소리가 겹친다거나 예측 불가능한 전개로 화자의 의도를 명확히 알 수 없는 대화들이 오가기도 한다. 정제되지 않은 보통의 언어를 번역해야 하는 어려움도 있고, 여러 가지 감정을 불러일으키는 상황과 언어를 설득력 있게 전달하기 위해 불가피하게 의역을 선택해야 할 경우도 있는데 그때 한 끗 차이로 오역되기도 하고 의도치 않게 편견과 오해를 만들 수도 있기 때문에 신중해질 수밖에 없다.

4. 일상에 대한 관심, 다양성에 대한 기대

한국 콘텐츠는 '한국에서 제작한 콘텐츠'에서 시작해 '한국에서 제작한 세계인의 콘텐츠'로서의 의미를 지니기 시작했다.

콘텐츠뿐 아니라 한국 문화 그 자체에 대한 기대와 상품 가치가 높아지면서 일상을 다루는 예능으로까지 관심이 넓어지는 것은 자연스러운 일이기도 하다. 한편, 다양한 문화권의 시청자의 눈에 비친 우리 사회의 모습에 대한 목소리도 들려오면서 서로가 서로에게 다양한 가치와 포용력을 기대해야 하는 진정한 세계화의 길 위에 들어섰다.

공감을 얻을 만한 스토리텔링의 힘, 한국적 소재 배치를 통한 신선함, 시청각적 심미성과 같은 것이 한국 콘텐츠의 인기를 이루는 요소로 분석되고 있지만, 콘텐츠 시청 지역이 확대되고 문화콘텐츠 흐름이 일방통행에서 양방향의 교류로 바뀌면서 우리 사회에서 인식하지 못한 차별의 문제가 수용자의 사회적 가치와 마찰을 빚을 수도 있다.

과거에는 이러한 갈등 요소를 피하고자 현지화 단계에서 문화적 할인을 감수하고 수용자의 문화에 맞춰 번안에 가까운 수정을 통해 문화적 단차를 극복할 수 있었다. 하지만 OTT는 현지화 과정에서 규제 없이 창작자의 다양한 표현을 그대로 수용하고 의도적인 보정을 피하도록 하고 있기 때문에 서비스가 시작되기 전에 가치 충돌, 문화 충돌의 위험성을 미리 파악해서 다양한 관계자에게 관련 내용을 공유하여 충돌의 예방책을 마련하기 위한 노력을 기울이고 있다.

한국 콘텐츠 제작 현장에서도 드라마나 영화에 재현되는 성별, 직업, 연령에 대한 불균형을 개선하기 위한 노력과 함께 소수자에 대한 DEI(Diversity, Equity, & Inclusion)를 실천하기 위한 움직임을 보이고 있다. 특히 작년에는 드라마 〈우리들의 블루스〉가 다운증후군과 농아로 설정된 두 등장인물을 그려내기 위해 실제 장애를 가진 배우들을 출연시키면서 장애를 드라마적 장치가 아닌 현실 사회를 구성하는 하나의 모습으로 그려냈다는 호평을 받았다. 〈이상한 변호사 우영우〉도 드라마적 허용이 있었지만, 장애를 가진 사람과 함께 살아가는 주변 사람들의 다양한 시각을 솔직하게 담아내며 상업용 콘텐츠에서 장애인의 서사를 다루는 방식과 발상에 진일보한 움직임을 보여줬다. 외신들도 제94회 아카데미 시상식에서 청각장애를 가진 배우 트로이 코처의 남우조연상 수상 소식과 관련지어 두 작품의 의미를 다루면서 한국 콘텐츠가 그간에 보여준 빈부 격차, 계급 갈등의 반목을 넘어 조화와 포용의 가치로 콘텐츠의 다양성을 확대하는 과정에 있다고 소개했다.

다른 문화권의 사례를 살펴보면, 미국과 유럽에서는 인종, 국적, 성 정체성, 장애 등 사회를 구성하는 다양한 가치 그룹의 이미지가 미디어를 통해 왜곡돼 소비되지 않도록 실제 그룹의 구성원에게 더 많은 기회를 줘야 한다는 목소리가 나오고 있다. 꽤 오랜 시간에 걸쳐 제작 환경과 제작 내용 양면에서 자정 노력이 요구됐고, 업계 내외의 다양한 모니터링을 통해 실질적인 지표 개선을 이뤄왔다.

이 흐름은 콘텐츠 제작뿐만 아니라 더빙과 자막 등 재제작 업계에도 같은 수준의 인식을 요구하기 시작해 실제로 〈오징어 게임〉 이후 한국 콘텐츠의 영어 더빙 제작이 늘어나며, 현장에서도 한국계 미국인 성우나 아시아계 미국인 성우에게 더 많은 활동의 기회가 열리게 됐다.

유럽에서는 '다양한 성 정체성을 가진 이들이 직접 연기할 수 있도록 해야 한다'는 주장과 '반드시 그럴 필요는 없다'는 주장이 맞서고 있는 가운데, 더빙 캐스팅 관행이 성소수자에 대한 차별적 인식에 기반하고 있다는 소비자의 문제의식에 제작사가 반응한 사례가 있다. 바로 캐리 멀리건(Carey Mulligan)의 호연이 빛난 〈프로미싱 영우먼(Promising Young Woman)〉(2020)으로, 이 작품은 유럽어 더빙판 캐스팅 문제로 개봉 일정이 한 차례 연기된 적이 있었다. 선공개된 이탈리아어 예고편에서 카페 사장 게일 역을 맡은 트랜스 여성 배우 레버른 콕스(Laverne Cox)의 목소리를 남성 성우의 목소리로 더빙한 것에 대해 그녀의 유럽 팬과 트랜스젠더 커뮤니티를 중심으로 거센 항의가 일었기 때문이다. 배우 본인은 인터뷰에서 "시나리오에 '흑인, 트랜스 여성'을 암시하는 설정이 없어 온전히 나라는 캐릭터를 연기할 수 있었던 것이 즐거웠다."라고 밝히며 자신이 구축한 여성 캐릭터에 대한 애정을 드러낸 적이 있다. 팬들은 이 인터뷰 내용을 들며, 감독의 연출적 의도와 배우를 통해 그려내려고 했던 다양성이 (이탈리아어 더빙에서) 수용되지 못한 점에 대해 비판의 소리를 높였다. 제작을 담당했던 유니버설 스튜디오는 "업계가 인식하지 못했던 차별에 대해 눈을 뜨게 해 준 것에 감사하다."라는 코멘트와 함께 "모든 더빙판 작업에서 여성 성우를 기용하여 재녹음을 하고 있다."라며 프랑스어, 스페인어, 독일어의 재녹음으로 인한 개봉일 연기와 함께 이례적으로 빠른 성명을 발표하며 논란을 진화해 나갔다.

물론 '차별'은 작품 안에서 주제에 대한 갈등을 표현하기 위한 극적 장치로 사용될 수 있다. 또한 모든 갈등을 피하려고 현실 사회의 모습을 포장하고 억지 다양성과 억지 포용력을 담아내야 할 필요는 없다. 다만 인종이나 국적과 관련한 그릇된 차별 의식과 왜곡된 시각은 세계인의 콘텐츠로 더 뻗어나갈 수 있는 동력을 상실하게 만들 수 있기 때문에 콘텐츠 산업 종사자는 다양한 지역에서 일어나는 '콘텐츠를 둘러싼 가치 충돌 사례'에 관심을 가져야 한다.

5. 콘텐츠 접근성의 관점에서 자막과 더빙의 역할

한국 콘텐츠가 글로벌 OTT를 통해 전 세계에서 서비스되기 시작하면서 얻게된 가장 의미 있는 성과 중의 하나는 이제까지 고전을 면치 못했던 유럽과 미국 시장에서 상업적 성공 가능성을 발견했다는 점이다. 그동안 한국 콘텐츠 제작자가 비용적인 문제로 시도하기 어려웠던 자막과 더빙의 다국어 서비스가 제공되면서 시청자는 자신이 더 선호하는 방식으로 콘텐츠에 접근할 수 있게 됐다. 이를 통해 낯선 콘텐츠에 대한 유럽과 미국 시청자들의 진입장벽이 크게 낮아진 것이 인기 확산의 결정적 계기라고 보는 시각도 존재한다.

유럽과 미국뿐만 아니라 더빙 선호도가 높은 남미와 일본, 태국 등지에서도 더빙 서비스가 추가되면서 콘텐츠의 인기가 재점화되기도 한다. 넷플릭스를 통해 서비스되며 남미에서 큰 인기를 얻었던 〈빈센조〉는 스페인어와 포르투갈어의 더빙 서비스가 제공된 후, 자막만 제공됐던 남미 지역에서 다시 한번 더빙판이 인기를 끌며 역주행을 기록했다. 일본과 태국에서도 〈사랑의 불시착〉이 더빙판 공개 이후 차트에 재진입하고 순위가 상승하기도 했다.

물론 사회적 선호도와 개인의 선호도가 반드시 일치하는 것은 아니기 때문에, 더빙에 대한 사회적 선호가 높은 지역이라 하더라도 자막으로 보고 싶은 콘텐츠를 빠르게 시청하길 원하고, 원작 배우의 연기에서 전달되는 감정을 그대로 느끼고 싶어 하는 시청자의 수요를 살피는 것도 중요하다.

일본 시장에서도 한국 콘텐츠를 주로 시청하는 층에서는 더빙보다 자막으로 시청하는 비율이 훨씬 높게 나타난다는 조사 결과가 있고, 아시아 콘텐츠를 자막으로 보는 경우가 거의 없다고 알려진 미국 시장에서도 〈오징어 게임〉의 인기가 한창일 때 자막과 더빙 중 무엇을 더 선호하는지에 대한 질문이 화제를 모은 적이 있다. 팟캐스트 운영자인 존 로버츠(John Roberts)가 자신의 트위터에서 〈오징어 게임〉을 자막과 더빙 중 무엇으로 보겠는지 간단한 투표를 진행했는데, 놀랍게도 응답자의 80%가 자막으로 보겠다는 답변을 선택했다. 넷플릭스의 발표에 따르면 실제로는 영어 더빙으로 시청한 사람의 수가 더 많았다고 하지만 응답자들에게는 원작의 뛰어난 시청각적 연출과 등장인물들의 인상적인 연기를 통해 느껴지는 감정적 동요를 즐기려면 자막을 선택해야 한다는 의견이 압도적인 지지를 받았다고 한다. 아쉽게도 소비자 개인의 자막과 더빙의 선호도와 시청 선택권의 유무에 따른 만족도를 알 수 있는 연구 조사는 찾아보기 어렵지만, 현상으로서 유추해 볼 수 있는 것은 어느 시장이든 자막과 더빙을 모두 제공하는 것이 더 많은 시청층으로 접근성을 확대할 수 있고, 현지화 서비스의 품질에 대한 만족도에도 긍정적인 영향을 미칠 수 있다는 점이다.

유튜브도 콘텐츠에 대한 접근성을 높이기 위한 새로운 전략으로 다국어 오디오 기능을 론칭했다. 보도에 따르면 유튜브는 전 세계 1억 3,500만 명 이상의 구독자를 보유한 미스터 비스트(Mr. Beast)를 비롯해 소수의 크리에이터 집단과 함께 다국어 오디오를 통한 구독자 확장 가능성을 테스트했다고 전했다. 2022년 11월 이후 3,500개 영상에 총 40개 이상의 다국어 오디오를 추가하고 시청

시간의 추이를 살펴본 결과, 이들의 1월 전체 시청 시간 중 더빙으로 시청한 비율이 15%로 나타났고, 다국어 오디오 기능이 추가된 영상 전체에서 매일 2백만 시간 이상의 조회 수가 증가하는 기록을 보였다는 데이터를 발표하며 더빙 오디오의 제공으로 새로운 구독자를 확보할 수 있을 것이라는 기대감을 드러냈다. 유튜브의 이런 시도는 더빙의 선호도가 상대적으로 낮은 한국에서도 화제를 불러일으켰다.

유튜브 콘텐츠는 집중해서 보기보다 다른 일을 하면서 가볍게 보는 경우가 많은데, 일반 드라마나 영화와 달리 정제되지 않은 말이 빠르게 쏟아지는 콘텐츠를 작은 화면에서 자막을 따라가며 보는 것은 놓치는 정보도 많고 시각적 피로도도 높기 마련이다. 더빙 음성 서비스를 경험해 본 한국 시청자들 사이에서는 우리말 더빙이 제공되면서 추억의 국내 예능을 보는 것처럼 편하게 시청할 수 있었다는 감상과 함께 해외 콘텐츠의 접근이 어려웠던 시각장애인들의 시청권 개선에도 크게 기여할 것이라는 긍정적인 반응들이 주를 이루는 모습을 보였다.

유튜브의 다국어 오디오 서비스 기능이 어떤 판도의 변화를 가져올지는 아직 더 지켜봐야 하겠지만, 1억 명이 넘는 구독자를 가진 채널에서도 다국어 서비스가 추가적인 부가가치를 창출하는 새로운 성장의 동력으로 기능할 수 있다는 것은 중요한 전략적 시사점이다.

6. 경계를 넘어, 현지화의 세계화

　콘텐츠 시장이 플랫폼 중심의 유통 구조로 개편되면서 콘텐츠는 더 이상 국경을 넘는 방식으로 소비자를 찾아가지 않는다. 그 대신 플랫폼은 시청 데이터를 바탕으로 소비자의 취향을 살피고 누구나 쉽게 콘텐츠에 접근할 수 있도록 언어 서비스를 늘림으로써 같은 취향을 가진 사람들과 시차 없이 함께 콘텐츠를 즐길 수 있는 환경을 만들었다. OTT의 환경적 이점을 최대한 활용한 글로벌 동시 론칭 서비스 전략은, 동일 언어와 동일 문화권 중심으로 묶여 있던 시청자 그룹을 언어와 시청 이력으로 재편하며, 언어와 문화의 장벽을 넘어 취향을 소비하는 시청 경험으로 프레임의 일대 전환을 이뤄낸 것이다.

　그 과정에서 내수 중심 산업이었던 현지화 업계도 글로벌 OTT 가치사슬 안에 편입되면서 규모와 프로세스, 품질 관리 면에서 빠르게 표준화가 진행됐다. 다양한 문화권의 콘텐츠가 인기를 얻기 시작하면서 글로벌 동시 론칭은 콘텐츠 소비자의 시청 시차뿐만 아니라 현지화 과정에서 일어나는 문화적 할인을 줄일 수 있는 프로세스를 원했다.

　그 과정에서 피벗 랭귀지(Pivot Language)[1]의 제작이 필수로 자리 잡았다. 이 작업은 원작 언어가 다른 언어로 번역되는 과정에서

1　다국어로 번역 시 기준으로 삼는 언어.

일어날 수 있는 문화적 할인을 보정하기 위한 단계로 대사뿐만 아니라 타 문화권에서 이해하기 어려운 상징 및 문화적 함의에 대한 주석을 포함한다. 대부분의 경우에 영어가 피벗 랭귀지가 되기 때문에, 한국 콘텐츠의 피벗 랭귀지 작업은 한국어, 영어에 모두 능통하고 양쪽 문화권에 대한 이해가 정통한 번역작가와 감수자가 함께 작업한다. 언어와 문화의 장벽을 넘기 위한 가교를 세우는 과정인 셈이다.

영상 번역은 등장인물 간의 소통 정도와, 장면을 바라보는 시청자와의 소통이라는 두 가지 관점에서 가장 적절한 지점을 찾아내야 하는데, 예를 들어 〈기생충〉에 등장하는 "서울대학교 문서 위조학과 뭐 이런 거 없나?"라는 대사는 발화자와 그 대사를 듣는 청자 사이에서는 그 상징적인 의미를 이해할 수 있지만, 한국 문화와의 거리에 따라 화면 밖 시청자에게 전달되는 정도가 달라질 수 있다. 따라서 영어 번역과 함께 '서울대학교'가 가지는 상징적 의미에 대한 풀이를 남겨 그것을 참고로 각 언어의 현지화 담당자가 문화적 이해도를 판단해 고유명사인 원작의 표현을 유지하거나 교체할 수 있게 하는 것이다. 영어 자막에서 화제가 됐던 '짜파구리(ramdong)', '서울대(Oxford)'는 일본어 번역에서 짜장면의 일본식 명칭(ジャージャー麺), 서울대의 일본어 표기 (ソウル大) 등 원어에 가까운 단어를 선택했다. 아마도 영미권보다 문화적으로도 가깝고 한국 사회에 대한 이해가 높은 시장이기 때문에 영어와는 다른 결의 단어 선택을 했을 것으로 짐작할 수 있는 대목이다.

더빙은 자막보다 총체적인 재제작 작업 과정이 필요하다. 대사 길이, 입 모양, 표정이나 보디랭귀지에 걸맞은 연기 톤 등 화면으로 전달되는 비언어적인 정보와 조화를 이룰 수 있도록 기술적인 부분에서 번안 작업이 필요하다. 여러 가지 형식적 제약과 높은 비용에도 불구하고, 음성언어가 문자언어에 비해 전달력이 높고 대중적인 선호도에 맞게 재창작을 할 수 있기 때문에 수용자의 거부감을 낮출 수 있다는 장점이 있어 더빙 제작을 자막보다 우선하고 있는 지역도 많다. 다만 과거에는 각 로컬의 현지화 단계에서 다시 쓰기(rewriting) 수준의 번안과 로컬 정서에 맞는 연출로 그야말로 '재제작'이 가능했다면, OTT의 더빙은 원작의 정체성을 이루는 요소를 최대한 자연스럽게 녹여내도록 피벗 랭귀지와 함께 더빙 제작용 연출 가이드라인이 제공되기도 한다. 이는 언어가 달라져도 원작의 기획 및 연출 의도, 캐릭터 및 세계관 설정 등 원작에서 전달하고자 하는 이야기의 핵심과 질감을 유지하기 위함이다.

한국 문화에 대한 글로벌 인지도와 대중적 관심은 언어로 반영되어 나타나기도 한다. 2021년에 『옥스포드 영영 사전(Oxford English Dictionary)』에는 한국에서 유래된 영어 표제어 26개가 등재됐는데, '치맥(Chimaek)', '삼겹살 (Samgyeopsal)' 등과 같은 음식의 이름부터 '먹방(Muckbang)', 'PC방(PC bang)', '오빠(Oppa)', '언니(Unni)' 등 SNS의 언급량에서 폭발적으로 관심을 받았던 케이팝 스타들의 콘텐츠나 드라마에서 자주 등장하는 한국의 독특한 문화가 번역되지 않고 그대로 수용되면서 신문이나 책 등의 문헌 그리고 대중이 이용하는 SNS 등에서 지속적으로 노출돼 그대로 외래어로 정착된 것이다. 최근에는 영미권 더빙에서 '오빠(oppa)', '언니(unni)'라는 발음을 그대로 쓰는 경우도 늘고 있어 다양한 문화권에서 한국 문화콘텐츠에 대한 이해도와 수용도가 향상되고 있음을 실감할 수 있다.

    취향의 소비문화와 콘텐츠 세계화의 흐름 속에서 콘텐츠 소비자는 좋아하고 관심 있는 것을 위해 기꺼이 '언어의 장벽'을 넘을 준비가 돼 있다. 그리고 이 준비된 소비자를 대상으로 다양한 산업 분야에서 자막과 더빙 수요가 증가하고 있고 현지화 서비스에 대한 대중화 기대도 나날이 커지고 있다. 이미 인접 분야에서는 다양한 인공지능(AI) 기술을 가지고 현지화 업계에 진출하려는 움직임이 보이고 있고, AI 번역기를 활용해 공신력 있는 번역 대회에서 유의미한 성적을 거둔 사례가 나타나면서 AI와의 협업에 대한 기준을 마련해야 한다는 목소리도 커지고 있다.

7. 현지화와 AI

    현지화 업계에서 인공지능(AI)을 바라보는 시각은 복잡하다. AI 번역의 진화로 이미 번역은 '사람의 학습으로 얻어지는 지식'에서 '검색해서 찾을 수 있는 정보'로 이동하고 있다. 정보를 찾아서 자신만의 창의적인 시각을 더하는 것, 대부분의 지식 산업이 그러하듯 번역작가도 '번역'이 아닌 '작가'의 역량에 방점이 찍히고 있다.

    텍스트 번역 엔진의 성능은 날이 갈수록 진화하고 있고 앞으로는 챗봇이나 생성형 AI와도 결합하여 더욱더 자연스러운 문장을 만들어 낼 것이다. 그에 비해서는 아직 정확도가 떨어지지만, 구어체 번역 엔진의 성능도 꾸준히 향상되고 있어 유사한 계통의 언어 사이에서는 정확도가 70~80%에 달하기도 한다. 이렇게 되면 외국어를 잘 못해도 번역작가로서 활동할 수 있지 않겠냐는 상상은 2022년 한국문학번역상의 웹툰 부문 수상자의 사례로 현실이 됐다.

    마쓰스에 유키코 씨는 웹툰 〈미래의 골동품 가게〉를 일본어로 번역해 신인상을 수상했다. 한국의 무속신앙에 대한 깊이 있는 이해가 필요한 작품임에도 불구하고 생생한 대사 처리 등에서 높은 점수를 받으며 심사위원 만장일치로 수상이 결정됐다고 한다. 이후 한 언론의 취재 과정에서 마쓰스에의 한국어 능력은 한글을 겨우 읽을 수 있는 수준인데, 작업을 진행할 때 AI 번역기로 대사의 의미를 파악하고 그 내용을 바탕으로 포스트 에디팅(post editing)[2] 작업을 거쳐 일본어 번역을 완성했다는 사실이 알려지면서 많은 이들의 놀라움을 자아냈다.

    물론 콘테스트용 작업이었기 때문에 일반 번역 작업에 비해 충분한 준비 시간이 있었겠지만, 누구에게나 오픈된 AI 번역을 가지고 만화라는 매체에 대한 관심과 작품에 대한 애정, 작가의 뛰어난 필

---

2   기계 번역 후 사람이 편집 및 수정을 진행하는 방식.

력으로 다듬어 내서 당당히 수상의 영광을 얻게 된 마쓰에의 사례는 외국어 진입장벽이 낮아진 시대에 '번역작가는 무엇으로 경쟁해야 하는가?'라는 화두를 던진다.

영상 번역 분야에서는 AI 번역이 아직 번역작가의 자리를 위협할 정도는 아니다. 구어체 문장의 자연스러운 번역이 어려운 이유도 있지만, 원어의 발화 길이에 도착어의 번역 길이를 맞춰야 하고(더빙), 시야를 방해하지 않기 위해 글자 수 제한 등 형식적인 제약(자막)을 둬야 하는 영상 번역의 특수성이 장벽으로 작용하고 있기 때문이다.

일반적으로 자막은 번역과 감수, 테크니컬 QC(Quality Control) 단계를 거치고, 더빙은 번역, 번안, 녹음을 거쳐 최종 대본을 완성한다. 평균적으로 번역작가의 작업물에 대해 감수자는 10~30%를 수정하는데, 주로 오류 수정, 윤문, 통일성 확인, 형식 규정 적용 등의 편집을 가해 최종 납품물의 품질이 균일하게 유지될 수 있도록 한다.

AI 번역 결과에 대한 감수는 언어쌍에 따라 큰 편차를 보이지만, 영어-한국어의 구어체 엔진은 꾸준히 성능이 향상되면서 장르와 내용에 따라서는 번역 신뢰도가 50% 정도까지 오르기도 한다. 이 수치들은 언어적 측면에서 번역의 정확성을 나타낸 점수이며, 납품물의 완성도 측면에서의 평가 점수는 이보다 20~30% 낮은 결과를 보이고 있다. 그 이유는 AI 번역은 뜻은 통하지만 표현적인 유려함이 부족하고 자막 규정에도 맞지 않기 때문이다. 이에 번역을 납품 수준의 완성도로 끌어올리기 위해서는 감수 작업이 70% 가까이 필요하다는 계산이 나온다. 한국어-영어는 신뢰도 면에서 더 낮은 수치를 보여 실용화를 위해서는 엔진의 성능 향상을 좀 더 기다려봐야 하는 상황이다.

한국어-일본어 언어쌍은 기대만큼의 유의미한 결과가 아직 보이지 않는데, 그 이유는 일본어 자막 규정의 여러 가지 특수한 룰과 포맷에 있다. 일본어는 모든 언어와 비교했을 때, 1초당 사용할 수 있는 글자의 수가 가장 적다. 또 두 명 이상의 대화 장면에서도 한 사람의 대사만을 번역해야 하는 등의 일본어만의 편집 규정으로 인해 번역의 신뢰도와 상관없이 거의 모든 문장을 편집해야 하는 것으로 나타나고 있다.

이렇다 보니 드라마나 영화 콘텐츠에 비해 신경 써야 할 요소가 훨씬 많은 언스크립티드 프로그램의 번역을 AI 번역에 맡기면 오히려 감수에 더 많은 품이 들게 된다. 말도 빠르고 등장인물도 많고 화면 밖의 목소리도 많아서 누가 누구인지 확인하기도 까다롭고, 말장난을 이해하는 센스도 필요하기 때문이다. 특히 더빙 번역은 모든 대사와 리액션을 녹음해야 해서 말하는 사람을 꼼꼼히 확인하지 않으면 녹음을 다시 해야 할 상황도 생긴다. 이렇게 피벗 랭귀지의 실수가 다른 모든 언어의 실패로 이어질 수 있기 때문에 번역 단계의 책임이 더 커진다. 이런 부담감을 번역 작가 혼자 오롯이 감당해야 한다면 원수에게라도 이 일을 권하고 싶지는 않을 것이라는 우스갯소리가 나올 정도다. 그래서 현지화 업계는 오늘 당장 도움이 되지 않더라도 앞을 내다보고 AI 음성인식을 통한 오토 스크립팅(Auto Scripting), 문자인식, AI 번역, QC 자동화 같은 모든 기술을 꾸준히 테스트하며 사람의 일을 도울 수 있는 기술을 가까이하고 있다.

최근에는 자막뿐만 아니라 음성 기술의 실용화에 대한 검토에도 속도가 붙고 있다. CJ ENM이 드라마 〈환혼〉(2022)을 시작으로 전미도 배우의 음성으로 학습한 AI 보이스 클로닝을 시각장애인용 화면 해설 제작에 적용하겠다고 발표한 것이 도화선이 됐다. 모든 시청자에게 더 다양한 콘텐츠를 시차 없이 전달하겠다는 OTT의 비전과 현지화 업체의 소명, 비장애인도 시차 없이 동등한 시청의 권리를 보장받을 수 있어야 한다는 사회적 요구의 목소리가 더해지면서 제작 기간을 줄이고 제작 편수를 늘릴 수 있는 다양한 기술 자원에 대한 논의가 본격화 될 것으로 보인다.

AI에 대한 기대와 두려움은, 결국 사람의 일에서 무엇을 덜어내고자 하는 것인가에 대한 시각 차이로 수렴된다. 현지화 업계의 현실을 아는 사람이라면, 사람의 업무를 AI가 완전히 대체할 수는 없을 것이라는 데에는 이견이 없을 것이다. 모든 공정에서 사람의 감각을 바탕으로 적절함에 대한 선택과 판단이 이뤄져야 하기 때문이다. 물론 부분적으로 대체할 수 있는 업무들은 있지만 결국 완성물로서의 현지화의 품질을 담보하는 것은 사람만이 할 수 있다. AI가 아니더라도 제작 환경이 온라인 중심으로 바뀌고 빠듯한 제작 일정에서 작품의 퀄리티를 유지하기 위해 다양한 협업 도구를 사용하게 되면서 IT 활용 능력은 이제 하나의 직무 스킬이 됐다. 그러다 보니 경험이나 역량보다 IT 활용에 거부감이 없는 창작자에게 먼저 기회가 돌아가게 되는 상황이 반복되지 않도록 베테랑을 위한 교육과 서포트 환경 마련이 요구된다. 다양한 경험과 역량을 가진 창작자들의 지식과 경험 교류를 통해 성장할 수 있는 바탕을 마련하는 것이 새로운 과제가 된 것이다.

8. 언어의 장벽 너머의 현지화

'번역은 반역'이라는 말이 있다. 번역 과정에서 생기는 의미의 소실과 그것을 채워나가는 번역작가의 창작 작업을 원작에 대한 훼손으로 보는 시각은 동서고금을 막론하고 존재했던 것 같다. 한강 작가의 〈채식주의자〉(2007)가 맨 부커상(The Man Booker Prize)을 탔을 때도, 봉준호 감독의 〈기생충〉이 아카데미상(Academy Awards)을 받았을 때도, 황동혁 감독의 〈오징어 게임〉이 미국 시장을 강타했을 때도 번역에 대한 아쉬움을 지적하는 목소리는 늘 따랐다. 하지만 원어를 모르는 사람이 봐도 작품에 담긴 메시지와 의도를 충분히 이해하고 즐길 수 있었다면 아쉬움은 있을지언정 잘못된 번역이라고 쉽게 평가해서는 안 될 것이다.

물론 현지화 업계도 번역물의 품질에 대한 정성적/정량적 평가 기준을 마련해 정기적인 리뷰를 통해 제작 가이드라인에 반영하면서 원작과 번역판의 간극을 줄이려고 노력하고 있다. 특히, 번역작가와의 동반성장을 위해 정기적인 감수자 피드백과 업계 동향 등의 큰 그림을 공유해 3년, 5년 후의 변화에도 함께 대응해 나갈 수 있도록 다양한 재교육과 도전의 기회를 제공하고 있다. 하지만 하나의 업체 차원이 아닌 지식산업 인력의 표준 지표가 마련된다면 번역 인력의 장기적인 성장과 확보에 도움이 될 것이다.

AI 번역의 진화는 불가역적 미래이다. 번역의 정확도는 더욱 높아질 것이고 번역 작가는 원작의 세계관과 시청자의 문화를 연결하는 가교 역할로서 '작(作)'의 역량을 더 키워야 한다. 그러기 위해서 시나리오 분석, 완성된 작품에 대한 제작자, 감수자, 리뷰어 등 작품에 대한 다양한 해석을 나눌 수 있는 크리에이티브 집단과의 교류가 필요하다. 창작자와 번역작가, 감수자가 시작부터 동등한 창작의 동반자로 함께 성장하며 자유롭게 의견을 나누고 수용할 수 있는 기회가 늘어나기를 기대한다.

참고문헌

박동미 (2023). 'AI 진화의 역설'… 한글 모르는데, 한국번역상 탔다. 《문화일보》.
　　https://m.munhwa.com/mnews/view.html?no=20230208010301120056001&w=sns
박영은 (2021). 세계적 현상이 된 K 콘텐츠의 힘, 한국적·심미적·초국가적 스토리텔링이 먹혔다. 《DBR》.
　　https://dbr.donga.com/article/view/total/article_no/10283/ac/a_view
방지현 (2021). [언론분석] 태국언론, 넷플릭스 속 한류 콘텐츠 인기 주목. 한국국제문화교류진흥원.
　　https://kofice.or.kr/c30correspondent/c30_correspondent_02_view.asp?seq=19677
배정원 (2023). 똑같은 음반을 수백장씩 산다…'8조 K팝시장' 먹여살리는 그들. 《중앙일보》. https://

www.joongang.co.kr/article/25139333#home

유홍준 (1993). 『나의 문화 유산 답사기 1 – 남도답사 일번지』. 창작과 비평사. 이승연 (2021). 세계에 K 바람이 분다···옥스퍼드 영어 사전이 주목한 우리말. 《매일경제》.
https://www.mk.co.kr/news/culture/10119029

인현우 (2021). 오징어게임이 다시 불붙인 '더빙 VS 자막' 논쟁···당신은 어느 쪽인가요. 《한국일보》.
https://m.hankookilbo.com/News/Read/A2021100714100005955

CJ올리브네트웍스 (2022). CJ올리브네트웍스, tvN 화면 해설 방송에 'AI 보이스 클로닝' 기술 제공.
https://www.cjolivenetworks.co.kr/news/press_release/detail/595?ca=ALL

이코노미스트 (2023. 1. 15.). '버블 확장·BTS 부재' 마주한 하이브, 위버스 구독 확대로 '난제' 푼다 [돈 되는 아이돌]. https://economist.co.kr/article/view/ecn202301150001

Iyuno (2023). How Does Your Favorite Actor Sound in Another Language?. Iyuno.
https://iyuno.com/news/news/how-does-your-favorite-actor-sound-in-another-language

Kim, R. (2022). Why So Many Of Your Favorite K-Dramas Are Based on Webtoons. *TIME*. https://time.com/6243447/rise-of-webtoons-k-dramas/

Kwak, Y. (2022). After investing big in dramas, Netflix targets unscripted shows. *Korea Times*. https://www.koreatimes.co.kr/www/art/2022/07/688_332596.html

Moore, K. (2023). What Countries Produce the Most Popular Content for Netflix? What's on Netflix.https://www.whats-on-netflix.com/news/what-countries-produce-most-popular-content-for-netflix/

Spangler, T. (2023). YouTube expands multi-language audio tracks to more creators, Mr. Beast says "It supercharges the heck out of videos". *Variety*.
https://variety.com/2023/digital/news/youtube-multilanguage-audio-tracks-mrbeast-supercharges-videos-1235533196/

Tassi, P. (2022). Netflix Reveals Its Top 10 Shows And Movies Of 2022. *Forbes*.
https://www.forbes.com/sites/paultassi/2022/12/30/netflix-reveals-its-top-10-shows-and-movies-of-2022/?sh=37d00946859f

문화다양성 담지를 위한 내적 성찰:
국민 인식 조사 결과를 바탕으로

이현지 한국국제문화교류진흥원 연구원

1. 한류와 문화다양성의 조우

    2022년 5월 31일, 케이팝 그룹 방탄소년단이 미국의 조 바이든(Joe Biden) 대통령과 반(反)아시아인 증오 범죄와 차별에 대해 논의하기 위해 백악관을 방문했다. 백악관 대변인 캐린 장피에르(Karine Jean-Pierre)와 함께 백악관 브리핑 연설에 등장한 방탄소년단은 리더 알엠(RM)의 영어 인사말을 시작으로 각각 한국어로 아시아계 증오 범죄의 근절과 관련해 짧고 강렬한 메시지를 남겨 큰 화제가 됐다. 2020년 3월 미국 애틀란타주에서 일어난 총격 사건을 비롯해 미국에서는 2020년부터 2021년 12월까지 1만 건 이상의 아시아인 혐오 범죄가 발생했다. 이에 바이든 대통령은 아시아인을 향한 차별과 증오 범죄를 근절하기 위해 「코로나19 증오 범죄법(COVID-19 Hate Crimes Act)」을 제정하는 등 강력한 리더십을 발휘했는데, 미국의 '아시아계, 하와이 원주민, 태평양 제도 주민 유산의 달' 마지막 날에 한국의 아이돌 방탄소년단을 백악관에 직접 초청해 도움을 요청한 점은 상당히 고무적이다. 방탄소년단은 평소 "세상의 불평등과 폭력을 용인하지 말고, 자신을 사랑하고, 더 나은 세상을 위해 함께하자"라고 외치며 전 세계 다양한 계층의 팬들이 결집되게 했고, 마이너리티 그룹을 중심으로 이뤄진 방탄소년단의 팬덤 '아미'는 그들을 마이너리티의 대변인으로 만들었다. 이 메시지에 공감한 전 세계의 아미는 정치·사회·경제 이슈에 목소리를 내고 기부 활동에도 적극적으로 참여하고 있다.

한류(K) 콘텐츠가 온라인 플랫폼을 경유해 해외에서 급속도로 소비되면서 한류는 과거에는 상상할 수 없던 방향과 영역으로 범위와 폭을 확장하고 있다. 해외 언론과 학자들은 케이팝의 세계적인 확산과 성장의 주요 요인으로 팬덤의 경계를 넘나드는 활동에 주목했는데, 특히 팬덤이 대중문화의 영역에서 사회문화와 정치의 영역으로까지 케이팝의 영향력을 확장하고 있다는 점을 강조했다. 케이팝이 특히 인종, 성적 지향, 지역, 종교 등 마이너리티 집단에서 큰 반향을 일으키고 있다는 점은 주목할 필요가 있다. 한 매체는 케이팝이 전 세계의 다양한 배경을 가진 마이너리티 팬들을 하나의 팬덤으로 연결하면서 동시에 '문화다양성(cultural diversity)'이라는 개념을 그들에게 소개하고 있다고 전한 바 있다(McDriguez, 2021). 이에 더해 코로나19 팬데믹 중에 아시아인 혐오 문제가 심각한 사회 문제로 대두됐던 서구 지역에서는 〈기생충〉, 〈오징어 게임〉을 위시한 한국 영상콘텐츠의 폭발적인 인기로 한국 콘텐츠가 다양성의 표상으로 일종의 상징적 의미를 부여받아 'K'의 의미가 확장되기도 했다. 이런 관점에서 한국 문화콘텐츠에서 나타나는 특정 국가·지역·인종·성별·종교 등에 대한 부적절하고 차별적인 묘사와 재현, 혐오 표현, 문화적 전유(cultural appropriation)[1] 등의 '글로벌 감수성' 부족 문제가 지속적으로 제기되는 점은 한류의 지속가능성을 위협하는

---

1 문화적 전유란, 주로 서구권 국가에서 소외된 소수 민족·집단의 문화가 다른 주류 집단에 의해 무단으로 사용되는 것을 일컫는 말로, 최근에는 어느 한 문화 집단이 다른 문화 집단의 문화를 무단으로 도용되거나 착취하는 현상을 가리킨다.

문제로 손꼽히고 있다.

> "케이팝이 팬들과의 관계를 지속적으로 구축하려면 팬들의 가치관과 연결되는 진보적인 가치관이 필요하다. 한국이 세계적인 자긍심과 소프트파워를 계속해서 확대해 나가고자 한다면, 부분적으로 세계의 진보적인 리더로서 차별화하는 방법이 효과적일 수 있다."[2]
>
> (데이비드 오 교수, 2020. 7. 1.)

> "한국은 민족적인 동질성과 순수성을 강조하는 가부장적이고 '초연결된' 사회이다. 학연, 지연 그리고 혈연에 가장 높은 가치가 부여된다. 다양성 가치의 포용을 증진하기 위한 노력이 절실히 필요하다."[3]
>
> (남기욱 교수, 2022. 6. 30.)

한류 콘텐츠가 다양한 경로를 통해 전 세계인과 만나며 문화적·사회적 다양성에 대한 지지와 적극적인 고려에 대한 요구가 급증하면서 해외 한류 수용자와 팬덤의 활동, 국가별 수용 맥락과 이슈에 대해 활발한 논의가 이뤄져 왔다. 반면 국내 수용자의 문화다양성에

---

2 If K-pop wants to cultivate its relationship to its fans, then it needs to have a matching progressive vision. If Korea wants to continue to gain worldwide esteem and soft power, then it can do this, in part, by differentiating itself as a progressive leader in the world(《연합뉴스》, 2020. 7. 1. 원문 인용).

3 South Korea is a patriarchal, "super-networked" society that emphasizes ethnic homogeneity and purity. High value is placed on common alma maters, shared regional backgrounds, and family ties. There is a dire need to enhance appreciation for the value of diversity(《FSI News》, 2022. 6. 30. 원문 인용)

대한 인식과 포용도에 대한 논의와 우리 사회 자체를 들여다보는 노력은 상대적으로 간과돼 왔다. 이에 한영주(2022. 11. 12.)는 한류의 확산 상황 속에서도 한국 대중문화 콘텐츠의 주 소비자가 여전히 한국인이고 주요 무대가 한국임을 기억할 필요가 있다고 지적하며, 한국 안에 존재하는 서로 다른 문화를 촘촘히 들여다보고 우리의 문화다양성에도 관심을 기울이는 것이 곧 한류의 지속가능성을 향상하는 길이라고 강조했다. 한류 콘텐츠가 해외 소비의 증가로 인해 '글로벌' 콘텐츠로 의미화되며 대안적 상징성을 지닐 정도로 확산됐지만, 동시에 '로컬' 콘텐츠로서 우리 사회의 다양성을 반영하고 문화감수성을 높이려는 노력이 필요함을 지적한 것이다. 역설적으로 진정한 의미에서 한류의 지속가능성 증대는 타 문화에 대한 존중과 함께 우리 사회의 문화를 다층적으로 살피는 노력과 세심한 성찰을 기반으로 한 문화다양성 및 문화감수성 가치의 담지를 전제로 한다고 볼 수 있다.

　이에 본고는 한국국제문화교류진흥원(이하 진흥원)에서 실시한 「2023 한류와 문화다양성에 대한 국민 인식 조사」를 바탕으로 국내 문화다양성 인식의 현주소를 살피고 한국 대중문화 콘텐츠의 발전 방안을 제시하고자 한다. 본 조사는 2023년 2월 9~17일에 전국에 거주하는 만 15세 이상 성인 남녀 878명과 대중문화 관련 직업군 종사자[4] 122명을 대상으로 진행됐다. 문화다양성에 대한 전반적인 인식과 경험부터 한국 대중문화 콘텐츠의 재현 다양성과 문화다양성 정책의 필요성에 이르기까지 다양한 측면을 다뤘으며, 재현 다

[표 1] 조사 개요

구분	내용
조사 기관	• 한국국제문화교류진흥원
조사 대상	• 한국 거주 만 15세 이상 성인 남녀
표본 크기	• 1,000명(일반 국민: 878명, 대중문화 관련 직업군 종사자: 122명)
표본 오차	• 95% 신뢰수준 ±3.1%p
표 집 틀	• 온라인 패널 프레임 내 무작위 확률 표집
조사 방법	• 구조화된 설문지를 이용한 온라인 조사
통계 보정	• 2023년 1월 행정안전부 주민등록 인구통계 성, 연령, 권역별 가중치 부여
조사 기간	• 2023년 2월 9일(목) ~ 17일(금)

양성은 정체성의 재현에 한정해 조사했다.

2. 한류와 문화다양성 인식 조사

1) 우리 사회의 문화다양성

「2023 한류와 문화다양성에 대한 국민 인식 조사」 결과, '우리 사회는 전반적으로 문화다양성이 용인되는 사회이다'라는 주장에

---

4   본 조사에서 대중문화와 관련된 직업군으로는 방송인, 방송·영상·음악·공연제작자, 기획자, 프로듀서, 감독, 온라인콘텐츠 창작자, 촬영, 미술, 음향, 편집, 홍보, 가수, 연기자, 코미디언, 댄서, 모델, 공연예술가, 성우, 웹툰·웹소설 작가 등이 포함됐다(한국국제문화교류진흥원, 2023). 조사 내용에 관한 보고서는 진흥원 홈페이지(http://www.kofice.or.kr)에서 확인할 수 있다.

[그림 1] 문화다양성 인식 수준

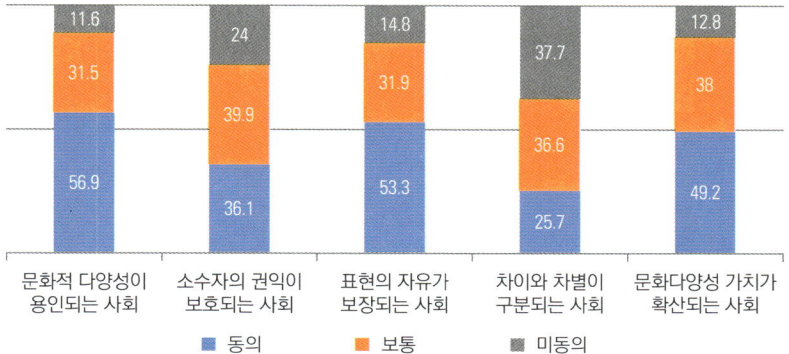

대해 응답자의 56.7%가 동의한 것으로 나타나 전반적인 문화다양성 인식 수준이 높은 것으로 조사됐다. 이 같은 결과는 2017년에 문화체육관광부(이하 문체부)에서 실시한 「문화다양성 실태조사」의 결과와 비교할 때 높은 수치이다.[5] 최근 사회적 소수자 관련 인권 문제의 대두, 젠더 문제와 여권 의식 향상, 장애인 권리 신장, 국제 이주의 확대 등 다양한 사회적 환경 변화로 인해 문화다양성 국민 인식 수준이 전반적으로 높아진 것으로 해석할 수 있다. 2014년 5월 「문

---

5 「문화다양성 실태조사」는 2017년 10월 15일 ~ 11월 30일에 만 19세 이상 남녀 2,100명을 대상으로 실시한 조사로, '문화적 다양성이 용인되는 사회'라는 주장에는 25.5%의 응답자가 동의했고, '소수자들의 권익이 보장된다', '사회문화적 차이가 차별로 인식되지 않는다', '다름에 대한 표현의 자유가 보장된다'에 대해서 각각 11%, 10.3%, 14.8%가 동의하는 것으로 조사됐다. 2017년 「문화다양성 실태조사」는 문화다양성의 개념과 의미를 묻는 질문으로 설문이 시작된 반면, 2023년 한국국제문화교류진흥원의 조사는 문화다양성의 개념에 대한 설명이 제시된 후 설문이 시작됐다.

[그림 2] 구성원에 대한 거리감

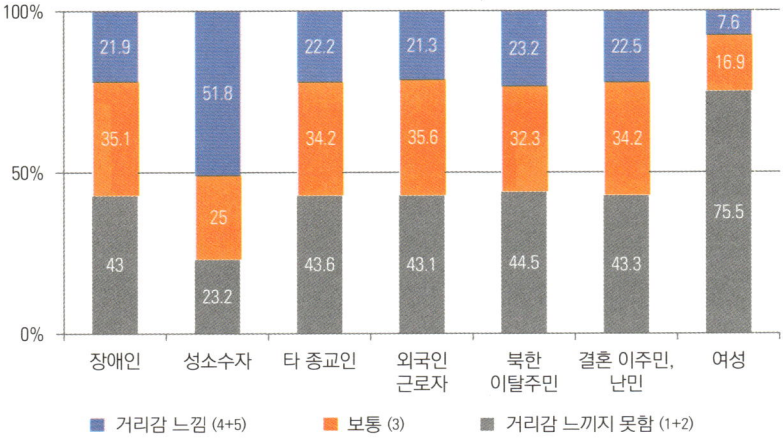

화다양성의 보호와 증진에 관한 법률」이 제정되면서 문화다양성 정책의 제도적 기반이 마련되고, 2017년 6월 '제6차 유네스코 협약 당사국 총회 정부 간 위원회'에서 한국이 위원국으로 선출되면서 다문화주의 수용도를 높이려는 다양한 정책적 노력이 펼쳐졌다. 이와 더불어 문화콘텐츠 산업의 글로벌화, OTT 플랫폼의 영향력 증가에 따른 콘텐츠의 다양성 확대도 영향을 미친 것으로 분석된다. 하지만 이번 조사에서 '사회적 소수자의 권익이 보호된다'(36.1%)와 '사회문화적 차이가 차별로 인식되지 않는다'(25.7%)라는 주장에는 동의율이 상대적으로 낮아 사회적 소수자의 권익 향상과 차별 완화를 위한 노력은 더 필요함을 시사했다.

문화다양성에 대한 용인 수준에서는 성소수자(51.8%)에 대해 거리감을 느낀다는 응답이 다른 사회적 소수자 집단보다 2배 이상 높게 나타났다. 이러한 사회문화적 분위기는 성적 지향 및 성별 정체성 관련 제도의 유무를 지수로 계산한 '무지개 지수(Rainbow Index)'[6]에서도 확인할 수 있다. SOGI법정책연구회(2022)에 따르면 2022년 한국의 무지개 지수는 2019년(8.08%) 대비 2.48%p 증가한 10.56%로, 이는 조사된 유럽 국가 전체(38%)와 유럽연합(EU) 국가 평균(48%)에 크게 밑도는 수치이다. 또한 여성가족부(2022)가 발표한 「2021년 국민 다문화수용성 조사」에서는 우리 사회의 동성애자에 대한 거부 반응이 큰 것으로 조사됐는데, 마약 상습 복용자(95.7%)와 에이즈 환자(90.4%)에 이어 75%의 높은 거부율을 보인 것으로 나타났다. 동성애자보다 부정적인 반응을 보인 대상이 범죄자(마약 상습 복용자)와 환자(에이즈 환자)임을 고려하면, 사회적 소수자 집단 중에서 동성애자가 가장 높은 거부율을 기록한 셈이다(난민: 42.6%, 외국인 노동자: 25.6%, 타 인종: 25.5%). 또한 미국(20.4%), 독일(22.4%)과 비교해 한국은 동성애자에 대한 거부감이 크게 높은 것으로 나타났다. 국내 성소수자의 인권 증진을 위한 다양한 움직임이 부침을 반복하며 앞으로 나아가고 있는 가운데, 전반적인 인식 개선을 위한 공공·민간 영역에서의 노력 확대가 시급한 시점임을 알 수 있다.

이번 조사 결과에서 전반적으로 성소수자에 대한 포용 정도

---

6   무지개 지수에 대한 설명은 링크 참조. http://www.rainbow-europe.org/about

가 다른 사회적 소수자에 비해 낮았으나, 세부적으로 살펴봤을 때는 연령, 성별 등 다양한 층위에 따라 의견이 갈렸다. 성소수자에 가장 포용적인 집단은 15~29세와 여성이었다. 연령대가 높아질수록 성소수자에 대해 거리감을 느낀다는 의견이 높게 나타났는데, 15~29세(38.4%)를 제외하고 모든 연령대에서 과반수가 거리감을 느낀다고 응답했다(30대: 50.7%, 40대: 54.0%, 50대: 56.3%, 60대 이상: 56.7%). 특히 60세 이상은 '성소수자에게 거리감을 느낀다'는 응답이 50%를 넘은 것은 물론이고 '거리감을 느끼지 않는다'는 응답(16.8%)의 세 배 이상이나 됐다. 또한 남성(58.7%)이 여성(45%)보다 성소수자에 대해 거리감을 더 느끼는 것으로 조사됐다.

성소수자에 이어 북한 이탈주민(23.2%), 결혼 이주민·난민(22.5%), 타 종교인(22.2%), 장애인(21.9%), 외국인 근로자(21.3%) 순으로 사회적 용인 수준이 낮았고, 여성(7.6%)에 대한 거리감이 가장 옅은 수준으로 나타났다.[7] 이는 세계경제포럼(WEF)의 「세계젠더격차보고서(Global Gender Gap Report 2022)」에서 발표한 '젠더 격차 지수(Gender Gap Index, GGI)'[8]와 유엔개발계획(UNDP)의 '성 불평등 지수(Gender Inequality Index, GII)'에서 여전히 한국 정치·경제 영역에서의 성 불평등을 지적하고 있음에도 불구하고(임주현, 2022. 7. 17.),

---

7 「문화다양성 실태조사」(2017)에서는 구성원에 대한 거리감이 성소수자(62.8%), 외국인 근로자(42.9%), 북한 이탈주민(41.9%), 결혼 이주민(21.9%), 타 종교인(16.8%), 장애인(16%) 순으로 높은 것으로 나타난 바 있다.
8 젠더 격차 지수(GGI)는 1에 가까울수록 성 격차가 적은 것으로 본다. 평가 영역은 경제적 참여 및 기회, 교육 성취도, 건강과 생존, 정치적 권한 부여 등 4개 부문이다(임지현, 2022. 7. 17.).

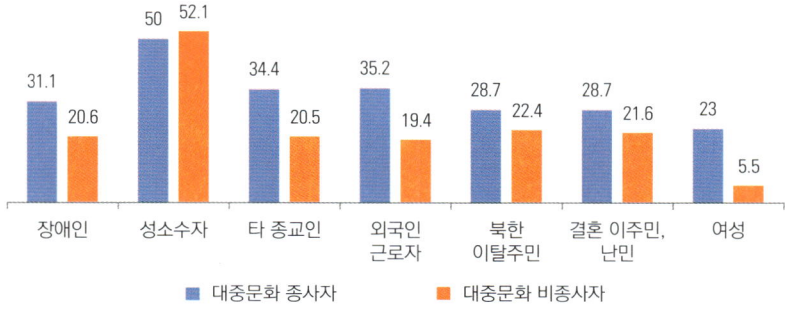

[그림 3] 사회적 소수자에 대한 거리감 비교

경제활동, 사회참여, 문화 향유 등에서 여성의 활동이 꾸준히 증가하고 의사결정 부문에서도 여성의 비율이 증가(문체부, 2017)하는 등의 사회 변화들에 대한 인식이 반영된 결과로 보인다. 한편, 여성에 대한 거리감이 대중문화 종사자(23%), 연령대별로는 15~29세 이하(14.2%) 집단에서 가장 높게 나타난 조사 결과는 인식 개선을 위한 노력이 여전히 필요하다는 점을 방증한다.

이번 조사에서 가장 중요한 결과 중 하나는 대중문화 종사자와 비종사자 간 문화다양성에 대한 용인 수준이 차이가 난다는 점이다. 대중문화 종사자 집단에서 성소수자를 제외하고 다른 모든 사회적 소수자 집단에 대한 포용성이 비종사자에 비해 낮은 것으로 나타났다. 이는 전 세계로 뻗어나가고 있는 한국 대중문화 콘텐츠의 영향력 증대와 문화다양성과 포용성에 대한 수용자의 요구 증가를 고려해 봤을 때, 콘텐츠를 생산하는 대중문화 종사자들이 콘텐츠 제작에 있어서 더욱 큰 사회적 책임을 인식할 수 있도록 돕는 정책적 노력이 필요하다는 점을 시사한다.

2) 한국 대중문화 콘텐츠의 문화다양성

미디어 학자들은 미디어가 우리 사회의 다양한 문화적 가치에 대한 인식을 형성하고 이와 관련된 사회 현실을 반영하고 구성하는 데 중추적인 역할을 한다는 사실을 강조해 왔다. 이에 미디어, 문화콘텐츠가 우리 사회 현실을 어떻게 재현하고 있는지, 재현의 다양성이 왜 중요한지, 또한 그러한 텍스트는 어떻게 만들어지며 수용자에게 어떠한 영향을 미치는지를 다양한 관점에서 연구해 왔다. 미디어, 문화콘텐츠의 문화다양성과 포용성의 필요성에 대해서는 일반인을 대상으로 한 이번 조사에서도 높은 동의율을 보였다. '대중문화 콘텐츠 내용에 문화다양성 가치가 반영돼야 한다'는 데에 일반 국민 10명 중 7명 이상이 동의했고, 특히 연령대는 50대(77.4%)와 60세 이상(74.5%), 거주 지역은 대구·경북(75.3%)과 광주·전남·전북(73.5%), 성별은 여성(74.6%), 종교는 불교(73.7%)가 전체 평균 대비 높은 동의율을 기록했다.

또한 전체 응답자의 64.3%가 과거에 비해 한국 대중문화 콘텐츠에 사회적 소수자(장애인, 외국인 근로자, 결혼 이주민, 북한 이탈주민, 성소수자, 난민, 여성 등)의 출연, 재현 등이 증가했다고 응답했다. 이는 최근 OTT 플랫폼과 같은 온라인 미디어의 영향으로 기존에 지상파 방송에서 보기 힘들었던 신선한 소재를 다루고 사회적 소수자가 등장하는 콘텐츠가 여러 채널을 통해 유통되는 현상과 전 세계적으로 큰 인기를 끈 소수 프로그램의 기록적인 성과에 대한 인식이 반영된 결과로 분석된다. 실제로 2022년에 공개된 《ENA》의 〈이상한 변호사 우영우〉와 《tvN》의 〈우리들의 블루스〉가 장애인 캐릭터를 중심으로 하는 서사로 국내외에서 크게 주목받았고, 최근 리얼리티 쇼, 드라마, 영화, 대중음악 등 여러 장르의 대중문화 콘텐츠에 여성, 성소수자, 다양한 직업·연령·국가의 캐릭터가 등장하는 등 다양성 측면에서 크고 작은 긍정적인 변화가 있었다.

대중문화 콘텐츠의 재현 다양성에 대한 텍스트 분석으로 눈여겨볼 만한 최근 연구로는 「넷플릭스 다양성 보고서(Netflix Inclusion Report)」(2023)가 있다. 2021년에 이어 넷플릭스가 USC 애넌버그 포용정책연구소(USC Annenberg Inclusion Initiative)와 함께 두 번째로 발간한 이 보고서는 미국에서 공개된 넷플릭스 오리지널 프로그램과 조직의 다양성을 분석했다. 2021년 보고서에 포함된 넷플릭스 영화와 시리즈를 포함해 2018~2021년에 제공된 총 546개의 작품에 대한 분석 내용이 담겼다. 해당 보고서는 세 가지 관점에서 다양성 관련 지표를 비교해 제시했는데, 이는 넷플릭스와 미국 업계, 넷플릭스의 최근 프로그램(2020~2021년)과 과거 프로그램(2018~2019년) 그리고 넷플릭스와 실제 미국 인구조사 결과의 비교이다. 연구 결과에 따르면, 넷플릭스는 전반적으로 미국 업계 평균보다 높은 다양성을 보였고, 2018년과 비교해 2021년에 거의 모든 다양성 지표에서 개선된 결과가 나타났다. 2021년 보고서에서 인구조사 결과와 비교해 문제점으로 제시됐던 제작진의 남성 편중 현상, 주요 등장인물의 백인 편중 현상 등도 전반적으로 개선됐다. 4년 동안 성소수자(LGBTQ)가 등장하지 않는 넷플릭스 오리지널 프로그램은 감소했고, 업계 대비 높은 성소수자 재현율을 기록했다. 또한 2021년 오리지널 시리즈에 성소수자가 주인공으로 등장하는 비율이 인구조사 결과와 비교해 더 높은 것으로 조사되기도 했다. 하지만 50% 이상의 영화와 시리즈에서 성소수자가 여전히 대사가 없는 역할로 등장한다는 점은 한계점으로 지적됐다. 또한 장애인의 경우도 미국 인구조사 결과 대비 재현율이 낮았고, 제한적인 역할에 머물러 있어 개선의 노력이 지속적으로 필요함을 시사했다.

한국의 경우, 주로 통계청의 '인구주택총조사', '경제활동인구조사'와 같은 국가승인통계조사 혹은 실태조사 결과를 활용해 대중문화 콘텐츠의 재현 다양성을 분석한다. 대중문화 콘텐츠(OTT, 영화, 애니메이션, 게임, 웹툰)와 순수 문화예술 콘텐츠의 공급과 내용 측면의 다양성을 분석한 방송통신위원회(2022)의 「2021 문화콘텐츠 다양성 조사연구」는, 콘텐츠 내 젠더, 인종, 국적, 연령, 직업, 장애 유무, 성적 지향 등 모든 다양성 범주에 있어서 현실 인구통계 자료와는 뚜렷한 차이가 있으며 그 차이가 고착화되는 특성이 나타나고 있다고 강조했다. 또한 콘텐츠 영역별로 차이는 있지만 제작진 내 불균형도 심각한 수준임을 밝혔는데, 이러한 구조적인 불균형이 내용적인 측면의 불균형으로 이어질 수 있다고 제언하며 문화콘텐츠

다양성을 다각도로 검토해야 한다고 분석했다. OTT의 경우 콘텐츠의 재현 다양성과 이용 다양성을 구분해서 조사했다는 점이 특기할 만한데, 많이 이용된 콘텐츠에서 특히 사회적 고정관념이 강화되는 재현이 이뤄졌다는 점을 강조하며 OTT 콘텐츠 이용이 사회적 차별과 갈등을 심화할 우려가 있다고 지적했다.

방송 프로그램을 분석한「KBS 콘텐츠 다양성 조사」(2022)는 《KBS》 드라마의 여성 등장 비율 증가에 주목했다. 조사 결과에 따르면 《KBS》 드라마는 뉴스·교양 프로그램에 비해 등장인물이 비교적 고른 성비를 보이고 있고, 여성 등장 비율도 2017년 48.4%에서 2021년에는 53.1%로 늘어났다. 또한 대부분 출연진을 30~40대 여성 전문가로 구성한 《KBS》 라디오 시사 프로그램 〈뉴스 브런치〉에서는 여성 관련 이슈나 사건, 사고는 물론 "성소수자, 환경, 장애 등 주류 언론에서 잘 다루지 않는 다양한 주제" 등 민감한 이슈까지 다뤄졌다고 분석하며, 여성 등 사회적 소수자의 출연 증가가 소재의 다양성으로 이어질 수 있다고 제언했다(노지민, 2022. 11. 24.). 하지만 이러한 성과에도 불구하고 여전히 드라마는 '30~40대 비장애인 중심', '성소수자와 장애인에 대한 과소 재현'의 경향성을 보이고 있고, 뉴스와 교양과 같은 장르는 특정 성별(남성)과 연령대(50~60대)에만 출연진이 집중돼 있는 것으로 나타나 다양성 확보와 실천을 위한 지속적인 개선 노력이 요구되고 있다(노지민, 2022. 11. 24.).

「2023 한류와 문화다양성에 대한 국민 인식 조사」에서 응답자들은 한국 대중문화 콘텐츠의 문화다양성 재현이 증가했다고 평가

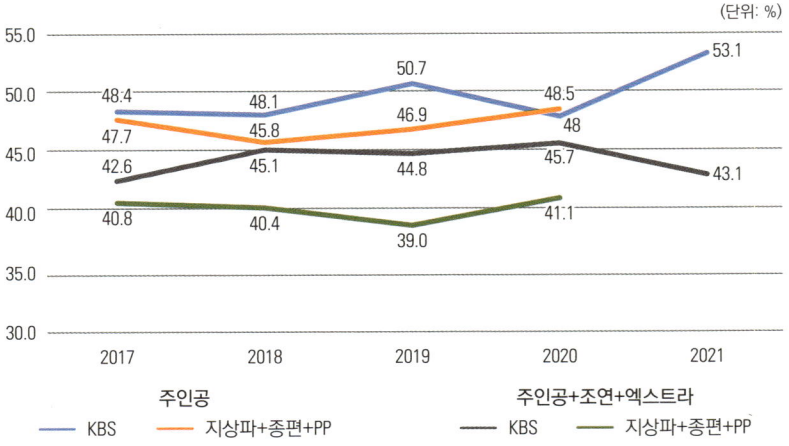

[그림 4] 《KBS》 드라마 속 여성 등장인물의 비율

출처: 노지민 (2022. 11. 24.).

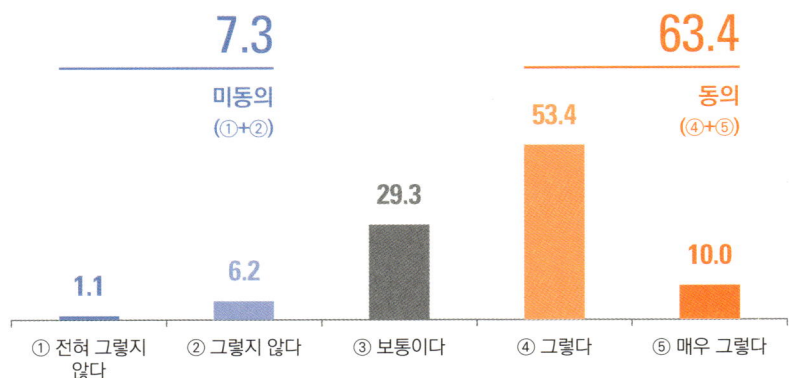

[그림 5] 한국 대중문화 콘텐츠 내용의 사회적 소수자에 대한 편견 인식

질문: 귀하는 한국 대중문화 콘텐츠에 대한 다음의 주장에 대해 어떤 입장을 가지고 계십니까?
'우리나라 대중문화 콘텐츠 내용에 사회적 소수자에 대한 편견이 어느 정도 존재한다.'

했지만 이를 현실적 혹은 긍정적 재현과는 구분 지었다. 조사 참여자의 63.4%가 '대중문화 콘텐츠 내용에 사회적 소수자에 대한 편견이 어느 정도 존재한다'는 의견에 동의했으며, 특히 여성(67.9%)일수록, 서울(70.9%)과 경기·인천(67.9%)에 거주할수록 높은 동의율을 보였다. 또한 '과거에 비해 대중문화 콘텐츠 내 사회적 소수자에 대한 편견이 감소했다'는 데는 다른 모든 항목보다 낮은 56.9%만이 동의했다. 이는 양적인 측면에서의 정체성 재현의 증가가 곧 질적인 측면에서의 다양성 확대로 이어지는 것은 아니며, 이를 조사 참여자들도 인지하고 있다는 것을 의미한다. 즉, 성별이나 연령 등 인구사회학적 요인의 재현 빈도 불균형 문제와 더불어 특정 집단이 어떠한 방식으로 혹은 어떠한 역할로 재현되는가도 재현 다양성의 쟁점에서 중요하다는 점을 시사하는 것이다.

한국 대중문화 콘텐츠가 문화다양성 인식 증진에 미치는 영향에 대해서는 특히 대중음악 관련 분야가 다른 분야보다 긍정적인 영향을 미친다는 의견이 많았다. 조사 결과에 따르면 '대중음악, 뮤직비디오'와 '외국인 멤버가 포함된 아이돌 그룹'이 각각 63.9%, 57.5%로 다른 분야보다 문화다양성 인식 증진에 긍정적인 영향을 미치는 것으로 평가됐는데, 이러한 결과는 대중문화 콘텐츠 장르 중 최근 글로벌 영향력과 파급력이 가장 큰 대중음악 장르에 대한 수용자의 인식과 기대감이 반영된 것으로 해석된다. 또한 대중문화 종사자/비종사자와 남/여 간의 의견 차이도 두드러졌는데, 대중음악을 제외한 거의 모든 분야에 대해 대중문화 종사자가 비종사자보다, 여성이 남성보다 더 높은 비율로 긍정적인 영향을 미친다고 평가했다. 예를 들면, 대중문화 종사자와 여성 집단에서 사회적 소수자가 출연·등장하는 '드라마나 영화', '유튜브나 온라인 공유 영상', '웹툰이나 웹소설'과 '게임' 그리고 '다양한 종교를 소재로 한 제작물'이 문화다양성 인식 증진에 더 긍정적인 영향을 미친다고 답했다. 한편 게임 장르의 사회적 소수자 재현이 문화다양성 인식 증진에 긍정적인 영향을 미친다는 주장에는 다른 모든 분야보다 낮은 34.1%만이 동의한 반면, 부정적인 영향을 미친다는 주장에 대한 동의율은 19.5%로 가장 높았다.

한국 대중문화 콘텐츠의 다양성을 저해하는 가장 주된 요인으로는 '문화다양성에 대한 낮은 인식 수준'(28.8%)이 꼽혔으며, '세대 간 갈등 및 소통 부족'(23.4%), '과도한 상업주의'(16.8%), '개인보다 집단을 중시하는 문화'(12.2%) 그리고 '문화다양성 반영 콘텐츠를 접할 유통 창구의 부족'(10.6%) 순으로 조사됐다. 특히 여성(33.5%), 30대(32.2%), 기독교인(32.3%)이 '문화다양성에 대한 낮은 인식 수준'을 주된 문화다양성의 저해 요인으로 지적했고, '세대 간 갈등 및 소통 부족'은 15세 이상~29세 이하(27.9%)와 대전·충청·세종(29.0%)에서 전체 대비 가장 높은 비율로 응답했다.

문화다양성이 한국 대중문화 콘텐츠의 해외 확산과 성장에 긍정적인 영향을 미친다는 의견에는 절반 이상이 동의했다. 응답자의 68.7%가 긍정적인 영향을 미친다고 답했고, 부정적인 영향을 미친다는 의견은 5.8%에 불과했다. 한국 대중문화 콘텐츠의 해외 확산

[표 2] 대중문화 콘텐츠가 문화다양성 증진에 미치는 영향

질문: 귀하는 다음의 한국 대중문화 콘텐츠가 문화다양성 인식 증진에 어떠한 영향을 미친다고 생각하십니까?

(N: 각 1,000명, 단위: %)

구분	매우 부정적 ①	부정적 ②	보통이다 ③	긍정적 ④	매우 긍정적 ⑤	부정적 ①+②	긍정적 ④+⑤
1) 드라마/영화	2.2	9.4	41.4	40.2	6.8	11.6	47.0
2) 유튜브/온라인 영상	3.2	11.2	42.1	36.6	6.9	14.4	43.5
3) 웹툰/웹소설	3.2	11.0	42.7	36.1	7.0	14.2	43.1
4) 게임	4.0	15.5	46.4	27.6	6.5	19.5	34.1
5) 외국인 멤버가 포함된 아이돌 그룹	1.1	6.9	34.5	44.6	12.9	8.0	57.5
6) 대중음악, 뮤직비디오	0.9	3.3	31.9	50.5	13.4	4.2	63.9
7) 종교 소재 제작물	2.4	6.5	44.3	38.5	8.3	8.9	46.8

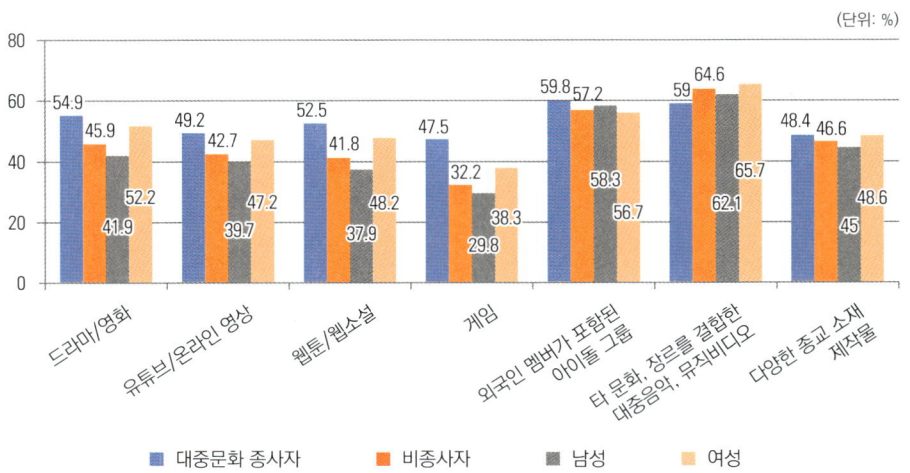

[그림 6] 장르별 문화다양성 인식 증진에 미치는 긍정적인 영향

에 있어 문화다양성의 중요성에 대한 동의율은 50대(75.8%)와 60대(72.5%)에서 특히 높게 나타났다. 해외 확산을 위해 최우선으로 고려해야 할 문화다양성 요소로는 '국가·지역 다양성'(23.6%)이 꼽혔고, '세대 다양성'(18.3%), '인종 다양성'(14.4%), '계층 다양성'(14.3%)이 그 뒤를 이었다. 최근 드라마, 영화 등 영상 매체를 통해 재현이 증가한 '장애인'(8.7%), '젠더(성 정체성)'(4.7%), '성적 지향'(4.7%) 다양성의 필요성에 대한 동의율은 더 낮은 비율로 나타났다. 최우선으로 고려해야 할 문화다양성 요소에 대한 대중문화 종사자와 비종사자의 의견은 엇갈렸는데, '계층 다양성', '장애인', '젠더(성 정체성)', '성적 지향'을 고려해야 한다는 의견에 대중문화 종사자가 비종사자보다 더 높은 동의율을 보였다. 대중문화 종사자가 '젠더(성 정체성)'와 '성적 지향'에 대한 고려의 필요성에 대해 더 높은 비율로 동의한 점은 그들이 비종사자보다 성소수자 포용에 더 긍정적이었던 점과 궤를 같이 하고 있다. 또한 15~29세가 다른 모든 연령대보다 '젠더(성 정체성)'(13.3%)와 '성적 지향'(9.8%) 다양성의 필요성에 대한 동의율이 높았지만, '잘 모르겠다'는 의견도 14.5%로 가장 높은 것으로 나타나 젊은 세대의 관련 인식 증진을 위한 노력이 필요함을 방증했다.

이번 조사에서는 대중문화 콘텐츠 종사자에게 한국 대중문화 콘텐츠의 다양성 증진을 위해 정부의 지원이 필요한 분야에 대해서도 물었는데, '콘텐츠 국제 공동제작 지원'(63.1%)과 '한국 가수-해외 가수 간 컬래버레이션 제작 지원'(61.5%) 등 제작을 위한 실질적인 지

[그림 7] 한국 대중문화 콘텐츠의 해외 확산을 위한 최우선 고려 문화다양성 요소

질문: 한국 대중문화 콘텐츠의 해외 확산과 인기를 위해 콘텐츠 내용에서 가장 최우선적으로 고려해야 할 문화다양성 요소는 무엇이라고 생각하십니까?

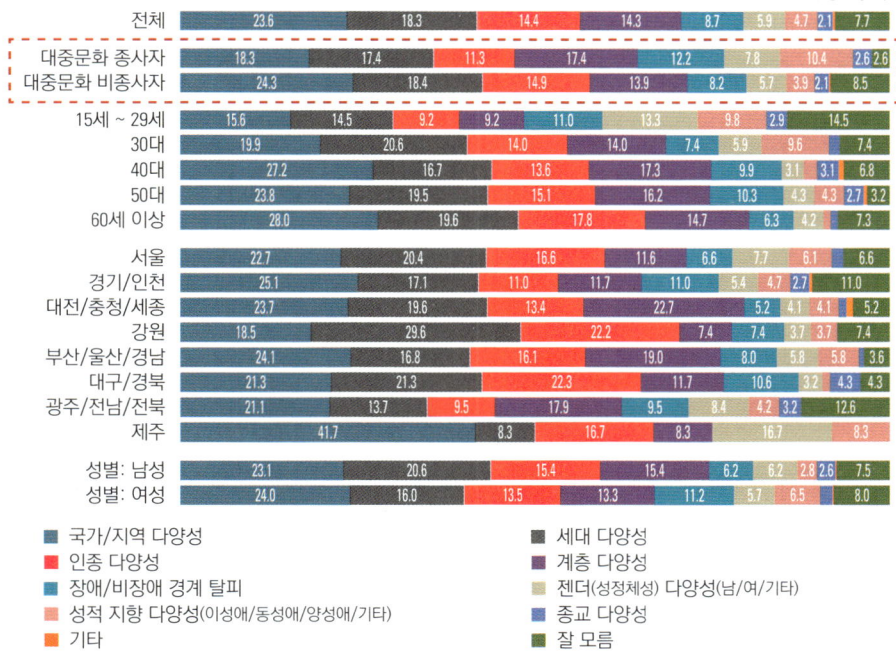

문화다양성 담지를 위한 내적 성찰: 국민 인식 조사 결과를 바탕으로

[표 3] 한국 대중문화 콘텐츠의 다양성 증진을 위한 정부의 지원 필요성

질문: 귀하께서는 한국 대중문화 콘텐츠의 다양성 증진을 위해 다음의 정부 지원이 얼마나 필요하다고 보십니까?

(N: 각 1,000명, 단위: %)

구분	매우 반대 ①	반대 ②	보통이다 ③	찬성 ④	매우 찬성 ⑤	반대 ①+②	찬성 ④+⑤
1) 사회적 소수자를 고려한 콘텐츠 기획, 제작 지원	6.6	10.7	37.7	33.6	11.5	17.2	45.1
2) 아이돌 그룹 구성 시 외국인 멤버 유치 지원	9.0	10.7	32.0	33.6	14.8	19.7	48.4
3) 콘텐츠 국제 공동제작 지원	4.1	5.7	27.0	41.8	21.3	9.8	63.1
4) 한국 가수-해외 가수 간 콜라보 제작 지원	6.6	6.6	25.4	39.3	22.1	13.1	61.5
5) 다수 해외 가수를 초청한 국제 음악축제 개최 지원	4.9	6.6	35.2	32.8	20.5	11.5	53.3
6) 콘텐츠 제작자의 문화다양성 함양을 위한 교육 지원	4.9	4.9	30.3	45.1	14.8	9.8	59.8
7) 콘텐츠 포스트 프로덕션 감수 및 교육 지원	4.1	8.2	29.5	39.3	18.9	12.3	58.2
8) 문화다양성 이슈 관련 업계 네트워킹 기회 확대	4.9	9.0	28.7	37.7	19.7	13.9	57.4

원이 필요하다는 응답이 10명 중 6명 이상으로 가장 높았다. '콘텐츠 제작자의 문화다양성 함양을 위한 교육 지원'(59.8%)과 '콘텐츠 포스트 프로덕션 감수 및 교육 지원'(58.2%), '문화다양성 이슈 관련 업계 네트워킹 기회 확대'(57.4%)가 필요하다는 의견이 그 뒤를 이었다. '사회적 소수자를 고려한 콘텐츠 기획 및 제작 지원'은 45.1%로 필요에 대한 공감률은 가장 낮았다. 이를 바탕으로 정부의 지원 정책

이 콘텐츠의 기획과 내용에 대한 지원보다는 거시적인 관점에서 국제 공동제작 활성화와 문화다양성 가치 학습과 논의의 계기 및 기회를 마련해 줌으로써 더 효과적인 역할을 할 수 있다고 볼 수 있다. 여성이 남성보다 제시된 모든 지원 정책에 대한 찬성 의견이 높았으며, 15~29세의 젊은 제작자들은 다른 모든 연령대보다 '사회적 소수자를 고려한 콘텐츠 기획 및 제작 지원', '아이돌 그룹 구성 시 외국인 멤버 유치 지원', '콘텐츠 국제 공동제작'과 '문화다양성 이슈 관련 업계 네트워킹 기회 확대'에 대해 높은 반대 의견을 보였다.

4. 나가며

한류는 해외에서 한국 문화콘텐츠가 활발하게 소비되고 유행하는 현상, 즉 한국 문화콘텐츠의 해외 수용 현상을 일컫는다(홍석경, 2022. 2. 16.; 심두보, 2022). 이에 최근 한류 현상을 보다 더 깊이 이해하고 한류의 지속성 확대 방안을 마련하기 위해 해외 한류 수용자와 팬덤 활동, 현지 수용 맥락 그리고 문화적 전유와 충돌 사례에 정책적·학제적 논의가 집중돼 왔다. 하지만 'K-콘텐츠', 즉 한류 콘텐츠는 글로벌 콘텐츠이자 한국 수용자를 대상으로 하는 로컬 콘텐츠이다. 이것이 한국 문화콘텐츠가 글로벌 OTT 등을 통해 급속도로 전 세계로 확산되는 상황에서도 문화다양성에 대한 한국 국민의 인식과 태도를 살피는 폭넓은 노력과 치열한 고민이 절실히 필요한 이유이다. 또한 역설적으로 한국 대중문화 콘텐츠는 물론이고, 한국 사회 전반의 문화감수성을 키울 때, 한류가 세계 문화로서 지속가능성을 획득하고 글로벌 문화의 장으로서 중추적인 역할을 할 수 있을 것이다. 이에 본고는 진흥원에서 수행한 「2023 한류와 문화다양성에 대한 국민 인식 조사」 결과를 바탕으로 우리 사회의 문화다양성에 대한 경험과 태도를 들여다 봤다. 나아가 대중문화 콘텐츠의 문화다양성 가치 포용 필요성과 대중문화 종사자와 비종사자(수용자)의 인식 차이를 분석함으로써 한류와 한국 대중문화 콘텐츠의 발전을 위한 맥락적인 분석과 중층적인 이해를 제공하고자 했다.

이번 조사 결과, 한국 국민의 문화다양성에 대한 용인 수준은 2017년 문체부가 실시한 「문화다양성 실태조사」의 결과보다 전반적으로 개선된 것으로 나타났다. 하지만 사회적 소수자의 권익 향상과 차별을 완화하기 위한 노력은 더 필요한 것으로 분석됐다. 사회적 소수자 중 여성에 대한 포용도가 가장 높은 것으로 조사됐고, 성소수자에 대한 포용과 긍정적인 인식 확산을 위한 다층적인 노력이 더 필요한 것으로 나타났다. 2019년 경제협력개발기구(OECD)가 발표한 「한눈에 보는 사회 2019(Society at a glance 2019)」에 따르면 한국은 성 정체성, 성소수자에 대한 국가 단위의 통계가 존재하지 않는다(강주헌, 2023. 1. 26.). 국외 연구를 바탕으로 일반적으로 한국 전체 인구의 약 4.5%를 성소수자로 추정할 수 있는데, 우리가 일상에서 마주치는 사람 20명 중 1명이 성소수자인 셈이다. 하지만 성소수자를 억압하는 사회적인 분위기는 지속되고 있으며, 이러한 경향이 이번 설문 조사에서도 두드러진 점은 성소수자에 대한 인식 개선이 시급함을 확인할 수 있는 대목이다. 이에 성소수자의 인권과 정체성을 포용하고 사회의 거부감을 줄이기 위한 다양한 층위에서의 점진적인 노력이 필요하겠다. 여기서, 사회의 다양한 가치관과 인식을 형성하고 경험하는 데 중요한 역할을 수행하는 미디어와 대중문화 콘텐츠의 역할은 단순히 콘텐츠 내 성소수자의 표면적인 재현(surface-level representation)이나 등장(presence)만을 늘려서 주변화하는 것이 아니라, 우리의 편견과 고정관념을 깨는, 비교적 현실적인 재현(realistic representation)을 점진적으로 늘리고 더욱 다양화하는 것이다. 성소수자의 일상적인 삶에 대한 노출 증가를 통해 그들에 대한 그릇된 편견을 깨고 그들을 차별과 혐오의 대상이 아닌 우리 사회의 이웃으로 인식할 수 있도록, 미디어가 공론장으로서의 역할을 강화할 필요가 있다.

이를 위해 대중문화 종사자를 위한 다양한 문화다양성 교육 및 정책적 지원이 필수적이다. 특히 이번 조사에서는 대중문화 종사자가 성소수자를 제외한 다른 모든 사회적 집단에 대한 포용성이 비종사자보다 낮은 것으로 나타나, 인식 개선을 위한 정책 지원의 시급함을 방증했다. 대중문화 종사자를 위한 교육 지원 프로그램에는 미디어와 대중문화 콘텐츠의 역할, 문화다양성 함양의 필요성 그리고 해외 국가별 문화다양성 관련 이슈와 소비 동향에 대한 논의를 포함해 한국 국민의 문화다양성에 대한 인식 수준을 다양한 관점에서 살피는 작업이 동반돼야 할 것이다.

이번 조사 결과 대중문화 콘텐츠 종사자는 '콘텐츠 국제 공동제작 지원'과 '한국 가수-해외 가수 간 콜라보 제작 지원' 등 해외 업계와의 협업, 제작 지원에 정부의 지원을 가장 필요로 하는 것으로 나타났다. 현재 문체부를 중심으로 방송통신위원회, 산업통상자원부, 과학기술정보통신부 등의 정부 부처와 소속 기관에서는 경제적 효과 확대, 문화 교류 등을 목적으로 국제 공동제작 협정을 체결한 국가와 영화, 방송 등 다양한 장르의 콘텐츠 국제 공동제작을 지원하고 있다. 국제 공동제작 지원은 한국 콘텐츠의 기획·개발과 비즈니스 매칭, 사전제작, 제작, 후반제작 지원 등 다양한 유형과 과정을 포함하는데, 이러한 지원 프로그램을 통해 타국과 재정적, 기술적, 창조적 자원을 공유해 콘텐츠를 제작하고 장기적 상호 협력을 위한 인프라를 구축할 수 있다. 특히 국제 공동제작은 콘텐츠 제작자에게 정보와 기술 교류는 물론이고 상대국의 문화를 경험하고 문화다양성 가치를 직접 체화할 수 있는 기회가 된다는 점에서 주목할 필요가 있다. 국제 공동제작이 다양한 존재를 존중하고 타자의 삶을 경청하는 문화다양성의 가치 포용을 위한 학습의 장이 되는 것이다. 이에 국제 공동제작 지원 프로그램의 확대 및 다양화를 통해 공동제작과 협력을 더욱 활성화하고, 급격하게 변화하는 콘텐츠 제작 환경과 국제 공동제작 프로세스를 반영해 인력 및 제작 시설에 대한 지원 계획도 더 체계적으로 마련돼야 할 것이다.

　　해외에서 한국 문화콘텐츠가 활발하게 향유되고 있는 이 추세 속에 한류는 어떻게 해외 수용자와 더 세심하게 그리고 더 민감하게 소통할 수 있을지를 고민해야 하는 시점에 이르렀다. 해외 수용자는 한국 대중문화 콘텐츠를 경험하면서 자신의 로컬 문화에 대한 이해를 새로이 하거나 더욱 견고히 한다. 역으로 한국 대중문화 콘텐츠도 해외 수용자와 더욱 긴밀하게 소통하기 위해, 한국 문화와 사회 인식을 깊이 들여다보며 문화다양성 담지를 위한 내적 성찰을 동반해야 한다. 이러한 성찰과 반성을 통해 한국 사회의 포용성을 높이고, 이를 담아낼 창작자의 역량을 강화할 수 있을 것이다. 한국 대중문화 콘텐츠가 우리 사회의 다양한 목소리를 품어내고 글로벌 무대에서 더욱 많은 이들의 공감을 불러일으킬 수 있도록, 사회적 소수자에 대한 프로그램을 기획했던 어느 한 제작자가 말했듯, 이제는 "힘든 상황이지만 조금씩 밀고 나가야"할 때이다.

참고문헌

강지헌 (2023. 1. 26.). "성소수자 통계 내라" 인권위 권고…관계부처 '불수용'. 《머니투데이》. https://news.mt.co.kr/mtview.php?no=2023012609222166212
노지민 (2022. 11. 24.). KBS 콘텐츠 다양성 첫 조사 결과 뉴스 속 50~60대 남성 편중. 《미디어 오늘》. http://www.mediatoday.co.kr/news/articleView.html?idxno=307123
문화체육관광부 (2017). 「문화다양성 실태조사 보고서」.
배기형 (2018). 국제공동제작의 개념과 유형. https://m.blog.naver.com/baekihyung/221315586365
송정은 외 (2014). 한류의 지속을 위한 국제공동제작의 필요성: CJ E&M의 동남아 현지화 사례를 중심으로. 한국콘텐츠학회논문지, 14권 6호, pp. 339-354.
심두보 (2022). 한류와 한국 드라마. 『한류NOW』, 47호, pp. 10-19. 한국국제문화교류진흥원.
여성가족부 (2022. 2.). 「2021년 국민 다문화수용성 조사」.
임주현 (2022. 7. 17.). [팩트체크K] 대한민국은 진짜로 '양성 평등 후진국'일까?《KBS 뉴스》. https://

han.gl/URPqPZ

한국국제문화교류진흥원 (2023). 「한류와 문화다양성 국민 인식 조사」.

한영주 (2022. 11. 12.). 한류, 문화다양성을 고민하다: 콘텐츠 제작자의 고민과 다양성 정책을 중심으로. 한국방송학회 2022 가을철 정기학술대회.

홍석경 (2022. 2. 16.). [홍석경 칼럼] 아시아 대표에서 세계의 중심으로, 한류가 지속되려면?. 피렌체의 식탁. https://firenzedt.com/21127/

Chang, W. (2020. 7. 1.). (News Focus) Reckoning with cultural diversity imperative in K-pop moving beyond: observers. *All News*. https://en.yna.co.kr/view/AEN20200701008800315

McDriguez, S. (2021. 12. 8.). The global impact of K-pop. anythink. https://www.anythinklibraries.org/blog/global-k-pop

저자 소개

이성민

한국방송통신대학교 미디어영상학과 조교수이다. 서울대학교 지구환경과학부를 졸업하고 동 대학원에서 언론정보학 석사학위와 박사학위를 받았다. 한국문화관광연구원 문화산업연구센터 연구원과 부연구위원을 역임했다. 미디어-콘텐츠 정책 분야와 미디어 문화 연구 분야에서 다수의 연구를 수행해 왔다. 『오징어 게임과 콘텐츠 혁명』(2022), 『디지털 미디어 인사이트 2023』(2022), 『영상문화콘텐츠산업론』(2022), 『콘텐츠 산업 트렌드 2025』(2020) 등의 공저가 있다.

김면

한국문화관광연구원 문화정책연구실장이다. 연세대학교 독어독문학과를 졸업하고 동 대학원에서 석사학위를, 독일 베를린대학교(TU)에서 독일민속학, 비교문학 박사학위를 받았다. 통일연구원 기초연구사업팀 연구위원, 연세대학교 미디어아트연구소 연구교수를 지냈다. 2020년과 2021년 유네스코 문화다양성협약 정부 간 위원회 한국 대표단을 역임했으며, 민속학적 관점에서 독일 문화와 문화다양성 정책에 관해 탐구하고 있다. 단독 저서로 『한국 속 타인, 타국 손 한인』(2016), 『독일민속학』(2012)이 있으며, 「국내 거주 조선족의 정체성 변용과 생활 민속의 타자성 연구」(2014)와 「문화다양성 정책 현황 및 발전 방안」(2017) 등의 연구를 진행했다.

이규탁

한국 조지메이슨대학교 국제학부 부교수로 재직 중이다. 서울대학교에서 영어영문학과를 졸업하고 동 대학원 언론정보학과에서 석사학위를, 미국 조지메이슨대학교에서 문화연구 박사 학위를 받았다. 현재 한국대중음악상 심사위원으로 활동하고 있으며, 케이팝과 대중음악에 관한 다양한 논문과 칼럼을 기고해 왔다. 단독 저서로 『Z를 위한 시』(2023), 『갈등하는 케이, 팝』(2020), 『케이팝의 시대』(2016), 『대중음악의 세계화와 디지털화』(2016) 등이 있다.

한희정

국민대학교 교양대학 조교수이다. 한국외국어대학교 영어학과를 졸업하고 서울대학교에서 언론정보학과 석사학위를, 성균관대학교에서 신문방송학과 박사학위를 받았다. 서울시 교통방송(TBS)에서 프로듀서로, 국가인권위원회에서 홍보 담당 사무관으로 일했다. 공역서로 『들뢰즈 이후 페미니즘』(2023), 『젠더에 갇힌 삶』(2006), 저서로 『디지털 미디어 소비와 젠더』(2022), 『차별과 혐오를 넘어서』(2022), 『핵심 이슈로 보는 미디어와 젠더』(2021), 『디지털 미디어와 페미니즘』(2018) 등의 공저가 있다. 드라마, 광고, 영화 등의 다양성 재현과 관련한 다수의 논문을 썼으며 주로 미디어의 생산과 수용, 미디어와 젠더 문화 현상에 관심을 갖고 연구하고 있다.

허윤

부경대학교 국어국문학과 부교수이다. 이화여자대학교 국어국문학과를 졸업하고 동 대학원에서 한국 현대소설을 공부했다. 한국문학, 문화, 역사를 동아시아 젠더사의 관점에서 연구하고 있다. 「케이팝의 남성성과 트랜스내셔널리티의 불/가능성」(2021), 「'우리 할머니'들의 이야기와 기억의 물화」(2021), 「'페미니즘 리부트' 시대의 여성 간 로맨스」(2020) 등의 논문과 『위험한 책읽기』(2023), 『남성성의 각본들』(2021) 등의 책을 썼다. 함께 쓴 책으로 『원본 없는 판타지』(2020), 『을들의 당나귀 귀』(2019), 『문학을 부수는 문학들』(2018) 등이 있고, 옮긴 책으로는 『모니크 위티그의 스트레이트 마인드』(2020)와 『일탈』(공역, 2015)이 있다.

장민지

경남대학교 미디어영상학과 조교수이다. 이화여자대학교 정치외교학과를 졸업하고 연세대학교에서 커뮤니케이션대학원 영상커뮤니케이션 전공으로 석·박사학위를 받았다. 한국콘텐츠진흥원 선임연구원과 KBS경남 시청자위원을 역임했으며, 웹소설을 연재하는 등 다양한 영역에서 다채로운 활동을 펼쳤다. 게임, 웹소설, 웹툰, 드라마, 오디션 프로그램 등 다양한 콘텐츠에 대해 젠더의 관점에서 논문을 쓰고, 『여자들은 집을 찾기 위해 집을 떠난다』(2021), 『만화웹툰작가평론선 원수연』(2019), 『섹슈얼리티와 퀴어』(2016)라는 제목의 단독 저서를 집필했다.

김경태

중앙대학교에서 영화이론으로 박사학위를 받고, 연세대학교 국어국문학과에 출강하고 있는 대중문화연구자이다. 영화진흥위원회 객원연구원, 부산국제영화제 지석영화연구소 전임연구원을 역임했다. 박사논문으로 「친밀한 유토피아: 동시대 남성 동성애 영화가 욕망하는 관계성」(2017)을 썼고, 저서로는 『페미돌로지』(2022), 『한국퀴어영화사』(2019) 등의 공저가 있다. 퀴어 영화뿐만 아니라 퀴어 문화 전반에 대해 연구하고 있으며, 나아가 퀴어한 시선으로 규범적 재현에 균열을 내는 즐거움도 찾고 있다.

윤경

북미 지역에서 활발하게 활동하고 있는 미디어 문화연구자이자 캐나다 브리티시 콜럼비아 대학교 교수이다. 고려대학교와 영국 버밍햄대학교에서 공부하고, 영국 셰필드대학교와 고려대학교에서 박사후 연구원을 지냈다. 고려대학교에서 연구교수, 캐나다 맥길 대학교에서 방문교수를 역임했으며, 디지털 미디어, 이주, 동아시아 대중문화와 청년 문화를 수용자 관점에서 탐구하고 있다. 단독 저서로 『이산 한류: 한국계 캐나다인 청년 문화에서의 한류』(2022), 『초국가적 한국 청년 문화의 디지털 미디어스케이프』(2020)가 있으며, 『초국가적 한류: 한국 디지털 대중문화의 세계화』(2021)의 공저자로 참여했다. 현재 캐나다에 거주하며 문화산업, 인터넷 문화, 아시아의 대중문화에 대해 강의하고 있다.

장민진

현지화 전문 기업 아이유노의 한국 법인장이다. 2016년 입사 후, 일본 지사에서 근무하면서 Cool Japan Fund 지원사업인 Wakuwaku Japan의 다국어 제작 사업의 진행을 총괄했고, 〈이웃집 토토로〉, 〈하울의 움직이는 성〉 등 스튜디오 지브리 작품의 크레딧에도 이름을 올린 Tokyo TV Center를 인수하는 등 일본 사업 확장의 초석을 다졌다. 2020년 한국으로 돌아와 '연결'과 '협업'을 위한 기술 활용에 관심을 두고 사내 개발팀의 프로덕트 오너로서 자동번역 에디팅 툴 UX를 기획하고, 글로벌 지급 시스템 기획 등에도 참가했다. 2021년부터 한국 제작팀 디렉터를 거쳐, 올해 3월부터 한국 법인장을 맡고 있다.

이현지

한국국제문화교류진흥원 연구원이다. 숙명여자대학교를 졸업하고, 미국 뉴욕대학교와 미주리주립대학교에서 각각 커뮤니케이션학 석사학위와 박사학위를 받았다. 미디어의 세계화가 일상생활에서 가지는 의미를 수용자의 관점에서 탐구하고 있다. 단독 연구로 「'진짜' 판타지: 혼종성, 한국 드라마와 범세계주의에 관한 연구」(2018), 「정체성 형성: 가십걸, 팬 활동과 한국의 온라인 팬 커뮤니티 분석」(2016)이 있다. 대중문화, 소셜 미디어와 정체성의 관계성에 대한 다수의 연구 프로젝트를 진행했으며, 현재 경희대학교에 출강하며 학생들과 문화콘텐츠산업과 대중문화, 한류에 관한 이야기를 나누고 있다.

한류와 문화다양성

1판 1쇄 인쇄	2023년 5월 31일
1판 1쇄 발행	2023년 5월 31일
발행인	정길화
발행처	한국국제문화교류진흥원(KOFICE)
주소	03920 서울시 마포구 성암로 330 DMC첨단산업센터 A동 203호, 216호
전화	02-3153-1794
팩스	02-3153-1787
전자우편	research@kofice.or.kr
홈페이지	www.kofice.or.kr
지은이	
이성민	한국방송통신대학교 미디어영상학과 조교수
김 면	한국문화관광연구원 문화정책연구실장
이규탁	한국조지메이슨대학교 국제학과 부교수
한희정	국민대학교 교양학부 부교수
허 윤	국립부경대학교 국어국문학과 부교수
장민지	경남대학교 미디어영상학과 조교수
김경태	연세대학교 국어국문학과 강사/ 대중문화연구자
윤 경	캐나다 브리티시 컬럼비아 대학교 교수
장민진	Iyuno Korea 한국법인장
이현지	한국국제문화교류진흥원 연구원
기획·편집	김아영, 이현지
디자인	채홍디자인
인쇄	중앙칼라
ISBN	979-11-91872-23-1 (03300)

이 책의 전부 또는 일부를 인용하려면
출처(한국국제문화교류진흥원)를 밝혀주시기 바랍니다.